刑法明确性原则研究

司海燕——著

知识产权出版社

全国百佳图书出版单位

—北京—

图书在版编目（CIP）数据

刑法明确性原则研究／司海燕著. —北京：知识产权出版社，

2025.7. —ISBN 978－7－5130－9921－9

Ⅰ.D914.04

中国国家版本馆 CIP 数据核字第 2025V37N78 号

责任编辑：杨　帆　　　　　　　　　　责任校对：潘凤越

封面设计：乾达文化　　　　　　　　　责任印制：孙婷婷

刑法明确性原则研究

司海燕　著

出版发行：知识产权出版社 有限责任公司　　网　　址：http：//www. ipph. cn

社　　址：北京市海淀区气象路 50 号院　　邮　　编：100081

责编电话：010－82000860 转 8173　　　　责编邮箱：2632258269@ qq. com

发行电话：010－82000860 转 8101/8102　发行传真：010－82000893/82005070/82000270

印　　刷：北京建宏印刷有限公司　　　　经　　销：新华书店、各大网上书店及相关专业书店

开　　本：880mm×1230mm　1/32　　　印　　张：11

版　　次：2025 年 7 月第 1 版　　　　　　印　　次：2025 年 7 月第 1 次印刷

字　　数：256 千字　　　　　　　　　　定　　价：78.00 元

ISBN 978－7－5130－9921－9

广西民族大学引进人才科研启动项目"刑法明确性原则研究"（项目编号：22SKQD06）的阶段性研究成果；广西高校中青年教师科研基础能力提升项目"刑法明确性原则研究"（项目编号：2024KY0167）的研究成果；广西民族大学相思湖青年学者创新团队（项目编号：2022GXUNXSHQN01）的研究成果；获得民族法与区域治理研究协同创新中心资助。

序

司海燕博士新著《刑法明确性原则研究》是在其博士学位论文的基础上修改完成的。在本书即将出版之际，司海燕博士邀我作序，作为她的博士生导师，我欣然应允。

综观本书，主要有以下三个特点：

一是回归基础，立意高远。法律必须明确，但法律明确性的实现是一件十分困难的事情，司法实践常陷于进退两难的境地。刑法高度简约，问题更为突出。刑法学界对于刑法明确性有所关注，但研究成果相对较少。刑法学知识体系需要可靠、扎实的基础理论作支撑。本书对于拓展刑法基础研究领域，促进刑事立法和司法有着重要意义。

二是资料翔实，论证深入。本书在较为充分地参考中外文献资料的基础上，梳理了刑法明确性原则的历史演变过程，对刑法明确性的标准以及不明确的原因作了深入的分析，对实现刑法明确性的立法和司法路径提出具体意见。本书对于类型化立法的应用和弹性边界的建构进行专门探讨，具有理论创新性，对于刑事司法实践具有一定的指导性。

三是逻辑清晰，结构完整。本书结构大致可以概括为历史演进、原因分析、路径研讨、具体应用四个层面，符合"提出问题、分析问题、解决问题"的逻辑要求，层层深入，步步推进，细致严谨。

刑法明确性涉及法理学、立法学以及语言学等诸多学术领域，研究难度很大，成果也不容易发表。司海燕博士好学上进，选择研究刑法明确性这一难题，勇气可嘉。从论文选题到大纲初定，她用了一年多的时间，写作并定稿用了一年半的时间，十分用心，付出了极大的努力。作为指导老师，祝贺司海燕博士修改完成《刑法明确性原则研究》并顺利出版，期待她在未来的学术道路上取得更多的成就，有更好的学术作品面世。

是为序。

曲新久

2025 年 1 月 3 日

目录

CONTENTS

引　言

一、问题的提出

刑法是刑事司法的依据，同时也是定罪与量刑最直接的标准。而罪刑法定原则是刑法不可逾越的边界，并且明确性原则是其重要的子原则。此外，明确性是良法的重要属性之一，同时也是法治国原则的重要保障。法律对适用对象的权益影响越大，明确性要求也就越高，而刑罚是最严厉的制裁措施，因此刑法的明确性要求也就最高。❶刑法明确性原则要求立法者对犯罪和刑罚的规定清晰明确，旨在保障行动自由和增进生活秩序的可预期性。明确清晰地划定入罪、定罪、量刑的界限，可以避免形成恣意的司法空间，防止法官作任意解释，限制刑罚权的肆意扩张。

明确性要求会抑制刑法规范的供给，从而导致

---

❶　参见张建军：《刑法中不明确概念类型化研究》，法律出版社2016年版，第2页。

供给不足无法充分满足现实需求，❶ 并使刑法具有一定的安定性和封闭性，且为应对社会转型中不断出现的新型犯罪现象而频繁地修改刑法也不符合罪刑法定原则的核心要义，因此立法者只能借助语言本身的"开放结构"，并经常使用规范性或价值判断性的文字表述，❷ 使刑法具有一定程度的模糊性，以提升刑法的适应性。但这样会导致刑法规范过于空泛，不符合刑法明确性的要求。刑法为了应对千差万别的个案情形，需要通过刑法语言对各种事实进行抽象，以使其具备"一般性"的特质，而法律一般性的必要立法技术就是使用不明确的法律概念。❸ 由于人类理性的有限性，无法预见到未来将要发生的所有刑法问题，因此为了应对随着语境与时空而产生的流变，就不可避免使用不明确的概括条款。这些情形必然会冲击到明确性，而刑法自身明确性不足，会导致刑罚权肆意扩张，引发公众对国家权力深深的恐惧。刑法的规制机能、秩序维持机能与自由保障机能更加无从谈起。❹ 而且，还会带来司法争议或选择性司法，比如"王力军收购玉米案"和"赵春华非法持有枪支案"都是因为刑法不明确而引发了争议。

刑法的明确性永远是相对的。语言的模糊性、法律的一般性与理性的有限性决定了刑法必须具有概括性与开放性，这意味着

---

❶ 参见付立庆：《刑法规范的供给不足及其应对》，《中国人民大学学报》2014 年第 2 期，第 101 页。

❷ 参见姜涛：《法秩序一致性与合宪性解释的实体性论证》，《环球法律评论》2015 年第 2 期，第 148 页。

❸ 参见裴洪辉：《在价值理想与客观认知之间：法律明确性原则的理论空间》，《法学论坛》2019 年第 2 期，第 88 页。

❹ 参见［日］大塚仁：《刑法概说》（总论）（第三版），冯军译，中国人民大学出版社 2003 版，第 23 页。

刑法规范无法实现绝对明确。绝对明确会造成刑法的僵化、封闭，无法适应社会的急剧变迁，因此其本身也是有害的。社会生活总是不断给既有刑法带来新的挑战，因此必须保持一定的适应性，这使得刑法只能处在明确性与适应性之间的平衡点——相对明确，也就是说，刑法明确性只能是一种相对明确。对这种相对明确的追求实际上就是在刑法的明确性和适应性之间寻求动态平衡的过程，以使刑法在保持其适应性的基础上达到最大程度的明确性。刑事立法和刑法解释是实现明确性原则的基本方式，即想达到这种最佳明确程度应从立法和司法两条路径展开：刑法规范本身不明确且无法通过刑法解释使其明确的，就必须纳入刑法修正的范畴，并且可以通过类型化立法的合理应用提升刑法的明确性；刑法规范本身不明确但可以通过刑法解释予以明确的，可以通过刑法解释划定清晰明确的弹性边界。

二、研究现状与本书的基本脉络

（一）研究综述

近年来学界一直非常关注刑法明确性问题，学者们对其进行了诸多有益的研究和探讨。本书的研究需在既有研究成果的基础上继续拓展、深化，因此需要对刑法明确性原则的研究现状进行梳理。对刑法明确性作专门研究的著作和论文并不多，大部分散见于学者们研究讨论其他理论问题、罪名及案件的著作和论文中。学界的研究主要聚焦在明确标准和明确路径两个主题下，其中明确路径相关的研究，从内容来看，主要从立法模式、立法技术、解释原则和解释方法等角度展开。

1. 明确标准

无标准就无从判断，判断标准是衡量刑法明确与否的尺度。[1] 目前学界对刑法明确性原则的判断标准并未统一，有不同的界定标准。陈兴良教授认为：法条表述明白确切，法条内容确实固定，即为明确。[2] 意大利刑法学家杜里奥·帕多瓦尼教授主张：法条应准确确定罪与非罪的范围，该范围必须明确清楚，以确保未明文规定的行为不会被判定为犯罪行为。[3] 姜涛教授认为：可预见标准、语言标准、司法标准。[4] 目前学界就明确标准的具体内涵尚未达成共识，明确性原则确立的主要目的是为了保障公民的自由，而刑法是否具有可预测性是刑法明确性实现的关键，因此可预见标准可以吸收其他标准，作为判断刑法是否明确的主要标准，关于这一点需要后续对其进一步研究。

2. 明确路径

（1）立法模式

关于实现明确性立法模式中的法源形式，有学者主张，应采用除成文刑法典以外的法源形式明确刑法。张明楷教授认为：现行刑事立法模式不符合明确性原则，只有采取真正的附属刑法模式，才有利于实现刑事立法的明确性。[5] 吴永辉博士认为：应依

---

[1] 参见张建军：《刑法中不明确概念类型化研究》，法律出版社 2016 年版，第 59 页。

[2] 参见陈兴良：《刑法的明确性问题：以〈刑法〉第 225 条第 4 项为例的分析》，《中国法学》2011 年第 4 期，第 115 页。

[3] 参见［意］杜里奥·帕多瓦尼：《意大利刑法学原理》，陈忠林译，法律出版社 1998 年版，第 24 页。

[4] 参见姜涛：《当代刑事立法应当遵循明确性原则》，《国家检察官学院学报》2018 年第 2 期，第 70—72 页。

[5] 参见张明楷：《刑事立法模式的宪法考察》，《法律科学》（西北政法大学学报）2020 年第 1 期，第 62 页。

据不同的犯罪类型，分别采用刑法典、附属刑法及单行刑法进行规定，构建多元化立法模式。❶ 有学者主张，通过构建判例制度实现明确性。劳东燕教授认为：应在我国构建最高法院和省级法院两级法院的判例制度，判例制度虽具有抽象性，但并未脱离具体情境，不会高度抽象，故也具有相当程度的具体性，因此可以作为克服明确性困境的出路。❷ 也有学者认为：判例路径根本行不通。杨剑波博士认为判例路径不利于实现刑法明确性，因为法官专业性不足，独立性不强，而且刑法判例制度会导致成文法被任意解释，可预测性受损。❸ 而黑静洁副教授则认为：判例制度在扩张不明确立法适用范围的同时，剥夺了明确性立法的适用空间，从而削弱了人权保障机能，应大量地借助完善的附属刑法和行政刑法来实现明确性。❹ 无论是附属刑法还是判例制度，短时间内都无法实现，况且其明确效果存在质疑，当前明确性解决的关键还是应该聚焦成文刑法典的修正，以解决当前刑法不明确的燃眉之急。

关于实现明确性立法模式中的详略模式，有学者主张，构成要件设定要详略得当。张明楷教授认为："宜粗不宜细"与"宜细不宜粗"的立法模式都不可取，应寻求粗疏与细密的平衡，确

---

❶ 参见吴永辉：《刑法明确性原则研究》，西南政法大学 2019 年博士学位论文，第182 页。
❷ 参见劳东燕：《罪刑法定的明确性困境及其出路》，《法学研究》2004 年第 6 期，第 89—93 页。
❸ 参见杨剑波：《刑法明确性原则研究》，中国人民公安大学出版社 2010 年版，第241—242 页。
❹ 参见黑静洁：《刑法明确性原则的恪守程度——刑法明确性原则的衡量指标及其实证考察》，《政治与法律》2016 年第 11 期，第 105 页。

立繁简得当的立法模式。❶ 刘艳红教授认为：实现刑法规范的明确性时应注意不宜大量采用概括性的构成要件，也不要追求详细罗列式的构成要件。❷ 江溯副教授认为：应正确理解刑法语言的明确与模糊之间的关系，抛弃"宜粗不宜细"的立法模式。❸ 杨剑波博士认为：应确立明确与模糊统一、粗疏与细密平衡、稳定与变动协调的立法模式。❹ 吴永辉博士认为：应采用疏密平衡科学化的立法模式，既不能选择"宜粗不宜细"的立法模式，同时也要避免"过度精细化"的立法模式。❺ 而有学者主张，要根据犯罪类型的特点来选择明确模式还是模糊模式。杨书文博士认为：对于常见多发且密切关系社会安全的犯罪以及外在特征不明确的犯罪，应采用明确性犯罪构成；对于社会危害性较严重且复杂多变的犯罪，应采用模糊性犯罪构成。❻ 有学者主张，绝对不明确的规定必须抛弃。姜涛教授认为：刑事立法应容许相对不明确的规定，摒弃缺乏范畴型不明确、涵盖过度型不明确、逻辑性不明确及程序性不明确等绝对的不明确规定。❼ 有学者主张，对

---

❶ 参见张明楷：《妥善处理粗疏与细密的关系力求制定明确与协调的刑法》，《法商研究》（中南政法学院学报）1997 年第 1 期，第 15 页。

❷ 参见刘艳红：《刑法明确性原则：形成、定位与实现》，《江海学刊》2009 年第 2 期，第 143 页。

❸ 参见江溯：《罪刑法定原则的现代挑战及其应对》，《政法论丛》2021 年第 3 期，第 110 页。

❹ 参见杨剑波：《刑法明确性原则研究》，中国人民公安大学出版社 2010 年版，第 208—212 页。

❺ 参见吴永辉：《刑法明确性原则研究》，西南政法大学 2019 年博士学位论文，第 180 页。

❻ 参见杨书文：《刑法规范的模糊性与明确性及其整合机制》，《中国法学》2001 年第 3 期，第 173 页。

❼ 参见姜涛：《当代刑事立法应当遵循明确性原则》，《国家检察官学院学报》2018 年第 2 期，第 73—78 页。

全部犯罪罪名都作明确规定。张建军教授认为：应采用明示式的
罪名立法模式，对具体犯罪的名称作明确规定，取消并列式罪
名，实行一条一罪。❶ 还有学者主张，类型化立法可以很好地处
理详略模式的问题。赵春玉副教授认为类型化思维可以弥补客观
具体化和高度概括性的立法与罪刑法定原则的紧张关系，类型处
于普遍与个别的中间，能有效对刑法规范与案件事实进行调适，
使其在类型上形成统一体，并通过类型的构成要件体现刑法的明
确性。❷ 吴永辉博士认为：类型化立法更加直观、更具包容性，
但是为了保障明确性，必须通过把握刑法规范保护目的及事物本
质，为类型划定边界。❸ 过于详细的立法模式会造成刑法规范僵
化、臃肿，适应性不强，过于抽象的立法模式明确性效果不佳，
而类型化立法可以作为解决该问题的突破口，很好地寻求到一个
详略模式的平衡点，但如何贯彻到刑事立法中还需要进一步
研究。

（2）立法技术

在刑法明确性上存在争议的规定有空白罪状和兜底条款。
陈兴良教授认为：空白罪状只要参照法规明确就不违反明确性
要求，仅对行为方法的兜底性规定不违反明确性要求；但相对
的兜底罪名及对行为方式的兜底性规定确实存在违反明确性的

---

❶ 参见张建军：《实现刑法明确性原则的立法路径》，《国家检察官学院学报》2014
年第 4 期，第 107—108 页。
❷ 参见赵春玉：《罪刑法定的路径选择与方法保障——以刑法中的类型思维为中
心》，《现代法学》2014 年第 3 期，第 116 页。
❸ 参见吴永辉：《刑法明确性原则研究》，西南政法大学 2019 年博士学位论文，第
186 页。

危险。❶ 张建军教授认为：空白罪状的参照依据应与刑法协调衔接，内容清晰明白且具有妥当性；❷ 应慎重、合理地采用兜底条款，将某些兜底行为方式单独设罪或划归行政法进行规制，通过指导性案例明确兜底条款。❸ 江溯副教授认为：使用空白罪状应明确指示出参引的法律法规名称，参引法律法规应对相应的构成要件要素有明确的规定，并且应该谨慎且尽量减少使用空白罪状；兜底条款应尽可能采取明确的例示，以便有效地进行同类解释。❹ 吴永辉博士认为：兜底条款并未突破刑法明确性的底限，可以在保障人权的基础上，准确提取和把握列举事项的同类项，进行综合同类判断以使其明确；❺ 空白罪状的明确可以通过限定参照规定涉及法律法规的范围，在这个范围内优先适用更高位阶的法律法规，并且应援引规范保护目的一致的法律法规，而行政管理措施尚未介入干预的行为应排除适用空白罪状。❻ 学者们一致认为：应谨慎适用空白罪状和兜底条款这两种容易在明确性上引起争议的规定，并且对空白罪状提出参照依据必须明确且与刑法相协调的要求；对兜底条款提出适用必须遵守同质性解释规则的要求，在这一领域的研究相对成熟，下一步尚需将上述

---

❶ 参见陈兴良：《刑法的明确性问题：以〈刑法〉第 225 条第 4 项为例的分析》，《中国法学》2011 年第 4 期，第 114 页。

❷ 参见张建军：《论空白罪状的明确性》，《法学》2012 年第 5 期，第 148 页。

❸ 参见张建军：《论刑法中兜底条款的明确性》，《法律科学》（西北政法大学学报）2014 年第 2 期，第 93—95 页。

❹ 参见江溯：《罪刑法定原则的现代挑战及其应对》，《政法论丛》2021 年第 3 期，第 111 页。

❺ 参见吴永辉：《刑法明确性原则研究》，西南政法大学 2019 年博士学位论文，第 142—144 页。

❻ 参见吴永辉：《刑法明确性原则研究》，西南政法大学 2019 年博士学位论文，第 160—163 页。

研究成果运用到个罪之中。

规范性构成要件要素同样也容易引起明确性的争议。张明楷教授认为：尽量采用核心意义明确且外延确定的语词，尽量采用记述性构成要件要素规定，减少规范性构成要件要素。❶ 张建军教授认为：在立法时运用构成要件要素需要秉持记述性要素优先、规范性要素补充的原则，即使必须使用规范性要素，应依照法律评价要素、经验法则评价要素及社会评价要素这个由明确到模糊的顺位适用，不能完全由规范性要素构成一个完整独立的构成要件，可以通过解释性规定、例示性规定明确规范性要素。❷ 学者们对规范性构成要件要素的态度同样是尽量少用，不能单独使用，需要其他解释性和例式性的规定对其予以明确。下一步研究的努力方向是如何在刑事立法和刑法解释中实现规范性构成要件要素的明确性。

实现明确性需要具体立法技术予以落实。付立庆教授认为：应尽量明确地描述犯罪构成，刑法用语应尽量追求精致、避免粗糙。❸ 杨书文博士认为：明确的犯罪构成可使用叙明罪状的方式详尽地描述其构成特征，采用罪刑系列化立法方法，增强罪状表述的客观性，对直接关系犯罪构成的重要词语进行明确的立法解释。❹ 张建军教授认为：尽可能多地采用叙明罪状，减少

---

❶ 参见张明楷：《妥善处理粗疏与细密的关系力求制定明确与协调的刑法》，《法商研究》（中南政法学院学报）1997 年第 1 期，第 16 页。

❷ 参见张建军：《论规范性要素明确性的困境与出路》，《法学论坛》2013 年第 3 期，第 77 页。

❸ 参见付立庆：《论刑法用语的明确性与概括性——从刑事立法技术的角度切入》，《法律科学》（西北政法大学学报）2013 年第 2 期，第 93—100 页。

❹ 参见杨书文：《刑法规范的模糊性与明确性及其整合机制》，《中国法学》2001 年第 3 期，第 173 页。

简单罪状，运用例示式立法技术。❶ 陈小炜副研究员等认为：应采用增加叙明罪状、保持适度弹性等立法技术。❷ 学者们对尽可能采用明确的立法技术达成共识，认为叙明罪状、例示式立法技术以及明确的刑法用语，相对于空白罪状、兜底条款和规范性构成要件要素，更容易实现刑法的明确性。而明确的立法技术如何保持刑法的适应性还需进一步探索。

（3）解释原则

刑法解释也必须遵守明确性原则。张明楷教授认为：刑法不可能明确到无须解释的程度，刑法条文的含义由解释者决定，刑法解释必须贯彻明确性原则。❸ 李梁副教授主张：必须将刑法解释纳入刑法明确性评价范围之中。❹ 刑法解释不能僭越立法权，是明确成文刑法而不是修正或扩张。陈兴良教授认为：在司法解释明确刑法概然性规定的过程中，会因缺乏刑法文本的参照而导致司法权僭越立法权。❺ 张建军教授认为：刑法解释应作出具体可量化的列举和描述，不能使用模糊性用语；应严格遵守不僭越立法权的原则，处理好解释能动性与司法被动性的关系。❻ 学者

---

❶ 参见张建军：《实现刑法明确性原则的立法路径》，《国家检察官学院学报》2014年第4期，第106—110页。

❷ 参见陈小炜、马荣春：《实现刑法公众认同进路的考量——以刑法规范的明确性为视角》，《法学杂志》2016年第8期，第108页。

❸ 参见张明楷：《明确性原则在刑事司法中的贯彻》，《吉林大学社会科学学报》2015年第4期，第26—27页。

❹ 参见李梁：《刑法中的明确性原则：一个比较法的研究》，《法学评论》2017年第5期，第171页。

❺ 参见陈兴良：《刑法的明确性问题：以〈刑法〉第225条第4项为例的分析》，《中国法学》2011年第4期，第123页。

❻ 参见张建军：《刑法明确性原则：根基、标准及路径》，《兰州大学学报》（社会科学版）2011年第1期，第121页。

们就刑法解释必须遵循明确性原则，以及在进行解释的过程中不能僭越立法权达成共识，下一步研究应发掘更多的解释原则，以规范刑法解释活动，实现明确性。

不明确的刑法规范分为可以通过刑法解释明确的与只能通过刑法修正明确的两类。姜涛教授认为：明确性原则对刑法解释有区辨意义，❶ 将抽象性规定分为模糊性规定和含糊性规定，模糊性规定可以通过常规刑法解释明确，是符合明确性原则的，含糊性规定不能以刑法解释的名义进行刑法续造，只能予以修正或宣告无效，并不符合明确性原则。❷ 刑法解释有其适用范围，一些不明确的规定是可以通过刑法解释明确的，但另一些不明确的规定只能通过刑法修正才能明确，因此刑法解释只能在其可以明确的范围内适用。下一步研究应确定通过刑法解释可以明确的范围，也就是刑法解释的适用范围。

（4）解释方法

刑法解释可以缓解明确性与适应性的紧张关系。付玉明教授认为：应引入刑法诠释学的解释机制，或采用扩大内涵式的刑法解释。❸ 也有部分学者提出通过指导性案例提升刑法的明确性。张建军教授认为：刑事案例指导制度作为刑法适用的解释机制，可以更直观地揭示刑法条文的含义，准确、清晰地阐释法条蕴含的法律精神和立法意旨；可以确立对刑法规范精确化和具体化的

<hr/>

❶ 参见姜涛：《法秩序一致性与合宪性解释的实体性论证》，《环球法律评论》2015年第2期，第149页。

❷ 参见姜涛：《基于明确性原则的刑法解释研究》，《政法论坛》2019年第3期，第95—96页。

❸ 参见付玉明、陈树斌：《刑法规范的明确性与模糊性——诠释学视野下的刑法解释应用》，《法律科学》（西北政法大学学报）2013年第6期，第147页。

裁判规则，起到解释、明确、细化刑法的作用。❶ 杨雄副教授主张：指导性案例不突破制定法的框架，通过真实案例的具体情境解释制定法、提炼裁判规则，可以增强刑法的明确性和可预见性。❷ 吴永辉博士认为：指导性案例应运用各种刑法解释挖掘出刑法规范的内涵，要充分说明裁判理由，才能增强指导性案例的指引作用，提升刑法明确性。❸ 当前对通过刑法解释方法提升明确性的研究非常薄弱，目前学者的研究局限于通过指导性案例去解释明确刑法，事实上，在提升明确性上，刑法解释才是主要的明确手段，下一步的研究应发掘更多的刑法解释方法，以划定一条清晰、明确的刑法边界。

（二）研究述评

明确性的理论地位和实践价值不可小觑，其已经成为刑法研究中新的学术增长点。但总体上来看，学界对刑法明确原则的概念界定、历史演变、不明确的原因等基础理论问题还缺乏深入研究，且未取得统一共识。刑法明确性原则研究体现出"三多三少"的特征：一是客观表述多、理论研究少，本质就是理论性不足。当前对刑法明确性原则的研究理论化程度不高，大多数研究流于对表面问题的反复叙说，客观指出现行刑法存在的不明确之处，很多学者关注到空白罪状、罪量要素、兜底条款和规范性构成要件要素的不明确，但未能更深入挖掘不明确的原因，提出的

---

❶ 参见张建军：《案例指导制度对实现刑法明确性的作用》，《法学杂志》2013年第9期，第117页。

❷ 参见杨雄：《刑事案例指导制度之发展与完善》，《国家检察官学院学报》2012年第1期，第30页。

❸ 参见吴永辉：《刑法明确性原则研究》，西南政法大学2019年博士学位论文，第196—197页。

改进方案也未能通过层层推进而击中本质问题。这种研究会遮蔽刑法不明确的本质问题，只是解决浮于表面的问题，导致研究的理论性不足。二是具体研究多、系统研究少，本质就是研究体系化不足。刑法明确性原则内涵丰富，可以从多层次、多视角进行研究，目前针对明确标准、实现明确性的立法模式、立法技术、解释原则、解释方法等具体内容的研究都已在刑法明确性原则的名目下有所展开，这种类似的具体研究比较多，但把刑法明确性原则作为一个整体，进行宏观体系性的研究比较少。这种破碎化的研究过于凌乱琐碎，不能上溯其源、提纲挈领，且未对刑法明确性原则的独特理论意涵和运作机理予以深入刻画，这导致无法形成清晰的系统性研究框架，最终使得研究无法聚焦到刑法明确性原则的核心问题。三是重复研究多、创新研究少，本质就是创新性不足。近年来关于刑法明确性原则的研究成果逐年增多，但大多数的成果都是重复研究其中某一具体的问题，对刑法明确性的基础理论问题研究较少、原创性较弱。刑法具备制定法特征，更为倾向一种"建构理性"，更为注重通过人的理性设计把控刑事立法和刑法解释。而刑法明确性原则是"建构理性"的一个重要体现，在这种建构理性的支配下，明确性原则的现实意义预示着对系统梳理其理论需求的强烈期许。目前理论界尚未对刑法明确性作创新的系统理论建构，学界虽多有讨论，但在这方面的研究存在系统性、理论性、创新性不足的问题。

（三）本书的基本脉络

本书的研究要克服当前研究的三个弊端，需要对刑法明确性原则作系统化、理论化、推进式的研究。本书的研究主线始于回应以下追问：既然刑法必须符合明确性原则，那么明确性原则对刑事立法与刑法解释的制约具体如何实现？本书的研究仍需在探析不明确的原因、界定明确的判断标准等基础理论问题上作进一步的努力，寻求明确性原则制约刑事立法与刑法解释的实现路径。这要求本书的研究应首先界定论域，"刑法明确性"中的"刑法"仅指成文刑法规范，其他非正式渊源并不是明确对象，"明确性"的含义仅指可预测性与明晰性，"刑法明确性"指的是成文刑法规范规定得明晰且具有可预测性。其次，要求研究的展开要有根基，追根溯源，从分析刑法明确性原则的历史演变出发，以当时的社会、政治、经济情况为背景，审视其发展规律，进一步得出"相对明确"是当前时代的选择。再次，这种研究要深入挖掘刑法规范不明确的深层原因，即语言的模糊性、法律的一般性、理性的有限性，并依据刑法规范中语言的独特性，区分核心区域与边缘地带的明确标准，对核心区域与边缘地带予以分解，并对不同区域分别考察，选用不同可预见性的标准。然后这种研究应当聚焦于刑事立法与刑法解释寻求明确路径，通过提炼分析刑法不明确的类型，从而确定在刑事立法中应通过合理应用类型化立法划定基本犯罪圈，在刑法解释中运用形式性解释划分弹性空间，运用实质性解释划定弹性边界。最后将上述明确路径在最不明确的罪名——非法经营罪中演绎一遍，以证明其可行性。对明确路径的理论研究意义在于，刑事立法和刑法解释活动需要将上述明确路径作为一种直觉的"范式"，形成一种固定的法律思维，在对其他罪名的明确中发挥指引功能。

三、研究创新

（一）问题意识创新

传统明确性的研究聚焦于如何使刑法规范更加明确的具体化路径，而本书的研究将明确性问题放在一个更大的视域去审视，发现刑法明确性原则面临着既要保障个人自由又要维护社会秩序的两难困境，也就是说，刑法不仅应该明确，更应该在保持适应性的前提下实现明确性。这看起来很矛盾，但实质上是一体两面的问题，如果为了实现明确性牺牲了适应性，会导致无法回应新的犯罪现象，这使得刑法明确之路更加艰难，更加难以推进。因此，解决明确性难题的关键在于寻求如何在保证适应性的前提下实现最大的明确性。

（二）研究视角创新

传统的明确性研究只着眼于刑法存在不明确的规定，研究如何有针对性地去明确这些容易引起争议的规定。而本书的研究将从更深层次去挖掘刑法不明确的原因，归纳不明确的类型，寻求明确的标准，并借助法理学、语言学等学科理论知识，构建一个系统化、理论化且具有可操作性的明确路径，并希望借助明确路径形成共同的法律思维，实现同案同判。

（三）观点创新

第一，对刑法明确性思想演变史进行梳理，归纳总结出演变的规律：绝对明确—相对不明确—相对明确，并得出相对明确是最佳明确程度的结论。第二，首次抽象提炼出刑法不明确的原因：语言的模糊性、法律的一般性、理性的有限性。第三，首次提出双重可预见性标准，在刑法规范的核心区域采用一般人标准，在阴影地带采用法律人标准。第四，首次总结出刑法不明确的四种类型：犯罪类型过于粗疏、犯罪类型过于细密、构成要件过于抽象、构成要件过于精细，并有针对性地对其进行明确。第五，创新性提出"类型化立法"在刑法领域中的合理应用。通过设置疏密适宜的犯罪类型，使用详略得当的构成要件，运用与犯罪类型相适应的立法技术，使刑法在保持其适应性的基础上实现明确性。第六，首次在刑法专业领域提出"弹性空间""弹性边界"的概念。并且，通过形式性解释构建一个弹性空间，通过实质性解释构建一个清晰且富有弹性的刑法边界。

四、本书的研究方法

笔者在本书的写作过程中，广泛阅读了与刑法明确性原则相关的专著、论文及判例等资料，综合采用了文献分析法、历史研究法及系统分析法，具体而言上述研究方法主要体现在以下几个方面。

（一）文献分析法

通过查阅学界现有与刑法明确性原则相关的研究成果，这些文献集中于刑法学、法理学、语言学这三个领域，对这些文献进行研读分析，以全面正确地掌握刑法明确性原则的研究现状。其中，分析法理学与语言学的相关文献，提炼出刑法不明确的原因；分析国内外关于可预见标准的相关文献，综述可预见标准的研究现状，并在此基础上创新地提出了可预见的双重标准；分析不明确刑法规范的相关文献，归纳出刑法不明确的四种类型；通过对各类文献的分析，力求为破解刑法不明确的困境寻求合理的解决路径。

（二）历史研究法

任何事物都是历史的产物，刑法明确性原则也不例外，不同的社会背景、政治环境、经济条件导致其内涵及价值理念迥然相异。经过对刑法明确性原则历史演变进行的考察，总结出"绝对明确—相对不明确—相对明确"这条刑法明确性历史演变的脉络，得出当前刑法明确性既不是早期刑法的绝对明确，也不是近代刑法的相对不明确，而是现代刑法的相对明确。而相对明确的结论是通过对刑法明确性历史演变的梳理和总结得出的，并不是凭空臆断的，这一重要结论也将作为本书后续研究的基石。

（三）系统分析法

刑法明确性原则是一个受多种因素影响的系统，并不是孤立的存在。我们在研究刑法明确性时应综合考虑所有相关问题，以一个更为宏大的视域，对刑法明确性这样一个有机整体进行探讨。不可能存在一种单一的方法使一切问题都迎刃而解，所以在解决刑法明确性问题时一定要适用一整套系统方法。实现刑法明确性是一项系统工程，需要立法、司法两个路径同时发力，以确保各种明确方法相互协调配合，共同保障刑法明确性的实现。这种系统的考量不只是针对本书的整体研究，也要着眼于同一范畴的内部。比如，实现刑法明确性的立法路径，需要从把握类型化程度和设定构成要件内容多个角度切入，而司法路径，需要综合考虑文义解释和体系解释，才能确定弹性空间；根据实质性解释规则配置各目的性要素，才能划定弹性边界。

第一章

刑法明确性原则的概念界定

　　概念界定是分析问题的前提，概念不清会导致论域不清，使论证的前提出现偏差与谬误。刑法明确性这个概念需从两个方面进行界定：一方面，应厘清"刑法"的范畴，也就是需要明确的对象范围，这个范围不等同于刑法渊源，而是限缩为成文刑法典；另一方面，应分析"明确性"的含义，通过对明确与确定、明确与明文、明确与具体之间的辨析，更深层次地挖掘明确性的内涵、性质和功能，为后面几章的论述厘清论域。

第一节　刑法明确性中刑法法源的界定

一、法源限定：早期明确性原则的作用

　　17、18 世纪的启蒙运动反对封建专制、追求

人的解放，确立了个人本位的价值观。启蒙思想家反对罪刑擅断的刑法，主张罪刑法定，法官只能按照法律文义进行解释。早期明确性原则并未发展成独立的派生原则，只是罪刑法定原则的内容和组成部分，在罪刑法定原则中起到"法源限定"的作用，以限定法源的意义而存在，强调犯罪和刑罚必须在刑法中明确规定，刑事裁判必须依据成文刑法规范。罪刑法定原则形式侧面的派生原则——法律主义（成文法主义），排除了习惯法的适用，只承认成文刑法是唯一的法源，明确性原则的含义和内容隶属于法律主义这一形式派生原则之内。

不少启蒙学家认为：应该权力制衡，以权力约束权力，重视立法权对司法权的制约，于是开始关注刑法明确性问题，主张严格限制法官的权力。早期对刑法明确性的认识主要是法律主义，通过成文法对法官进行限制，强调犯罪和刑罚必须由成文刑法规定，对成文法无限推崇。这个时期刑法明确性形式色彩浓厚，法源限定作用突出。洛克在《政府论》中指出：拥有国家立法权或最高权力的统治者，应该以既定的、公布周知的、经常有效的法律来实行统治，而不能是临时的命令;[1] 应以已公布的、安定的实定法进行统治，法源限定在实定法，排除临时的命令。对某一行为以犯罪论处，就是对公众个人自由的限制，这种限制应是众所周知的、可预期的、稳定的，不能随时无限制地扩张。孟德斯鸠在《论法的精神》中指出：共和国的政体性质要求法官应严格依照法律字面含义判案;[2] 十分反对法官探询法律的精神，

---

[1] 参见［英］洛克：《政府论》（下篇），叶启芳、瞿菊农译，商务印书馆1964年版，第80页。

[2] 参见［法］孟德斯鸠：《论法的精神》，许明龙译，商务印书馆2012年版，第93页。

认为文字比精神更明确和确定。法官应依照法律判案，不能逾越法律的文字边界，即用成文法限制司法权，以避免法官的擅断和专横。贝卡里亚在《论犯罪与刑罚》中清晰地阐述了成文法主义，即"只有法律才能为犯罪规定刑罚"❶，"一个社会如果没有成文的东西，就绝不会具有稳定的管理形式，如果不建立一座社会契约的坚固石碑，法律怎么能抵抗得住时间和欲望的必然侵袭呢？"❷ 贝卡里亚认为：要解决法律含混性的问题首先要推行成文法主义；只有成文法才是永恒理性的象征，以文字记载的法律更具有稳定性，不会因远离其起源而削弱，也只有成文法才能把公民的行为纳入理性轨道；犯罪和刑罚只有成文法才能规定；"'法律的精神需要探询'是最危险的公理"❸，这一公理代表着法官不需要受到成文法的约束，而对法律精神的探询结果是飘忽不定的，易受法官的专业水平、价值观、情绪的影响，不如成文法字面含义持久稳定；"当一部法典业已厘定，就应逐字遵守，法官唯一的使命就是判定公民的行为是否符合成文法律"❹，即立法者才有为犯罪者规定刑罚的权利，司法官员只有权判定社会成员的行为是否符合成文法律，不能自命公正地、任意地对社会成员科处刑罚，也不能以任何理由增加对社会成员的

---

❶ 参见［意］切萨雷·贝卡里亚：《论犯罪与刑罚》，黄风译，商务印书馆2018年版，第10页。

❷ 参见［意］切萨雷·贝卡里亚：《论犯罪与刑罚》，黄风译，商务印书馆2018年版，第14页。

❸ 参见［意］切萨雷·贝卡里亚：《论犯罪与刑罚》，黄风译，商务印书馆2018年版，第12页。

❹ 参见［意］切萨雷·贝卡里亚：《论犯罪与刑罚》，黄风译，商务印书馆2018年版，第13页。

刑罚。❶ 费尔巴哈在《实体法学中的原理及基本概念的省察》的序言中强调法律的权威，主张在法律中寻求可罚性根据，❷ 并认为成文法律是对公民进行处罚的唯一正当性的根据。❸ 由此不难看出，早期的刑法明确性原则的主要作用就是限定法源，也就是明确罪刑法定中的"法"就是成文刑法，这一重要作用对今日仍有意义。

二、法源范畴：明确性原则中的刑法渊源

刑法法源原意是刑法的"来源"和"源泉"，也可以理解为刑法的形式渊源，是刑法法律规范的外部表现形式。刑法明确性中刑法法源所讨论的是需要具备明确性的刑法形式渊源的范畴，也就是需要具备明确性的刑法范畴。实定法是不是唯一法源？这里的"刑法"是否还包括行政规章、地方立法、立法解释、司法解释等规范性文件以及指导性案例？对法源范畴的不同界定代表着对明确性原则的不同理解。明确性原则是罪刑法定原则的子原则，刑法明确性中刑法法源范畴应和罪刑法定原则中的法源范畴一致。但是罪刑法定原则一直存在着实定法与实质法的法源之争，❹ 因罪刑法定原则的法源尚存争议，故首先要厘清罪刑法定原则的法源，才能确定明确性原则中的刑法法源。

实定法是具有权威制定形式的法。实质法包括正式渊源和非

---

❶　参见［意］切萨雷·贝卡里亚：《论犯罪与刑罚》，黄风译，商务印书馆2018年版，第10页。

❷　参见［日］庄子邦雄：《近代刑法思想史序说——费尔巴哈和刑法思想史的近代化》，李希同译，中国检察出版社2010年版，第8页。

❸　参见陈兴良：《罪刑法定的当代命运》，《法学研究》1996年第2期，第13页。

❹　参见高巍：《重构罪刑法定原则》，《中国社会科学》2020年第3期，第127页。

正式渊源，也就是说，所有进入刑法适用、影响刑事判决的渊源都属于实质法。博登海默将法律渊源划分为正式渊源和非正式渊源，正式渊源是指权威性、规范性法律文件中的明确文本；非正式渊源是指具有法律意义，但尚未通过正式法律文件明确阐述和体现的资料、材料。❶刑法的正式渊源是指权威性刑事法律文件的明确文本，其可以作为刑事裁判理由中的法律依据，包括法律和具有法律效力的其他规范性文件，以及立法解释和司法解释。而刑法的非正式渊源主要有习惯法、刑事政策、社会危害性、法益、法感情、公序良俗和社会效果等。

（一）实质法进入刑法适用

1. 非法律的正式渊源进入刑法适用

非法律的正式渊源并非最高立法机关按立法程序制定的成文法渊源，但具有实定特征与规范形式，主要有行政法规、部门规章、地方性法规、司法解释及其他规范性文件。司法实践中，这些非法律的正式渊源成为刑事裁判的法律依据，进入刑法适用。首先，行政法规进入刑法适用，在罪状中有"违反国家规定"的情况下是有法律依据的。"违反国家规定"多次出现在刑法条文中，属于典型的空白罪状，与明确性原则存在紧张关系。因此，《中华人民共和国刑法》（以下简称《刑法》）第 96 条将"违反国家规定"的含义进行界定，除了全国人民代表大会及其常务委员会制定的法律及决定，还包括国务院制定的行政法规、规定的行政措施、发布的决定及命令。"违反国家规定"这一空

---

❶ 参见［美］E. 博登海默：《法理学——法律哲学与法律方法》，邓正来译，中国政法大学出版社 2017 年版，第 430 页。

白罪状将刑法条文的具体内容交给前置性的行政法规，而构成要件的具体要素需要依赖于被参照的行政法规才能明确，行政法规影响并支配着刑事裁判。"王力军收购玉米案"中，一审法院就是认为王力军没有办理粮食经营许可证和工商营业执照而进行粮食收购活动，违反了国务院制定的行政法规《粮食流通管理条例》的相关规定，以非法经营罪判处刑罚。❶ "谈文明等非法经营案"援引行政法规《出版管理条例》，认定网络游戏外挂属于没有相应资质而从事出版活动的非法经营行为。❷ 其次，除了行政法规以外，还有刑事判决援引部门规章、地方性法规和其他规范性文件进入刑法适用。虽然这些规范性文件并不在"国家规定"的范围之内，进入刑法适用在任何时候都没有法律依据，但在司法实践中仍然存在作为刑事裁判依据的情况。例如，"古展群等非法经营案"中援引部门规章《关于氯胺酮管理问题的通知》，证明盐酸氯氨酮注射液属于专营、专卖物品；❸ "孙文德妨害公务案"援引地方性法规《云南省道路运输管理条例》，确定依法执行职务的范围；❹ 枪支类犯罪中枪支的认定援引公安部的规范性文件，对照多个通知与批复对枪支的范围进行认定。❺ 以

❶ 参见内蒙古自治区巴彦淖尔市临河区人民法院（2016）内 0802 刑初 54 号刑事判决书。
❷ 参见王恩海：《最高人民法院对非法经营罪中"违反国家规定"的适用》，《法治研究》2015 年第 4 期，第 75 页。
❸ 参见王恩海：《最高人民法院对非法经营罪中"违反国家规定"的适用》，《法治研究》2015 年第 4 期，第 76 页。
❹ 参见云南省永仁县人民法院（2000）永刑初字第 61 号刑事判决书。
❺ 参见《公安部关于对彩弹枪按照枪支进行管理的通知》《公安部关于对以气体等为动力发射金属弹丸或者其他物质的仿真枪认定问题的批复》《枪支致伤力的法庭科学鉴定依据》《公安部关于对空包弹管理有关问题的批复》等。

上行政法规、部门规章、地方性法规、司法解释及其他规范性文件进入刑法适用，不管是否有法律依据，本质上就是行政权僭越刑罚权，因为无论是罪刑法定原则还是作为子原则的明确性原则，实定法应是唯一法源。最后，司法解释进入刑法适用。司法解释本来是在符合立法意图的基础上进一步明确刑法条文的，在具体的司法实践适用中对刑法条文进行解释，使立法原意更具体地应用于司法实践之中。司法解释在理论中不属于刑法法源，而在实践中成为事实上的刑法法源。例如，"张虹飚等非法经营案"援引相关司法解释，[1] 认定使用销售点终端机具（POS 机）套现行为属于非法经营行为。[2] 司法解释进入刑法适用，在理论上并没有依据，实质上就是司法权僭越立法权。司法解释可以揭示立法原意，包括遵循字面含义和确认立法原意。司法解释的依附性决定了其不能深化扩张立法原意，脱离刑法法条的统一适用，以"准立法"的形式独立创制一般性规范。

行政法规、部门规章、地方性法规、司法解释及其他规范性文件这些非法律的正式渊源都具有实定特征和规范形式，是可以普遍适用的一般性规范。但是这些并不是正式的法律，由全国人民代表大会及其常务委员会根据立法程序制定的才属于正式的法律。罪刑法定原则中"法"只能是现行的以法律形式存在的罪

---

[1] 《最高人民法院、最高人民检察院关于办理妨害信用卡管理刑事案件具体应用法律若干问题的解释》第 12 条规定："违反国家规定，使用销售点终端机具（POS 机）等方法，以虚构交易、虚开价格、现金退货等方式向信用卡持卡人直接支付现金，情节严重的，应当依据刑法第二百二十五条的规定，以非法经营罪定罪处罚。"

[2] 参见王恩海：《最高人民法院对非法经营罪中"违反国家规定"的适用》，《法治研究》2015 年第 4 期，第 75 页。

刑规范，也就是实定法。而且，刑法明确性中的刑法法源也只能是实定法，刑法中规定的刑罚严重侵害基本人权，因此必须严格遵守法律保留原则，构成要件和法律后果只能在实定法中规定，而不能以行政命令的形式规定。但是法官会忽视实定法与非法律正式渊源的不同性质，在刑事司法中直接适用非法律的正式渊源，影响甚至决定刑事裁判的结果，严重冲击了实定法作为唯一法源的地位，背离了法律保留原则。例如，"赵春华非法持有枪支案"中对枪支的认定依据公安部制定的规范性文件《枪支致伤力的法庭科学鉴定判据》，并未援引《中华人民共和国枪支管理法》进行认定，混淆了法律和非法律的正式渊源，引发了合法性质疑。

这些非法律的正式渊源虽然具有实效性或正当性，但不属于刑法明确性中的刑法法源，也就是说不是需要具备明确性的刑法范畴，而实定法才是唯一需要具备明确性的对象，这些只是用来明确实定法的方式和手段。这些非法律的正式渊源中进入刑法适用部分的主要作用是明确刑法规范，统一刑法适用。这些非法律的正式渊源欠缺民主化的立法过程，从而导致刑法内容与形式扩张和功能异化。此外，这些非法律的正式渊源在明确刑法规范的同时，突破原有的框架，从而导致刑法规范的失序；在统一刑法适用的同时，背离原有刑法的规定，不断突破罪刑法定原则。❶

2. 非正式渊源进入刑法适用

非正式渊源是不具有实定特征及成文形式的社会规范或价

---

❶　参见胡岩：《司法解释的前生后世》，《政法论坛》2015 年第 3 期，第 38、41 页。

值，如习惯法、刑法理论、刑事政策、社会危害性、法感情及社会效果等。非正式渊源不能直接进入刑法适用，成为刑法法源，只能借助抽象说理或一般性条款经过论证成为实质上的刑法法源。首先，习惯法、刑法理论经过说理和解释进入刑法适用。例如，在司法实践中，直接援引原因自由行为对吸毒致幻和醉酒的人进行刑事处罚。正当业务行为是基于行业和职业的特征需要反复进行的行为，比如体育竞技行为、医疗行为，属于超法规的违法阻却事由。这些行为的外在特征虽然满足了犯罪的构成要件，但可以依据其为超法规的违法阻却事由直接阻却违法性。这两种情况实际上是把原因自由行为和超法规违法阻却事由的理论作为刑法法源。而习惯法以责任阻却事由的形式进入刑法适用。少数民族地区有独特的信仰和习俗，有些当地的行为属于实定法中规定的犯罪行为，但是依据民族习惯法并不属于犯罪。例如，部分少数民族有重婚、早婚、抢婚、公房制的风俗，有佩带枪支的习惯，杀人者可以用"赔命价"替代刑罚。❶ 这些行为在当地具体社会情境之中具备社会相当性，不具有社会危害性或者社会危害性不大。法官可以视具体案情作变通处理，依据习惯法阻却行为的有责性，从而减轻或者免除刑事处罚。

其次，刑事政策、社会危害性通过立法和司法两个维度进入刑法适用。第一，刑事政策进入刑法适用。刑事政策是连接政治和刑法的重要桥梁，对于立法者和司法者具有事实上的约束力，

---

❶ 参见向鹏、张婷、周真刚：《论国家刑法在民族地区实施的变通规定》，《贵州民族研究》2019 年第 2 期，第 30、34、35 页。

使其成为刑法的非正式渊源。❶ 刑事政策是贯穿刑事活动整个过程的理念指引，是刑事立法的先导，借助刑事立法规范化的表达将理念进行现实化的转化。❷ 将刑事政策融入目的解释，建立刑法规范与具体案件之间的联系，通过目的解释可以将刑事政策中的价值判断适用于具体案件。例如，非法经营罪的扩张适用是基于对社会经济秩序保护的政策需要；受贿罪中"财物"的扩大解释是基于遏制腐败的政策需要；处理防卫过当的案件应适当向防卫人倾斜是基于犯罪预防的政策需要。第二，社会危害性进入刑法适用。社会危害性在立法阶段有限制刑事立法的功能，决定了行为是否犯罪化、刑罚轻重与犯罪分类，在司法阶段成为刑事裁判的依据，主要以规范评价、出罪判断和量刑基准的形式成为事实上的法源。❸《刑法》第 13 条但书指出，"危害不大的"即社会危害性不大的，不认为是犯罪。《刑法》第 61 条中的"社会的危害程度"也是指社会危害性。2010 年最高人民法院颁布的《关于贯彻宽严相济刑事政策的若干意见》中确立了社会危害性是"从宽"和"从严"的重要标准。

　　非正式渊源更注重实质理性，但缺乏稳定的成文法载体，难免欠缺明确性和可预测性。非正式渊源不属于需要具备明确性的刑法法源，不是需要明确的对象，同时也因自身的抽象性和模糊性，不能成为明确实定法的具体方式和手段，但是可以在明确实

❶ 参见劳东燕：《罪刑规范的刑事政策分析——一个规范刑法学意义上的解读》，《中国法学》2011 年第 1 期，第 123 页。
❷ 参见陈伟：《刑事立法的政策导向与技术制衡》，《中国法学》2013 年第 3 期，第 123 页。
❸ 参见童伟华、武良军：《刑法中社会危害性概念的机能分析》，《时代法学》2011 年第 4 期，第 18 页。

定法过程中起到目的指引的作用。只有在确定目的的情况下，才可能更好地把握使用哪个语词更明确。●

（二）实定法为唯一法源的理由

罪刑法定的法源范围必然是需要明确的对象，也就是明确性原则的法源范围，因为明确的法是罪刑法定实现的前提基础。只有法律才能设定罪刑规范已达成共识，但是对罪刑法定原则中的"法"的范围尚存争议，对罪刑法定中的法源范围界定不同代表着对罪刑法定的理解不同。基于对"法"不同的认识，实定法论和实质法论划分出不同的法源范围。● 决定法概念正确及适当的三个要素：权威的制定性、内容的正确性与社会的实效性。● 实定法即是权威制定的法。而实质法即是具有社会实效及内容正确的法，习惯法和刑事政策代表具有社会实效的法，而刑法理论和社会危害性代表内容正确的法。实定法的优点有：①具有正确性。法律是经过众人的经验和意见审慎制定的；②具有公正性，法律不会像人一样具有感情，不会偏私；③具有稳定性，成文法一经制定不易变动；④具有明确性，以文字形式形成法律规范表达的意思更明确。● 法律专属性原则是指犯罪和刑罚只能由人民主权机关制定的法律来规定，实定法有比其他刑法渊源更高的效力。●

● 参见苏力：《解释的难题：对几种法律文本解释方法的追问》，载梁治平编：《法律解释问题》，法律出版社1998年版，第45页。

● 参见高巍：《重构罪刑法定原则》，《中国社会科学》2020年第3期，第127页。

● 参见［德］罗伯特·阿列克西：《法概念与法效力》，王鹏翔译，商务印书馆2015年版，第13页。

● 参见陈兴良：《罪刑法定的当代命运》，《法学研究》1996年第2期，第22页。

● 参见［意］杜里奥·帕多瓦尼：《意大利刑法学原理》，陈忠林译，法律出版社1998年版，第13页。

根据《刑法》第 3 条的规定，应在明确性原则中坚守实定法为唯一法源的理由如下：

1. 法治原则的要求

在法治观念从比较薄弱到比较浓厚的发展过程中，法治出现了不同的版本。比较薄弱的版本是依法治国，《中华人民共和国宪法》（以下简称《宪法》）第 5 条第 1 款有明确关于依法治国的规定。[1] 法治表现为对形式的、普遍的规则之治，并不仅是在社会治理中的效果及内容的正确性，只有对实定法的遵守，才能实现法治，才能保证公民可以依据实定法自治，才能确保社会治理效果。

而比较浓厚的版本是富勒提出的法律八项内在道德：一般性、公开性、不溯及既往、明确性、不矛盾、可行性、稳定性与一致性。[2] 而八项中至少有五项（公开性、不溯及既往、明确性、不矛盾、稳定性）都和法的确定性有直接的联系。[3] 富勒主张：假若所有行为都可成为立法行为，那么立法行为是根本不存在的。[4] 立法是制定具有权威形式的法律规范的活动。法律必须具备确定性，才可以承担起为社会提供公共行动与判断的标准。[5] 实定法论者认为：法的确定性是法治的核心，而实效性和正确性不是法治的必备条件。哈耶克指出：法的确定性意味着政

---

[1] 我国《宪法》第 5 条第 1 款规定："中华人民共和国实行依法治国，建设社会主义法治国家。"

[2] 参见［美］富勒：《法律的道德性》，郑戈译，商务印书馆 2017 年版，第 55—107 页。

[3] 参见郭春镇：《务实的法治观应立足于裁判的亚确定性》，《法学研究》2012 年第 6 期，第 24 页。

[4] Robert S. Summers, *Lon L. Fuller*, Edward Arnold Press, 1984, p. 24.

[5] 参见雷磊：《法律方法、法的安定性与法治》，《法学家》2015 年第 4 期，第 3 页。

府事先已经明确和颁布了所有行为的规则,这些规则可以使公众明确预见相应行为对应的刑罚,并据此安排自己的个人事务。❶凯尔森也将法治等同于法的确定性,他认为:法官按照立法机关创设的一般性规范进行裁判的优势就是法的确定性,法院的判决是可预测的,公众会据此调整自己的行为。在实定法论者看来,法治是依据权威制定并向公众公开的规则进行治理,通过立法程序制定的权威规则,具有一般性和普遍性,且具备确定性,但并不一定具备实效性和正当性。具有权威制定形式的一般性规则,抽象提炼出特殊个体及特殊情形的本质特征,然后在规则中形式化地表达出来。进而防止对个别特殊案例区别对待,能够保证可预测性,确保法的确定性。根据一般性规则处理该类绝大部分案件可以得出正当的结果,"它们只不过是被赋予了一种大体上最有可能使一切受其影响的人们都能得到好处的形式"❷。但是不代表每一个案件都能实现个案正义,也就是说,为了保证确定性会在一定程度上忽视个别案件的实效性和正当性。

实质法论者认为:法治的目的是保护个人权利免受国家强制力的侵害。❸ 其更重视每一个案件的实效性和正当性,即可以为了实现个案正义牺牲法的确定性。实质法并不强调确定性,若将其列入刑法法源,会导致犯罪圈的划定标准并不稳定,随时可能遭受任意和不可预测的刑罚。相比之下,实定法论更注重法的确定性,比实质法更加明确,能更清晰地勾勒出犯罪圈的边界,提

---

❶ Friedrich Hayek, *The Road to Selfdom*, Routledge & Kegan Paul, 1944, pp. 75 – 76.

❷ [英] 弗里德里希·奥古斯特·冯·哈耶克:《通往奴役之路》(修订版),王明毅等译,中国社会科学出版社 2015 年版,第 97 页。

❸ 参见雷磊:《法律方法、法的安定性与法治》,《法学家》2015 年第 4 期,第 3 页。

供可预期的公共行动方式与判断标准。实定法并不能确保个案正义，不代表会忽视正义价值。实定法的正义价值在立法过程中，立法者基于各方面因素认真权衡思考，并将结果注入一般性规则，只要坚持实定法，正义价值伴随着法律的实施自然就能实现。提高立法的科学化水平可以更好地实现正义，而正义的实现有赖于共识的达成，且在共识还未达成的时期，的确无法确保个案正义，但伴随共识逐渐达成并通过立法程序赋予一般性的规则之中，可以使正义通过具有客观性的方式实现。如果依靠牺牲确定性为代价来实现正义，那么这种正义更依赖于法官的直觉，这样的正义完全不具备客观性，擅断的裁判是对法治极大的伤害。包含过多实质内容的法治会使法治更加难以实现，且对实效性和正当性的追求会导致对实定法的质疑甚至是轻视，难以树立法律权威和建立法律秩序。如果内容有限的形式法治都无法实现，那包含各种价值诉求的实质法治更难以实现。❶ 实质法承担了沉重的负担，需要从社会、政治及伦理等方面进行价值判断，还需要衡量法律后果，这不仅不能确保法律的可预测性和确定性，还损害了法治。

2. 法的自治性要求

法的自治性是指一种法律使用内在于这种法律之中的决策标准的程度，是法治实现的一个重要标志，法治国家的法律必然具有高度自治性。以德国为代表的法律实证主义认为：政治、伦理、社会、后果的考量等所有法律外的因素都不能影响对于实定法的解释，应排除哲学、政治和历史的观点，创立一个独立的法

---

❶ 参见张翔：《形式法治与法教义学》，《法学研究》2012 年第 6 期，第 7 页。

律科学体系。❶法学应以实定法为研究对象，通过中立的价值和
周延的逻辑去制定法律并解释其内涵和边界。在英美法传统下，
法学研究的主要工作是界定法律由哪些规则组成，分析规则之间
的等级秩序和逻辑关系，解释规则的含义，用科学的方法观察法
律的运行和描述法律的内涵，为了确保法的自治性，在这个研究
过程中会切断法律与其他因素的联系。在法学研究中切断政治、
社会、伦理和历史因素，能够确保法的自治性，控制法外因素的
影响，在法律的保障下使人民的生活免受法外因素的恣意影响。
卢曼认为：法律自治产生于社会系统的分化。现代社会是一个功
能分化的社会，各个子系统基于功能的不同而被区分，每个子系
统都是高度自治的，每个系统的功能都不能被其他系统取代。法
律系统的功能是为社会提供可预期的规范，而这一功能的实现方
式是自我参照和自我复制。自我参照代表法律只能参照自身，在
判决中只能适用由法律提供的规范，法律的权威性正是体现于在
法律中得到适用。❷自我复制是指法律规范不是从外部输入，既
不是从一般环境（自然界），也不是从内部的社会环境（比如宗
教与道德），❸而是法律系统自身运作在法律内部构建起来的。❹
托依布纳也认为：法律的合法性在于法律自身；❺法律系统是自
创生系统，是闭合的而非开放的，在没有特定外力的干预下自我

---

❶ 参见张翔:《形式法治与法教义学》,《法学研究》2012 年第 6 期, 第 8 页。

❷ Niklas Luhmann, *A Sociological Theory of Law*, Routledge & Kegan paul, 1985, p. 21.

❸ Niklas Luhmann, *A Sociological Theory of Law*, Routledge & Kegan paul, 1985, p. 284.

❹ 参见 ［英］马丁·洛克林:《公法与政治理论》, 郑戈译, 商务印书馆 2002 年
版, 第 302 页。

❺ 参见 ［德］托依布纳:《法律: 一个自创生系统》, 张骐译, 北京大学出版社
2004 年版, 第 4 页。

创造、自我生产、自我形成。❶ 宾凯认为："法律不能由外部权威来决定，没有一个在法律之外给法律的正当性提供支撑的阿基米德原点。"❷ 诺内特和塞尔兹尼克在《转变中的法律与社会：迈向回应型法》中提出法律的一种类型——自治型法，主要特征是：法律与政治分离，立法职能与司法职能相对分离，司法独立，以法律规则为中心限制法官的自由裁量权和司法机关的恣意，严格服从实定法的规则。❸ 自治型法追求独立和公平的价值，彰显法律正统性，保持法律独立性，树立绝对的法律权威，约束统治者的权力。❹

实质法是所有进入刑法适用、影响刑事裁判的因素的总和，囊括了政治、伦理、社会、后果的考量等各种法律外的因素，寻求实质正当性，注重社会实效性，认为法律与政治、社会、经济和道德因素密切相关，反对法律自我封闭在独立的系统之中。实质法更多地关注围绕法律产生的其他领域和因素，部分内容已脱离法律本身。而实定法正好契合了法的自治性，具有遏制公权力的专横和保障公民自由的功能，降低法律判断的偶然性，避免政治力量的恣意，避免法外因素的影响，强调法律的独立性，实现法律下的安全。实定法本身应形成内容完备、逻辑自洽的法律规制体系，并具有独特的理论基础和效力依据，确保任何法律问题

---

❶ 参见［德］托依布纳：《法律：一个自创生系统》，张骐译，北京大学出版社2004年版，第12页。

❷ 参见宾凯：《法律悖论及其生产性——从社会系统论的二阶观察理论出发》，《上海交通大学学报》（哲学社会科学版）2012年第1期，第66页。

❸ 参见［美］诺内特、塞尔兹尼克：《转变中的法律与社会：迈向回应型法》，张志铭译，中国政法大学出版社1994年版，第60页。

❹ 参见李晗：《回应社会，法律变革的飞跃：从压制迈向回应——评〈转变中的法律与社会：迈向回应型法〉》，《政法论坛》2018年第2期，第188—189页。

都可以在法律中寻求到解决方案。❶ 只有在实定法之下，自由裁量权才能受到限制，刑事责任才可以得到明确。罪刑法定要求刑法较其他部门法有更高的自治性，这种自治性正是现代刑法所追求的重要价值，因此实定法应成为明确性原则的唯一刑法法源。

第二节 刑法明确性中"明确"的界定

刑法明确性中的"明确"与"确定""明文""具体"的含义十分相近，这些概念之间的关系也并不明晰，使用时非常容易混淆。这些相关概念表面上含义基本一致，只是表述不同，事实上每个概念都代表着特定的价值导向，其理论含义也截然不同。厘清它们之间的关系，有利于清晰界定明确性的内涵。

一、明确与确定的辨析

明确与确定这两个词极易混淆，厘清两者的关系，首先需要研究确定性的构成和相关的争论，然后寻求其与明确性之间的差异。

（一）法的确定性的构成

法的确定性是指通过诉讼过程可以得到相对稳定的裁判结论。❷ 法的确定性的构成主要由法律规则的确定性、法律事实的

---

❶ 参见冉井富：《法治与法的自治性》，《法学研究》2012 年第 6 期，第 8 页。

❷ 参见赵秉志、张心向：《刑事裁判不确定性现象解读——对"许霆案"的重新解读》，《法学》2008 年第 8 期，第 37 页。

确定性和法律推理的确定性构成。❶

第一，法律规则的确定性是指立法者创制的法律规则本身的确定性，即法的内在确定性。法律需要足够明确之外，还需要具备普遍性和强制性才能实现法律规则的确定性。普遍性是指法律并不是针对个人和个别行为，而是针对一般人和一般行为，即可重复适用。❷ 只有对某类作为或不作为具有普遍约束力的命令才是法律。❸ 只有在法律针对的是一般人和一般行为的情况下，公众才能预见到自己行为的后果，从而法律才能具有确定性。不具有普遍性的规则无法发挥协调功能和规范功能。强制性主要是指法律所设定的行为规则和评价规则是强制性的，立法对行为模式的设定是强制性的，司法对行为法律后果的评价也是强制性的。对非法行为进行否定的强制性制裁和对合法行为进行肯定的强制性保护，是法的强制性的主要体现。明确性、普遍性、强制性构成法本身的确定性。❹ 法的确定性需要形成稳定有效的共识，而明确性、普遍性和强制性结合起来才能形成稳定有效的共识。其中，明确性形成共识，普遍性让共识具有稳定性，强制性确保共识的有效性。人的理性的有限性决定了法律规则本身的不完备性，难免存在疏漏和矛盾。法律规则是由语言来表达的，而语言本身具有模糊性，不能达到完全明确的状态。普遍性决定了法律

---

❶ 参见葛洪义、陈年冰：《法的普遍性、确定性、合理性辨析——兼论当代中国立法和法理学的使命》，《法学研究》1997 年第 5 期，第 81—82 页。

❷ 参见东方玉树：《成文法三属性：权利与权力的平衡态——兼论现代法律的调整对象》，《法律科学》1993 年第 5 期，第 36 页。

❸ 参见［美］E. 博登海默：《法理学——法律哲学与法律方法》，邓正来译，中国政法大学出版社 2017 年版，第 254 页。

❹ 参见李琦：《法的确定性及其相对性——从人类生活的基本事实出发》，《法学研究》2002 年第 5 期，第 31 页。

是在复杂的社会关系中抽象出一般性的规范，以实现对同类事物的普遍调整，抽象过程必然给法律规则带来一定的不明确。

第二，法律事实的确定性就是构成司法判决基础的事实的确定性。司法调查中存在大量具有偶然性、推测性、非理性的因素，法律事实的确定性会受证据规则、法庭规则、律师的辩护技巧的影响，比如：证据有可能是伪造、灭失或被毁损的，证人有可能失踪或作伪证，律师有可能专业水平和辩护技巧不足，等等，这些因素使公众无法预测判决结果。法律事实与客观事实并不总是相等，甚至总是不能重合。❶ 由客观事实到证据所证明的事实再到法官所认定的事实，每一步都会发生损耗，从而导致客观事实不能总是等同于法官所认定的事实。

第三，法律推理的确定性就是法律推理过程中的确定性。法律推理是法官根据法律规则和法律事实，运用其自身的专业知识及经验作出结论的推理。法律推理需要以法律规则为大前提，以法律事实为小前提进行推理论证。法律事实与法律规则结合并不周延，不能直接适用法律规范，法官将所认定的事实再次进行取舍，转化成可以具有法律意义的事实，再适用法律规范，得出裁判结果。法律推理的大小前提《法律规则和法律事实》在前述论证过程都具有不确定性，而在法律推理过程中，法官可以主观选择适用哪些规则，认定哪些事实，法官的专业水平、教育经历和职业经历以及个人的情绪和偏见都极大影响着法律推论的确定性。为了确保法律推理的明确性，法官应摒除个人癖好、个人偏

---

❶　参见苏力：《法治及其本土资源》，中国政法大学出版社 1996 年版，第 159 页。

见和先入为主的判断,❶ 使自己的个性依从法律的要求。

（二）法的确定性与不确定性的争论

通过上述对法的确定性构成的解构就会发现，法的确定性和不确定性是相互对立，同时并存的。❷ 公众需要确定性获得安全感，降低交往成本，但是现实社会的多样性和丰富性不能容忍确定性带来的机械、刻板和僵化。因此，法的确定性只能是相对确定，不可能达到绝对确定的状态。法律制度必须具有一定的灵活性，为了实现正义或者容纳各种社会现实不得不曲张、变通和作出让步。❸ 法律在设立的时候都是追求确定性的，但是从法律的诞生到运行的过程中又处处充满了不确定性，因此就产生了法的确定性与不确定性的争论。传统的三大法学流派对该争论的观点如下：自然法学派认为，国家制定的法是以自然法为基础，因此制定法是不确定的；社会法学派认为，真正有效的法律不是制定法，而是社会生活，制定法必须经过社会生活的检验，制定法本身也是不确定的；实证法学派认为，国家制定的法律具有确定性，法律一旦制定，就脱离道德和自然法。❹ 面对法的确定性与不确定性的争论，诸多学者转向分析法学的阵营，从语言哲学角度出发进行论证。哈特提出"概念分析理论"诠释法的不确定

---

❶ 参见［美］伯尔曼：《法律与宗教》，梁治平译，三联书店1991年版，第47页。

❷ 参见王晨光：《法律运行中的不确定性与"错案追究制"的误区》，《法学》1997年第3期，第7页。

❸ 参见［美］劳伦斯·M.弗里德曼：《法治、现代化和司法制度》，载傅郁林译，宋冰编：《程序、正义与现代化——外国法学家在华演讲录》，中国政法大学出版社1998年版，第128页。

❹ 参见侯学勇：《从法律规范的可反驳性到法律知识的不确定性——法律论证中融贯论的必要性》，《内蒙古社会科学》（汉文版）2008年第1期，第35页。

性，在语言和法律概念之间寻求概念分析方法。❶ 语言的开放结构造成了法的不确定性，留给法官自由裁量权的范围可能相当广泛。❷ 法律规则本身的不确定性是由于词义边缘含义模糊，而词义核心区域是明确的，这种划分使法律规则的适用具备了延展性。核心区域有明确的法律规则可以适用，而疑难案件一般都涉及词义的边缘区域，语境的变化可以扩大法律规则的适用范围，法律的不确定性仅存在于疑难案件中。富勒认为：法律规则设定的价值目标是确定性的钥匙，通过剥去法律规则的包装，寻求蕴含在法律规则之中的价值目标，也就是确定性的、法律的内在道德。❸ 拉兹认为：不明确的法律规则会影响可预测性，使法律处于不明确的状态。法律在本质上是对法官自由裁量权的限制，法官不具有绝对的自由裁量权，法律有规定时必须依照法律，在法律没有直接规定时，法官势必要使用自由裁量权，因此法官造法也是不可避免的。❹ 德沃金在法的确定性与不确定性中找到一种妥协，承认法的不确定性又不放弃法的确定性，提出"整体解释理论"，认为法律是一个整体，包括规则和非规则标准，非规则标准主要有原则、政策和道德。❺ 凭借规则和非规则标准的作

---

❶ 参见张玉洁：《法律不确定性命题的司法检视》，《法律科学》（西北政法大学学报）2015 年第 3 期，第 13 页。

❷ 参见［英］哈特：《法律的概念》，许家馨、李冠宜译，法律出版社 2018 年版，第 191—192 页。

❸ 参见孙文恺：《开放结构中的确定性追求——兼论哈特与富勒法律理论的契合性》，《江苏社会科学》2009 年第 6 期，第 118—120 页。

❹ 参见张传新、成睿智：《拯救与颠覆——法律不确定性的辩证分析》，《山东社会科学》2005 年第 11 期，第 101 页。

❺ 参见洪川：《德沃金关于法的不确定性和自主性的看法》，《环球法律评论》2001 年第 1 期，第 86 页。

用，法官才能得到唯一正解。简易案件通过适用法律规则解决，疑难案件则可以通过非规则标准得到唯一正解，非规则标准也可以保证确定性。使用非规则标准较规则标准有更多的选择，也同时赋予了法官自由裁量权。阿列克西也认为：法律不只是制定的规则，而是由规则和原则共同构成，每一种规则背后都有原则所蕴含的道德和价值，都是原则衡量和平衡后的结论的体现。恩迪科特认为：除了语言因素，其他因素也会导致不确定性，不确定性不局限于法律制定阶段，法律适用阶段同样也会导致不确定性。

确定性论者主张：确定性是法律秩序的内在组成部分，是法律的基本特征之一。法律从诞生之日起就被赋予了确定性的希望和含义，法律的确定性是法治的必然要求和重要目的。"确定性是和谐之母，因而法律的目的就在于确定性。"❶ 确定性是法律的第一要务。秩序是正义的基础与前提，公正的起码条件是禁止任意性。法律的稳定性、客观性及评价、预测、指引功能已经在司法实践中证明法律具有确定性，法律蕴含着消除疑难案件的特殊资源，保障着法的确定性。而不确定性论者认为：第一，语言必然存在模糊性；第二，不可能制定出及时、全面反映社会生活、包罗万象且协调一致的法律规则；第三，法律的运行会受到政治因素的干预，很难实现客观性；第四，法官的个性因素和政治、道德观念往往使法律的适用会因人因时而异；第五，不仅法律规则不确定，而且法律事实的认定和法律推理也无法确定，因而法律不可能确定。确定性论者秉承传统的法治国理念，而不确

---

❶ ［美］E. 博登海默：《法理学——法律哲学和方法》，张智仁译，上海人民出版社1992年版，第293页。

定性论者主要采用经验研究的事实学方法论证。现在这个针锋相对的争论已经发生变化，具有很大的相容性，多数的学者不再极端地认为法是完全确定的或者是完全不确定的。在应然的层面上承认法律应具备确定性，在实然的层面上承认法律确实存在不确定的因素。不确定性论者尽管坚持不确定性，也从未否定确定性的正当性；确定性论者尽管坚持确定性，但并不否认司法实践中不确定因素的存在。

(三) 明确性与确定性之间的关系

明确性与确定性的表述极为相似，从字面意思看，明确的意思是清晰明白而确定不移，明确性与模糊性是相对的概念。确定具有必然、确定无疑、肯定的意思，突出唯一性，确定性与不确定性是相对的概念。从更深层次的内涵和外延来看，作为专业术语，两者的主要差异如下：

第一，含义不同，明确性是法律规范明确，确定性是裁判结果确定。明确性是指通过制定清晰、明确、可理解的法律规范，使相关主体能准确预测到行为的法律后果，能为司法机关提供裁判依据。明确性要求法律规范中语言的使用能够承担其应该承担的意义。法律的确定性是指对于法律问题法律总是能够提供唯一正确的答案。❶ 也就是说，法律规则是法律推理的大前提，在处理具体案件时能够提供肯定和唯一的答案。❷ 法律专业人士根据法律规范，并使用恰当的法律推理技术。都能得出唯一正确的答

---

❶ 参见［美］布赖恩·比克斯：《法律、语言与法律的确定性》，邱昭继译，法律出版社2007年版，第2页。

❷ 参见袁林：《刑法解释观应从规则主义适度转向人本主义》，《法商研究》2008年第6期，第116页。

案。如果将事实适用于法律得不出唯一正确的答案，证明法律是不确定的。● 德沃金的"唯一正解"理论就是确定性最极致的体现。确定性主要强调裁判结果的唯一性、正确性、稳定性。确定性包括法律规则的确定性、法律事实的确定性和法律推理的确定性，可以保证公众根据法律规则和事实合理预测出裁判结果。而法律规则的确定性包括明确性、普遍性和强制性，明确性就是确定性构成中的一部分，确定性的内涵可以完全涵盖明确性。虽然明确性只是确定性的一部分，但是它是非常重要的、最开始的、最基础的这一部分。明确性是确定性必要不充分的条件，不具备明确性的法律规则完全不可能实现确定性，当然只有明确性也不能实现确定性。

第二，指向不同，明确性主要针对法律规范，而确定性针对裁判结果。明确性以文本规范为载体，立法的语言应该清晰明白，容易理解，具有可预测性，这些要求是针对立法者的立法语言提出的，主要指向文本规范。经过对法律规范的研读和学习，公众能够理解并明确法律规范的含义，并能据此清晰界定犯罪行为的边界，预测出行为将会产生的法律后果，这样的法律就是明确的。而确定性主要以裁判结果为载体，强调裁判结果肯定唯一，追求确定的司法判决，以实现同案同判。某一案件诉诸于法院，通过诉讼程序进行裁判时，如果法院对该案件作出必然的、肯定的判决，那么这个裁判结果就是确定的。在判决形成之前的各个环节多种因素都会影响裁判结果的确定性，如果某一环节出

● 参见［英］蒂莫西·A. O. 恩迪科特：《法律中的模糊性》，程朝阳译，北京大学出版社 2010 年版，第 12 页。

了问题，或者某种因素出现，都可能造成法律确定性的目标难以实现。法的确定性不仅对立法者的立法语言有要求，还对诉讼过程中的司法公正提出了要求。

第三，状态不同，明确性是静态的，确定性是动态的。明确性要求法律清晰明白且具有可预测性，明确的法律规则是静止的、独立的和预先设定的。而确定性除了法律规则方面，还要考虑法律事实、法律推理等更为灵活的方面，涵盖法律运行全过程的方方面面都需要确定，其中哪一个环节不确定都会造成最后裁判结果的不确定，当然静态的明确性就是动态的确定性全过程的第一个环节。如果法律不明确，确定性就无从谈起了，就像游戏一样，第一关过不了，就不可能取得全局的胜利。

除了存在差异，明确性与确定性还存在必然的联系，法官裁判案件以法律规则为大前提进行三段论演绎推理，法律规则的表述是否清晰明白必然会影响到裁判结果的确定性，所以两者之间存在联系是确定无疑的。但是在这个问题上，学者有不同的见解，一种观点坚持认为：法律规则的不明确导致法律的不确定。模糊的语言会带来法律边界的不清晰，当案件适用的法律语词正好处于不清晰的边界地带，模糊语词在边界地带既非真亦非假，这时法官既可以选择适用，也可以选择部分适用或不适用，该案件不存在唯一正解，这必然导致裁判结果的不确定性。法律的模糊性使权利与义务具有不确定性。❶ 法律的模糊性使法律要求在具体案件中变得不确定，因此法官的裁判结果也不可能有一个确

❶ 参见［英］蒂莫西·A. O. 恩迪科特：《法律中的模糊性》，程朝阳译，北京大学出版社 2010 年版，第 94 页。

定的答案。❶ 另一种观点认为：法律中有消除不确定因素的特殊资源，法律的不明确并不能导致法律的不确定。如果有了更好的语言理论，并且为法官所遵循，那些有争议的问题就可以得以解决。❷ 语言是法律理论中虚假的焦点，法官的判决以语言和语言理论为借口，而实质上判决背后的真正原因是政治或政策。❸ 语言并不是保障确定性的关键因素，还有其他的关键因素可以决定法律的确定性，如政治因素、刑事政策等。凯尔森认为：一般性规范只是一种框架，法官可以进行利益衡量形成个别性规范，并使法律具有确定性。德沃金的整体解释理论和唯一正解理论表明，除了通过法律规则以外，还可以依据非规则标准得出唯一正解，非规则标准可以消除不确定因素。

明确性与确定性之间必然存在联系，语言是法律表达的媒介和工具，语言表达的明确与否必然影响着确定性的实现以及实现程度。法律是通过语言存在、运作和实施的。❹ 法律规则是否明确必然会影响到裁判结果是否确定，很难绕开明确性实现确定性。如果需要对确定性作一个全面的剖析，就必须先在语言层面上进行，因为语言本身的特性使得法律有多个正解。❺ 确定性并

---

❶ 参见［英］蒂莫西·A. O. 恩迪科特：《法律中的模糊性》，程朝阳译，北京大学出版社 2010 年版，第 97 页。

❷ 参见［美］布赖恩·比克斯：《法律、语言与法律的确定性》，邱昭继译，法律出版社 2007 年版，第 191 页。

❸ 参见［美］布赖恩·比克斯：《法律、语言与法律的确定性》，邱昭继译，法律出版社 2007 年版，第 190 页。

❹ 参见［美］布赖恩·比克斯：《法律、语言与法律的确定性》，邱昭继译，法律出版社 2007 年版，第 2 页。

❺ 参见［美］布赖恩·比克斯：《法律、语言与法律的确定性》，邱昭继译，法律出版社 2007 年版，第 101 页。

不只取决于语言明确与否，实际上还有其他因素影响着确定性，明确性只是确定性必要不充分的条件。确定性的障碍不仅是语言的模糊性，法律事实的认定、法律推理技术的运用、法律诉讼程序的设定，还有法官的价值观、嗜好、偏见、自觉甚至脾气等非理性的思维，这些因素都可能对确定性产生影响。因此，确定性可以囊括明确性，两者是包含和被包含的关系，明确性是确定性核心的组成部分和必要的实现手段，是确定性历程最开始也是最关键的第一步。

二、明确与明文的辨析

法无明文规定不为罪，法无明文规定不处罚，费尔巴哈用这句法谚描述罪刑法定原则。我国《刑法》第3条有两处都强调了"明文规定"。明文与明确虽然只有一字之差，看似意义相似，但不能将两者混为一谈，或将两者视为同义词，它们是含义不同的概念，但也不能认为两者毫无联系，明文是明确的前提和基础，没有明文规定，明确性也将无法实现。明文和明确的主要区别如下：

第一，含义不同。明文指明确的文字记载，通常指对某一行为规则用法律、法规或其他规范性文件以文字的形式记录下来，具体到刑法是指，一个行为是否构成犯罪、构成什么犯罪，如何量刑都在刑法中规定出来。明确不仅需要对犯罪和刑罚进行规定，而且要求表达清晰明白，使公众能清晰预测到行为的法律后果。明文只要求在法律中进行规定，并未要求规定到什么程度；明文只要求犯罪和刑罚在刑法中有形式上的规定即可，并不要求规定明确的构成要件和法定刑。因此，明文规定不代表着刑法规范能够明确地描述构成要件，明文并不等于明确。[1] 明确以明文为前提，但并不等于明文，即使具备明文的状态也未必能达到明确的程度，即使刑法对某种行为作出了明文规定，但该规定的含义并不明确，未能达到公众可以预见到法律后果的明确程度，应当认为是不明确的，即明确比明文具有更高的要求。[2]

第二，性质不同。明文具有一般性，明确具有特殊性。[3] 明文更注重形式意义，明确更注重实质意义。在古代第一部刑法颁布实施之日，就实现了对犯罪和刑罚的明文规定，明文具有一般性。排斥习惯法是罪刑法定原则的首个派生原则，并确立成文法主义，即明文更注重形式意义。而明确性的确立是在 20 世纪初，属于明文范围内的特殊部分，相对于明文具有特殊性。明文涵盖面更广，明文规定不一定明确，但明确的一定有明文规定。明文是一般性的概念，明确属于明文范围中内容明白清晰的那部分，明确是一般性概念中特殊性的部分。此外，明确是罪刑法定原则对刑事立法的基本要求，要求刑法规范表述清晰明白，易于司法人员和公众理解并达成共识，强调"不明确即无效"原则的实质审查功能，即明确更注重实质意义。

第三，功能不同。明文需要做到有法可依，强调立法上有规定，刑法规范客观存在，注重有法可依，至于刑法规范是否明确并不作要求。如果立法者用不明确的语言来描述构成要件，将刑

---

[1] 参见刘远：《罪刑法定原则的司法逻辑构造》，《甘肃政法学院学报》2014 年第 4 期，第 21 页。

[2] 参见陈兴良：《刑法的明确性问题：以〈刑法〉第 225 条第 4 项为例的分析》，《中国法学》2011 年第 4 期，第 115 页。

[3] 参见邵栋豪：《从明文到明确：语词变迁的法治意义 Beling 构成要件理论的考察》，《中外法学》2010 年第 2 期，第 220 页。

罚权交给法官自由裁量，那么这部法律无法提供事实上的法安定性。❶ 明文的功能是排除前述非正式渊源，如刑法理论、习惯法、刑事政策、社会危害性、法感情、社会效果等，并以成文法取代非正式渊源，确立成文法主义。而明确着眼于刑法规范的内容清晰明白，勾勒的犯罪边界清晰，强调法律规则内容明确，使司法人员和公众能正确理解，不产生歧义，并达成共识。明确性是罪刑法定的重要内容，明确的刑法能够有效地约束和制约刑罚权的扩张，增强刑事立法的科学性，充分发挥其裁判规范机能和行为规范机能，保障人权机能的实现，但是明文规定的刑法并不具有这些功能。明文规定并不等于明确规定，根据实质的人权保障原理，仅有犯罪和刑罚的规定还不足以保障人权，还需要刑法规范具备明确性。❷

三、明确与具体的辨析

明确和具体的关系密切，界定明确必须厘清两者之间的关系。刑法的明确与具体是相辅相成的，刑法条文如果不能规定得具体化也就不能明确化。❸ 立法者必须明确且具体地规定刑罚法规才符合明确性原则的要求。❹ 在通常的情况下，立法者对构成要件内容描写得越具体、越详细，也就越容易实现明确性，但是

❶ 参见《德国刑法典》，徐久生、庄敬华译，中国方正出版社 2004 年版，序言第 9 页。
❷ 参见陈子平：《刑法总论》，元照出版有限公司 2015 年版，第 52 页。
❸ 参见刘宪权主编：《中国刑法理论前沿问题研究》，人民出版社 2005 年版，第 20 页。
❹ 参见马克昌：《比较刑法原理——外国刑法学总论》，武汉大学出版社 2012 年版，第 67 页。

不能将明确等同于具体，具体并不必然能实现明确性，两者之间
的差异如下：

第一，含义不同。具体指文义范围确定无疑，与抽象和笼统
相对，强调细节明确，对具体事实情况进行详细的描述。英美法
系刑法注重经验，强调对既存事实的总结归纳，常采用列举的方
式描述罪状，偏重于罪状描述的具体化，这种罪状描述模式容易
导致刑法的僵化，适应性不足；而英美法系的判例制度具有灵活
性，可以很好地克服掉僵化和适应性不足的问题。而在大陆法系
中，成文刑法典的立法应达到一个相对明确的程度，而非绝对明
确的程度，这已获得理论和实践的普遍认可。法律具体规定的内
容，需要具有相当的概括性、抽象性和非具体性，同时刑法的具
体内容也只能采用抽象概括的方法表现出来。❶ 刑法必须使用概
括性、抽象性的用语，并非不能使用范围宽泛的条款和需要充填
价值的概念。❷ 明确性只需要达到可预测的相对明确的程度即
可，而具体更趋向于绝对明确的程度。在对明确程度的要求方
面，具体比明确更高。因此刑法需要具备明确性，而不一定要求
所有罪名的构成要件描述得非常具体。

第二，性质不同。明确是类型化描述，具体是个别化描述。
明确并不是要求法律通过具体语言的使用达到绝对明确的状态，
法律并不是针对具体行为详细的个别化描述，而是针对一类事件
的类型化描述。自《大清新刑律》以来，我国刑法就开始采用

---

❶ 参见［日］三谷隆正：《法律哲学原理》，徐文波译，商务印书馆 1937 年版，第
92 页。
❷ 参见［德］约翰内斯·韦塞尔斯：《德国刑法总论》，李昌珂译，法律出版社
2008 年版，第 20 页。

类型化的立法模式，并通过构成要件使类型在刑法中固定下来。❶ 法律的一般性要求刑事立法在抓住事物本质的基础上，将法益侵害行为进行类型化处理。类型是超越具体事物的抽象提炼又能与具体事物相适应的理念，立法者只能对类型作抽象概括的表述，型构犯罪模型，搭建犯罪框架，这个过程使刑法具备一定的抽象性。明确性并不要求立法者进行个别化描述，不需要把每一种可能发生的罪刑情况包揽无余并逐一列举出来，不能按照可能发生的每一个案件具体、详尽地描述其构成要件，而这样的个别化描述无疑是明确的，但也是最容易形成法律漏洞的。立法者认为：如果把语言像网一样收得很紧，可以限制法官的自由裁量权，并试图将各种词语堆叠起来，尽量堵住所有的漏洞，而结果是法条成为了镶嵌图、拼凑物。❷ 事实上，刑法规定得过于具体，非但不能避免反而易形成法律漏洞，造成法条臃肿累赘，理解上产生困难和不便，无法保持一定的适应性，不能实现法益保护的目的。明确性并非要求文义具体详尽，立法者在立法时应考虑个案适用的妥当性与生活事实的复杂性，使用概括条款或不确定的法律概念进行规定。❸ 刑法应设置必要的弹性条款和概括性规定，以提升其适应性。

第三，功能不同。明确的功能是为了形成共识，具体的功能是为了揭示内容。刑法明确性的要求是希望司法人员和公众对刑法规范的含义理解一致，为了达到这个目标，通过文字的形式将

---

❶ 参见赵春玉：《刑事立法的类型化逻辑与路径》，《甘肃政法学院学报》2014 年第 5 期，第 84 页。

❷ 参见［美］劳伦斯·M. 弗里德曼：《法律制度——从社会科学角度观察》，李琼英、林欣译，中国政法大学出版社 2004 年版，第 310—311 页。

❸ 参见台湾地区司法机构 1986 年"大法官"会议释字第 432 号解释。

刑法规则表达出来，如果其效果能形成共识，即实现了明确性。共识的形成与公众对犯罪的认识程度和历史经验密切相关，自然犯是违反社会伦理的犯罪，因为社会伦理相对稳定，未发生大的变化，经过漫长的历史积累了丰富的经验，简洁的构成要件就具备可预测的作用，并不影响刑法明确性的实现。比如，故意杀人罪的罪状只有五个字："故意杀人的"，并不影响该罪的明确性，对于传统犯罪类型的自然犯，公众的认识程度和历史经验已经非常丰富，已就相关行为达成共识，无须具体的描述即可达到明确的状态。法定犯普遍诞生较晚，缺乏历史经验，对大部分行为的性质公众尚未形成共识。为了能达到与简洁的自然犯同等的共识效果，法定犯的构成要件应设定得相对自然犯更详细具体一些。具体强调对经验事实的描述，会使用更多语词详尽完整地揭示内容。但具体不等于明确，具体描述必然增加解释对象，也增加了不明确性。❶ 具体并不一定会实现明确性，还有可能适得其反，语词的堆叠，导致刑法过于臃肿，丧失简洁性，增加了解释和理解的负担，还有可能使司法人员朝着完全相反的方向去理解和适用，带来更多的不明确。

四、明确性的含义

明确性在法理学中的含义主要应包含以下两个方面：第一，可预测性，即行为人在实施行为之前可以预见到行为的法律后果。法律的重要功能是构建和形成一种可以大体确定的预期，方

---

❶ 参见张明楷：《增设新罪的原则——对〈刑法修正案十一（草案）〉的修改意见》，《政法论丛》2020 年第 6 期，第 10 页。

便人们的正常交往。❶ 法律规定特定行为与法律后果之间有稳定的因果关系，❷ 依法裁判就是依据法律规范给予行为以相应的法律后果。第二，明晰性，法律规范的语言表达必须明晰。在人的认识和其他既定条件局限的情况下，制度必须易于理解，才能富有效率。❸ 法律规定应该简单明晰，避免使用语义不清的文字与极端抽象的概念，避免矛盾和疏漏，以使公众能更容易地理解和明确行为所应承担的刑事责任。由于语言的模糊性和法律的滞后性，对法律规范的解释有利于公众更明晰地理解法律，法律解释是一种追求明确性的方法和手段。刑罚是所有法律中最严苛的惩罚，适用应慎重，任何部门法都没有刑法般如此强调明确性，罪刑法定的实质侧面之一就是明确性原则。刑法学者对明确性的研究较其他部门法更多一些，对明确性的研究作出了突出贡献。对于刑法明确性的概念，不同学者认为刑法明确性有不同的含义，主要有三种类型：侧重于可预测性的含义，侧重于明晰性的含义，可预测性与明晰性兼顾的含义。

（一）可预测性的含义

可预测性的含义就是从可预测性的角度定义明确性，认为可预测性是罪刑法定及人权保障功能实现的关键，法律应该提供一个明确的标准，没有可预测性也就不明确，即违反宪法的正当程序原则而无效。中国台湾地区学者陈子平教授认为：罪刑法定主

---

❶ 参见苏力：《法治及其本土资源》，中国政法大学出版社 1996 年版，第 7 页。
❷ 参见东方玉树：《成文法三属性：权利与权力的平衡态——兼论现代法律的调整对象》，《法律科学》（西北政法学院学报）1993 年第 5 期，第 37 页。
❸ 参见［德］柯武刚、史漫飞：《制度经济学——社会秩序与公共政策》，韩朝华译，商务印书馆 2000 年版，第 114 页。

义是法无明文规定不为罪、法无明文规定不处罚的原则，如果规定犯罪与刑罚的内容不明确，对于公众来说相当于没有法律规定，无法获知什么行为会受到处罚，为谋求罪刑法定主义对公民自由与安全的保障，犯罪与刑罚的内容必须规定得明确、具体，也就是刑法明确性原则。❶ 张明楷教授认为：明确性指刑法对犯罪及刑罚的规定应当明确，不明确的刑法违背了罪刑法定原则的基本理念，依据宪法中规定的实体正当程序被判定为无效，即没有明确规定处罚对象的范围，不能告知公众什么行为属于犯罪以及应承担何种刑事责任，这样只能依靠法官在适用时的解释，而这些解释并不能统一，本质上是法官造法，司法权僭越立法权，违反了只能由立法机关进行刑事立法的原则。❷ 黎宏教授认为：刑法规范内容模糊暧昧，一般人难以客观理解，也即无效。❸

（二）明晰性的含义

明晰性的含义就是从明晰性的角度定义明确性，认为刑法规定应从犯罪和刑罚（即构成要件和法律后果）两个方面进行明确，要求刑法内容明晰，意义确定。日本学者大塚仁教授主张：明确性原则是指刑法中有关犯罪与刑罚的规定，必须尽可能地内容具体、意义明确。❹ 明确性原则是罪刑法定主义的前提条件，较禁止类推原则更为重要，其内涵是刑法规定的犯罪与刑罚应力求明确，包含构成要件明确与法律效果明确。中国台湾地区学者

---

❶ 参见陈子平：《刑法总论》，元照出版有限公司 2015 年版，第 52 页。
❷ 参见张明楷：《刑法的基础观念》，中国检察出版社 1995 年版，第 113 页。
❸ 参见黎宏：《刑法学》，法律出版社 2012 年版，第 20 页。
❹ 参见［日］大塚仁：《刑法概说》（总论）（第三版），冯军译，中国人民大学出版社 2003 版，第 63 页。

郑逸哲认为：构成要件明确是指立法时避免使用不明确的法律概念，这种不明确的法律概念易形成类型化概念，可以弹性扩张适用并扩大其自由裁量权，法律效果明确是指刑法对犯罪行为的处罚必须明确，对刑罚的种类及量刑幅度必须明确。陈兴良教授认为：刑法的明确性是指条文表述明白确切，法条内容确实固定。❶

（三）可预测性与明晰性兼顾的含义

可预测性与明晰性兼顾的含义是同时从可预测性与明晰性两个角度定义明确性，认为明晰的目的是达到可预测的效果，且只有通过刑法清楚明晰的规定才能达到可预测的效果，明晰性是可预测性的充要条件。德国学者韦塞尔斯教授认为：刑法条文在犯罪构成要件和法律后果上必须具有最起码的明确性，刑法条文必须清楚告诉公众什么行为被禁止，以便公众据此约束自己的举止；对构成要件的特征进行具体描述，以便通过解释获得它们的含义。❷ 意大利学者帕多瓦尼教授主张：明确性规定犯罪的刑法条文应清楚明确，使公众能确切了解犯罪行为的内容，明确地界定犯罪行为和非犯罪行为的范围，以确保刑法中无明确规定的行为不能适用刑法规制。❸ 曲新久教授认为：刑法应当清楚明确规定犯罪、刑罚及其相互关系，只有明确的刑法规定才能被一般人和司法人员理解和遵守，否则一般人无法预测自己行为会产生的法律后

❶ 参见陈兴良：《刑法的明确性问题：以〈刑法〉第 225 条第 4 项为例的分析》，《中国法学》2011 年第 4 期，第 62 页。

❷ 参见［德］约翰内斯·韦塞尔斯：《德国刑法总论》，李昌珂译，法律出版社 2008 年版，第 20—21 页。

❸ 参见［意］杜里奥·帕多瓦尼：《意大利刑法学原理》，陈忠林译，法律出版社 1998 年版，第 24 页。

果，司法人员无从理解甚至歪曲刑法，难以避免恣意擅断。❶

　　侧重于可预测性的含义更侧重于给出刑法必须明确的根本原因及不明确的严重后果，但未具体指出明确的刑法需要具备那些特性。侧重于明晰性的含义更侧重于描述明确的刑法规范应具备的特性，但未表明明确的原因和依据，需要达到怎样的明确程度，以及应产生怎样的社会效果。可预测性与明晰性兼顾的含义则做到了两者兼顾，明确性的含义应既描述明确所应具备的特性，又需表明明确的原因、依据以及产生的社会效果，这样含义相对更完整和全面一些。如果含义中加入明确的标准和程度，就有使含义更加具体且易于理解，公众能根据明确性的定义判断出某一刑法规范是否明确，因此，在可预测性与明晰性的基础上应再补充判断标准的内容。

　　那么，明确性的含义应该是：明确性是指刑法规范对犯罪、刑罚及其相互关系的规定应清楚明确，明确程度应达到内容确实固定，表述明白确切，使公众能理解和把握刑法规范的含义，从而能预测出行为相应的法律后果，对于因语义不清而导致不具备可预测性的刑法规范，立法机关则会将其认定为无效。

本章小结

　　讨论刑法明确性问题应明确其论域，明确性可拓展的空间很大，论域不清无法聚焦问题和展开研究。明确论域首先应明确刑

---

❶　参见曲新久：《刑法学原理》（第二版），高等教育出版社 2014 年版，第 20 页。

法明确性中"刑法"的范围，此处刑法的范围并没有刑法渊源那样广泛，应只限定于实定法这样的正式渊源，也就是成文刑法典，才是明确的对象，其他非正式渊源不是刑法明确的对象，只是实现刑法明确性的方式和手段。早期的明确性原则主要作用是法源限定，将明确的对象限定为实定法，并形成罪刑法定的派生原则——法律主义。实定法成为明确性的唯一法源，符合法治原则和法的自治性的要求。明确论域其次要分析刑法明确性中"明确"的含义，明确与确定、明文、具体的含义相近，在理论和实践中极易混淆，通过区分与类似概念的差异确定明确的含义和功能。刑法明确性指的是成文刑法规范规定得明白清晰，使公众可以清楚地预测到自己行为的法律后果。总体来说，清晰界定论域可以为后面章节划定研究的范围。

第二章

刑法明确性的演变及其启示

　　研究刑法明确性必须先梳理其法律思想史，并寻求能破解当前所遇到刑法明确性困境的启示。对于明确性问题，早期主要是研究法律明确性，后来才将明确性问题具体到刑法部门法中进行研究。而刑法明确性源自于法律明确性，是法律明确性重要的组成部分。因此，也必须将法律明确性的思想史一并进行梳理，以便能获得更为全面且有价值的启示。

第一节　早期刑法明确性：绝对明确

　　早期刑法将实定法视为唯一法律渊源，法律的科学性超越政治性。绝对明确的标准体现了个人本位的价值观念，以保障公民自由为己任，强调在公民自由与政府权力之间必须划出绝对明确的界限，只有刑法明确规定的才是犯罪，刑法规范必须达到绝对明确的状态，才能更有利于公民自由的保障。刑法的人权保障机能主要是通过以绝对明确的标准限制司法权得以实现，避免了法官的擅断和专横，从而保障了公民个人自由不受司法侵犯。

一、古典自然法学派：应然绝对明确

古典自然法学派是在17、18世纪反封建的启蒙运动和革命斗争中兴起的、强调以自然法为特征的法学流派，古典自然法学派提出自然法和实定法的二分，自然法高于实定法，法律的本质不是意志而是理性，并通过保障自然权利来限制政府权力。❶实定法由自然法派生出来，并且体现自然法的精神，因而以自然法为根据的实定法应具备绝对明确的标准，而绝对明确的标准有利于保障公民的自然权利和限制政府权力。古典自然法学派的代表学者洛克、孟德斯鸠和贝卡里亚对绝对明确的标准都有论述。

洛克称国家制定和颁布的为"明文法"，是自然法以人类的语言清楚明白地再现，❷语言应进行专业化的精确定义和确定，应保持专业术语和普通语言的互动，不要试图用专业术语替代普通语言，这样可以保持认识论层面的描述性和规范性。❸法律如

---

❶ 参见高鸿钧、赵晓力主编：《新编西方法律思想史》（古代、中世纪、近代部分），清华大学出版社2015年版，第266—278页。

❷ 参见武掌华、夏新华：《论洛克自由思想的逻辑路径》，《海南大学学报》（人文社会科学版）2015年第2期，第99页。

❸ 参见王涛：《洛克的政治社会概念与自然法学说》，《清华法学》2011年第6期，第34页。

果没有明确规定就是空洞和抽象的，不能切实保护公民的权利。❶ 洛克在《政府论》中指出："应用明确且稳定的法规来公正平等地对待一切当事人，任何社会成员犯罪都要以法律规定的刑罚进行处罚。"❷ 绝对专断的权力和不确定、不安定的法律，都不符合社会与政府保障公民和平与安宁的目的。❸ 为社会谋幸福是政府行使权力的唯一目的，政府行使权力应根据既定的及公布的法律，不能专断或凭一时高兴。❹ 洛克认为：明确的、成文的、安定的法律能有效限制国家权力，让公众可以预测到犯罪的边界及自由活动的范围，从而保障公民自由；而使用不明确的、不安定的法律只能导致刑罚权的肆意扩张，与绝对专断一样都不符合政府行使权力的目的。

孟德斯鸠在《论法的精神》中关于明确性的表述：法律不能像深奥的逻辑艺术那样让人捉摸不定，法律应像父亲讲的普通道理，能被普通人轻易地、准确地理解。❺ 这表达了对法律表述上的要求，法律是为具有一般理解力的公众制定的，应为一般人所理解，法律不能太精深玄奥、晦涩难懂，让人难以捉摸，要做到简单易懂。这一观点代表"明"，公众能轻易理解法律的意

---

❶ 参见李进一：《洛克的法律思想》，《中国人民大学学报》1998年第4期，第94页。
❷ 参见［英］洛克：《政府论》（下篇），叶启芳、瞿菊农译，商务印书馆1964年版，第53页。
❸ 参见［英］洛克：《政府论》（下篇），叶启芳、瞿菊农译，商务印书馆1964年版，第86页。
❹ 参见［英］洛克：《政府论》（下篇），叶启芳、瞿菊农译，商务印书馆1964年版，第87页。
❺ 参见［法］孟德斯鸠：《论法的精神》，许明龙译，商务印书馆2012年版，第695页。

思。法律不应使用含混不清的字眼和模糊不清的词语。❶ 法律用词应做到清晰明确。这一观点代表"确"，公众能准确认识到法律的界限。制定法律时应防止违背事物的性质。❷ 法律应抽象提炼并高度概括事物的本质，并与事物的性质保持高度一致。法律的用语应当明确，要让所有人理解的概念内涵是相同的，❸ 对一般人都能够唤起同样的观念。明确性就是让公众形成法律概念内涵理解上的共识。孟德斯鸠认为：公民的自由需要明确的法律来实现。公民的自由是做法律所许可做的一切事情的权利，法律是自由的边界，任何自由是法律之内的自由，如果可以做法律禁止做的事情就没有自由可言了。❹ 公民的自由主要依靠良好的刑法，良好的刑法必须绝对明确，需要将犯罪的边界明确地勾勒出来，好让公众清晰明白知道哪些行为是法律禁止的犯罪行为，在禁止的犯罪圈内就不自由了。

孟德斯鸠主张：政体可以对法律产生重要影响，政体的性质可以影响法律的产生，不同的政体对法律明确程度有不同的要求。❺ 专制国是没有法律的，法官判案主要依靠自己的意志而不是法规；君主国是有法律的，相关的法律规定得明确时，法官依

❶ 参见［法］孟德斯鸠：《论法的精神》，许明龙译，商务印书馆2012年版，第694页。
❷ 参见［法］孟德斯鸠：《论法的精神》，许明龙译，商务印书馆2012年版，第697页。
❸ 参见［法］孟德斯鸠：《论法的精神》，许明龙译，商务印书馆2012年版，第693页。
❹ 参见［法］孟德斯鸠：《论法的精神》，许明龙译，商务印书馆2012年版，第184页。
❺ 参见赵玉增：《孟德斯鸠的法律发现观及其司法启示》，《山东大学学报》（哲学社会科学版）2014年第2期，第81页。

据相关法律裁判案件，相关的法律规定得不明确时，法官根据法律的精神裁判案件；共和国的政体性质对法官提出了必须严格地依据法律规范的字面含义裁判案件的要求。❶ 政体越接近共和政体，法官也就越依赖法律，同时对明确性的要求也越高，需要制定明确的法律，当关系到公民的财产、荣誉和生命时，法官不能作出不利于他的解释。❷ 法律越明确，法官越需要遵循法律的文字，法官只是宣布法律语词的喉舌，既无法减轻法律的力量也无法缓和法律的严格。❸ 孟德斯鸠认为：法律必须明确，高度抽象概括事物的本质，可以让公众更容易理解，更容易达成理解上的共识，并清晰确定自由界限。法官只能对法律中规定的犯罪行为判处刑罚，而且只能判处法律明确规定的刑罚，不能作出不利于犯罪嫌疑人的解释。

贝卡里亚在《论犯罪与刑罚》中清晰阐述了罪刑法定原则以及其包含明确性的内容，认为明确的法律规定是判定为犯罪与科处刑罚的前提，没有明确的法律规定不能认定为犯罪。刑法的明确性，一方面，要求刑法规定应尽可能明确详尽，应当形式上规范，尽量采用成文的形式，内容上必须明白易懂，避免含混。罪行和刑罚在刑法条文中的规定应该是明确的，要编织一张精致细密的刑罚之网，制定一把衡量自由与暴政程度的潜在的标尺，构建一个普遍的、精确的犯罪和刑罚的阶梯，最大程度地压缩刑

---

❶ 参见［法］孟德斯鸠：《论法的精神》，许明龙译，商务印书馆 2012 年版，第 93 页。

❷ 参见［法］孟德斯鸠：《论法的精神》，许明龙译，商务印书馆 2012 年版，第 93 页。

❸ 参见［英］M. J. C 维尔：《宪政与分权》，苏力译，三联书店 1997 年版，第 82 页。

法解释的空间，精确显示着各个国家的人道程度和败坏程度。❶
贝卡里亚发现了成文法与法官自由裁量权之间的反比定律。❷ 刑
法规定形式上越规范，内容上越明确、详尽，刑法的解释空间就
越小，法官也就必须按照法律办事，专横和擅断就越不可能出
现；相反，刑法规定形式上越不规范，内容越抽象、模糊，法官
自由裁量的权力也就越大，造成司法权的扩张，使其挣脱法律的
约束，专横和擅断就不可能避免。贝卡里亚基于这一定律强调了
成文法精神。另一方面，要求严格限制甚至是杜绝法官的解释
权，反对法官解释刑法，以免法律的明确规定因法官的解释而被
任意改变。贝卡里亚主张：刑法应该是绝对明确的，并探寻了绝
对罪刑法定模式。刑事法官不是立法者，根本没有解释刑法的权
力，❸ 法官自由解释容易造成司法擅断和徇私枉法。严格遵守刑
法文字所遇到的麻烦会促使立法者对引起疑惑的语词进行修改，
直至明确，这种暂时的麻烦与自由解释造成的混乱不能相提并
论，而致命的自由解释正是擅断和徇私的源泉。❹ 贝卡里亚认
为，法律的含混性导致不明确，不得不进行法律解释。贝卡里亚
还认为，语言文字含义并不唯一，在不同的语言环境下有不同的
含义，词语的中心含义明确，但边缘含义模糊且很难把握。刑法
的专业语言和普通生活语言有很大的差别，公众不太理解其含

❶ 参见［意］切萨雷·贝卡里亚：《论犯罪与刑罚》，黄风译，商务印书馆2018年版，第68页。
❷ 参见胡水君：《惩罚技术与现代社会——贝卡里亚〈论犯罪与刑罚〉的现代意义》，《社会学研究》2007年第3期，第233页。
❸ 参见［意］切萨雷·贝卡里亚：《论犯罪与刑罚》，黄风译，商务印书馆2018年版，第11页。
❹ 参见［意］切萨雷·贝卡里亚：《论犯罪与刑罚》，黄风译，商务印书馆2018年版，第12—13页。

义。法律使用了一般人不容易理解的专业语言，使一般人必须依赖法律人，无法掌握自己的自由和命运，专业语言将法典变成家用私书。[1] 因此，必须通过法律解释让公众了解和知道法律，从而减少犯罪。了解和掌握法典的人越多，犯罪就越少。[2] 法律的含混性还会让一般人不能理解法律，无法用法律指引自己的行为，更是给公民的自由造成极大的危害。因此法律规范的制定应力求准确，尽量准确到无须刑法解释。明确的法律制定出来以后，法官应逐字遵守，严守刑法的文字边界，唯一允许的解释就是文义解释，判断公民行为是否符合法律成为法官的唯一使命。[3] 明确的法律规范形成一个几何学般精确的衡量犯罪与刑罚的标尺，成为自由、正义、人权的保障。

从以上三位古典自然法学派的代表学者的观点中可以看出，在这个时期对明确性采用绝对明确的审查标准。绝对明确的标准要求刑法规范本身要绝对的明确。洛克认为：不明确的法律与专断无异，绝对明确的法律才能保障公民的权利和自由。孟德斯鸠主张：犯罪与刑罚的规定与公民的生命、财产、自由与荣誉等基本权利密切相关，为了相应的权利能更有保障，刑法必须规定得更繁多一些、更详细一些。[4] 贝卡里亚批判法律的含混性，尝试搭建一个精确的、普遍的犯罪和刑罚的阶梯，作为一把用于衡量

---

[1] 参见［意］切萨雷·贝卡里亚：《论犯罪与刑罚》，黄风译，商务印书馆2018年版，第14页。

[2] 参见［意］切萨雷·贝卡里亚：《论犯罪与刑罚》，黄风译，商务印书馆2018年版，第14页。

[3] 参见［意］切萨雷·贝卡里亚：《论犯罪与刑罚》，黄风译，商务印书馆2018年版，第13页。

[4] 参见马克昌主编：《近代西方刑法学说史》，中国人民公安大学出版社2016年版，第68—69页。

自由与暴政程度的精确标尺。这一时期法律追求最高程度的明确，使法律制度能够像一部技术理性的机器那样运转，使公民获得最大程度的自由，能更准确预测自身行为的法律后果。❶ 这些学者均主张绝对明确的犯罪与刑罚，为了达到绝对明确的程度，刑法规范可以规定得更加详细、具体，形成一个精密的标尺，用来度量犯罪，确保公众的预测可能性，防止刑罚权的扩张，保障公众的自由和人权。1791 年《法国刑法典》是绝对明确的实践与尝试，这部法典中所有的犯罪都规定了绝对明确的构成要件和法定刑，其目的是保障公民的权利和自由，防止法官的擅断。这部刑法典排除了法官的自由权，法官成为裁判案件的机器。这种绝对明确的理想状态只存在于法学家的臆想之中，在客观的现实世界无法达到。由于刑法过于明确、具体，不可避免地导致刑法的僵化，缺乏适应性，1791 年《法国刑法典》很快便遭到了否决，但是往绝对明确方向努力趋近总是正确的。

这一时期对绝对明确的追求主要是受当时的社会需求、法律思想和哲学思潮的影响。在漫长封建等级制的历史中，长盛不衰的罪刑擅断主义始终处于统治地位。17、18 世纪西方资本主义经济迅猛发展，资产阶级经济实力不断壮大，但是政治地位却未随着经济实力的提高而提高。拥有统治地位的封建势力为了维护自身利益利用法官对资产阶级进行各种打压。欧洲大陆的法官身列贵族阶层，模仿英国法官进行了创造性解释并创建了地方习惯法。法官与封建贵族勾结在一起，用残酷的刑罚镇压敢于违抗其

---

❶ 参见［德］马克斯·韦伯：《经济与社会》（第二卷上册），阎克文译，上海人民出版社 2010 年版，第 946 页。

意志的资产阶级、工人、手工业者，地方的法官站在当地封建主的立场上拒不执行或任意解释中央试图改革的新法。资产阶级革命的主要目标之一就是反对司法专横，无论是倡导革命的洛克，还是主张改良的孟德斯鸠、贝卡利亚都一直认为：应制定绝对明确的法律，限制法官的权力，禁止法官解释法律。伴随着启蒙运动的开展，资产阶级为了获得更多的政治权利，向封建擅断刑法发起了猛烈进攻。资产阶级争取到了自身的权利与自由，以罪刑法定主义代替了罪刑擅断主义，进而限制刑罚权的绝对明确的标准也就应运而生。资产阶级通过追求刑法的绝对明确，使统治者不能为了满足自己的任性和臆想，随意地规定犯罪和确定刑罚。❶

二、分析法学和概念法学：实然绝对明确

19 世纪是实证主义发展的重要阶段，英法两国哲学界出现的实证主义运动影响并渗透到了法学，并逐渐形成法律实证主义的基本观念。19 世纪上半叶开始兴起的分析法学和 19 世纪中叶以后由历史法学演变而来的概念法学均以实证主义哲学观为基础，转向研究实然法律，认为法律具有科学性，借助精确的概念将对绝对明确的追求融入实然层面，对明确性标准的探讨也开始从观念阐释转向本体构建，开始进行深入细致的探讨研究，尝试构建一个独立的理论体系。

分析法学是 19 世纪盛行于英国的一种法学思想，主张法律是一个独立的体系，严格区分法律与道德、应然的法律与实然的

---

❶ 参见［德］卡尔·路德维格·冯·巴尔：《大陆刑法史——从古罗马到十九世纪》，周振杰译，法律出版社 2016 年版，第 152 页。

法律，消除法律中的价值判断因素，关注法律的形式与结构。这个时期分析法学的代表人物主要有边沁和奥斯丁。边沁倡导制定表达合理、清晰明确、内容完整的法典，他提出缜密精确的严格的立法标准，这种标准可以和自然科学的标准一样精确，使法学更具科学性。边沁倡导法典的编纂，他认为：一部法典必须完整且具有普遍性，叙述法则必须按照严格的逻辑顺序，使用内涵统一的术语，文字要简洁明确，不能相互矛盾和模棱两可。这样的法典可以使一般人像法律人那样理解法律，法律适用也更确定、迅速和简单化。❶ 他设想法官和律师可以从完备的法典中直接推演出结论。❷ 边沁认为，法律要想在形式上明确、在适用中确定，制定法律时应做到以下三点：第一，应该抓住事物特征作为根本差异进行分类；第二，使用简洁清晰地标明重要异同之处的明确术语，使用中性的表述方式；第三，避免使用抽象的概念。❸ 法律解释有两种方式，第一种是历史解释，就是说明该国家曾经制定过的法律，依据其确定现行法律的意思。第二种是论证解释，主要包括分类、叙述和推断：分类就是将制度分为几个部分，确定几个部分出现的秩序，并对每个部分命名；叙述就用于法律明确、清晰且肯定的地方；推断或解释用于含糊、隐晦且不肯定的地方。❹ 通过上述方法制定和解释法律，使法律趋近

---

❶ 参见［英］边沁：《政府片论》，沈叔平等译，商务印书馆 2009 年版，"编者导言"第 49—50 页。

❷ 参见徐爱国：《分析法学》，法律出版社 2005 年版，第 28 页。

❸ 参见［英］边沁：《道德与立法原理导论》，时殷弘译，商务印书馆 2000 年版，"导言"第 7—10 页。

❹ 参见［英］边沁：《政府片论》，沈叔平等译，商务印书馆 2009 年版，第 112—113 页。

绝对明确的状态。奥斯丁是分析法学的创始人，是法律实证主义的奠基人，倡导分析性研究方法。奥斯丁仔细分析了一些法律术语的明确含义，以达成对法律的统一认识和理解。❶ 这种研究方法追求语言的精确性，尝试通过明确概念与事实之间的联系，使法律达到最大限度的明确，这样的研究方法也提升了法学研究的科学性。❷

　　概念法学，又称形式法学，是 19 世纪盛行于德国，是为了满足德国法制统一、法典化进程和构建资本主义法学体系的需要而兴起的一种法学思想。概念法学是从历史法学中的罗马派演变而来，其代表人物多为早期的历史学家。概念法学强调法学概念的内涵必须固定不变，法律体系的内在逻辑必须保持严密性。❸ 法律人只要掌握概念和逻辑关系，就可以应对一切法律问题。概念法学构建了一个法律概念的金字塔，所有的案件都能被涵摄，通过演绎的形式，使审判变成机械的逻辑运算，得出数学般精确的唯一正确答案，演绎的过程逻辑自洽、价值中立，并因而形成精密、纯粹、完美的法律体系，维护了法学的科学性。❹ 概念法学主张：法律没有任何漏洞，立法必须统一、完备和明确，避免了法律概念的歧义和表述混乱，坚持实定法是法律的唯一渊源，坚持严格的规则主义，禁止法官另寻法源或变通法律，排斥法官

❶ 参见贺林波：《解构与批判：分析实证主义法学的社会事实》，《湖南师范大学社会科学学报》2005 年第 4 期，第 44 页。
❷ 参见高鸿钧、赵晓力主编：《新编西方法律思想史》（现代、当代部分），清华大学出版社 2015 年版，第 78 页。
❸ 参见王启富、陶髦主编：《法律辞海》，吉林人民出版社 1998 年版，第 1693 页。
❹ 参见吴丙新：《法律概念与法治——兼为概念法学辩护》，《山东大学学报》（哲学社会科学版）2004 年第 4 期，第 116 页。

的任何创造性解释，反对在法律解释中考量利益、价值或目的等主观因素。概念法学倡导制定系统化的法典，有利于保障法律的明确和统一。● 概念法学独尊实定法，尤其偏好制订法典，以逻辑化、系统化、形式化的立法模式严格限制法官权力，❷ 维护立法权的至上权威。概念法学推崇依据完备、明确且逻辑严密的法律规范进行机械性程式的司法活动，视法官为法律推理的机器，反对赋予其任何自由裁量权，实现同案同判保障个案公平。概念法学将绝对明确落实到实然层面，而这种绝对明确的设想只适合法律关系简单，社会发展缓慢，新生事物比较罕见的时期。随着社会的变化和发展，这种概念建构是对生活隔绝的抽象，形成概念上高度精确的法典无法保持法解释一定的自由空间，以应对现代化发展中产生的巨大变化。❸

这一时期对绝对明确的追求进入实然层面是受当时社会情况的影响。19 世纪上半叶西方资产阶级已经推翻封建阶级，建立了资产阶级政权，之前倡导的天赋人权、自由平等、权力分立的古典自然法是反对封建势力有力的武器，通过对法律的理想、目的和价值的研究，提供一个应然法律的大致轮廓，对绝对明确的追求只停留在应然的层面。而在资产阶级革命胜利之后，革命成功后的资产阶级害怕刚刚争取到的权利和自由会因法律含混、司法专横而丧失殆尽。为了缓解法律适用的困难和混乱的状况，根治司法腐败问题和树立法官的权威，改革内容野蛮落后、形式杂

● 参见［法］勒内·达维：《英国法与法国法：一种实质性比较》，潘华仿等译，清华大学出版社 2003 年版，第 25 页。
❷ 参见蒙晓阳：《为概念法学正名》，《法学》2003 年第 12 期，第 18 页。
❸ 参见［德］汉斯－彼得·哈佛坎普：《概念法学》，纪海龙译，《比较法研究》2012 年第 5 期，第 156 页。

乱无章、效果很差且暴虐的刑法制度成为时代的要求，在实然层面实现之前，绝对明确的理想成为完善资产阶级法律制度的首要任务，而且这也有助于国家法制统一和加强中央集权。在这样的背景下，19 世纪上半叶欧洲大陆开始推行法典化运动，《法国民法典》最早诞生，赢得了世界性的名声，并影响了随后制定法典的比利时、荷兰、意大利、西班牙等国。这一时期主流法律观念就是实证主义法律观，实证主义法律观是在资产阶级民族国家的产生中出现的，主张国家主权者才有权立法，国家主权者颁布的法律才是真正的法律。❶ 实证主义法律观打破了宗教神学和封建贵族统治的同盟，将神法转变成人法，剥去封建专制的神圣光环，为反封建、反神权的斗争提供了理论支撑，促进了法律现代化的发生和深化。实证主义法律观力图建立权力更集中、治理更有效的资产阶级国家，并通过国家制定法律实现自由平等，同时满足人民用法律来保障自己的基本权利和自由的需求。在实证主义法律观的影响下，制定法律的主导思想是追求立法的绝对明确，排除司法专断性与不确定性，尽量避免法官造法与任意解释，希望法官是运用逻辑操作法律规范推出法律判决的智能机器，希望法律规范是一套清晰稳定的规则，形成一张完整、光滑而无缝的网，可以用其精确的尺度丈量并解决任何问题。❷ 自此，刑法明确性从观念走向现实。

---

❶　参见陈忠林：《从外在形式到内在价值的追求——论罪刑法定原则蕴含的价值冲突及我国刑法应有的立法选择》，《现代法学》1997 年第 1 期，第 32 页。

❷　参见［爱尔兰］约翰·莫里斯·凯利：《西方法律思想简史》，王笑红译，法律出版社 2010 年版，第 265 页。

第二节　近代刑法明确性：相对不明确

法律多元时代的经验和反对实定法至上的信念力求法学家把目光投向正在剧烈变动的社会。❶ 随着社会生态日益复杂，法律也应随之变化，立法无法制定出可以应对所有法律问题并起到良好的社会规范效应的实定法。当时的法家们意识到把法律作为一门科学的路走不通，以科学的体系规制政治权力演变成学术为权力撰写注脚，对变动不居、充满谬误的实定法的注解，既然法学规制政治行不通，那改为尝试参与政治，不再拘泥于实定法是唯一法源，开始关注存在于人们心中的法律，法律可以和时代一起进化，并在社会中表达时代的精神。❷ 自然法学、分析法学和概念法学的关注点集中于实定法，主要从法与外界的关系或法自身特点的角度研究法律现象，而自由法运动、法律实用主义及法律现实主义将非正式法律渊源也就是活法、自然法及法官创造的法提到了前所未有的高度。当绝对明确阻碍法律和社会发展时，相对不明确就像一股狂风驱散了僵化思想的阴霾。

一、自由法运动：相对不明确的滥觞

19 世纪末 20 世纪初自由法运动在德国和法国兴起。自由法

---

❶ 参见朱明哲：《知识考古学视角下的自由法运动全球史》，载《师大法学》（第 2 辑），法律出版社 2018 年版，第 175 页。

❷ 参见朱明哲：《知识考古学视角下的自由法运动全球史》，载《师大法学》（第 2 辑），法律出版社 2018 年版，第 153 页。

运动是一种具有改良性甚至是带有革命色彩的运动，以反对当时占据主流地位的形式主义和实证主义，力求法学现代化。❶ 自由法运动的核心主张包括：第一，实定法并非唯一法源，还存在活法——社会团体内部秩序；第二，实定法必然存在漏洞，必然滞后于社会发展，无法为每个案件提供答案；第三，法律适用过程中应赋予法官自由裁量权，当出现法律漏洞、文义晦涩和情况变更时，需要法官以立法者的身份去对漏洞和空白进行修补和解释。❷ 其核心主张总结如下：法官是法律的制造者而非适用者，❸ 法律不约束适用者，他们可以自由地选择法律、推求实定法的真意，而并不是只拘泥于文义。❹ 法官要运用自由的法律发现现实生活中的"活法"或"自然法"，用来弥补实定法的漏洞，得出符合正义的结论。

自由法运动致力于达成四个目标：第一，将法学的关注点从理论拉回到生活，将法学研究的重点从规范与语词转变为事实与价值。第二，发现现实因素成为法学的重点，而对发现现实因素的研究可以提升法学的科学性。第三，在解释和适用实定法时，不拘泥于语词字面含义，不进行抽象的概念构建，在实定法的范围内公开谈论权衡案件事实，得出一个符合正义原则和事物本质

---

❶ Albert Foulkes, "On the German Free Law School（Freirechtsschule）", *Archives for Philosophy of Law and Social Philosophy*, Vol. 55：3, pp. 367–417（1969）.

❷ 参见严存生：《自由法学及其埃利希的"活法"理论——读〈法律社会学的基本原理〉笔记》，载谢晖、陈金钊主编：《民间法》（第九卷），济南出版社2010年版，第122页。

❸ Enrico Pattaro & Corrado Roversi, *A Treatise of Legal Philosophy and General Jurisprudence*, Springer, 2016, p. 114.

❹ Eric Hilgendorf & Jan C. Joerden, *Handbuch Rechtsphilosophie*, J. B. Metzler, 2017, p. 161.

的判决。❶ 自由法运动突破实定法的限制，主张适用活法或自然法，使法律的不明确问题开始滥觞。自由法运动的兴起使法律不明确的问题更加凸显，逐渐形成法学理论研究中的基本问题。自由法运动的主要代表人物有耶林、惹尼、埃利希和康特洛维茨等。

自由法运动的开山鼻祖耶林嘲讽概念法学者对逻辑和概念的盲信和热衷，与实际的社会生活不协调，并从五个方面批判了概念法学：第一，过度沉溺在抽象的法律概念之中，与其现实适用条件完全脱离；第二，无视社会利益与个人利益，适用法律时不对社会利益和个人利益及相关实际问题进行综合考量；第三，全盘脱离实际效用，高度抽象提炼形成法律概念，使具体事实找不到对应的适用法律；第四，无视法律宗旨与目标；第五，错误模仿数学的概念与方法，法律推理就是在数学计算中展开法律概念的内容。❷ 耶林认为，那种不顾裁判带来的结果，将责任推给立法者，仅会机械适用法律条文的法官，只是司法机器中一个无感情、死板的齿轮。❸ 耶林主张，法律是人类意志与社会生活共同作用的产物，法律产生受"目的律"的支配，法律的产生必定有其目的，目的是法律解释的最高准则，法律解释不能偏离目的。❹ 法

---

❶ Albert Foulkes, "On the German Free Law School (Freirechtsschule)", *Archives for Philosophy of Law and Social Philosophy*, Vol. 55：3, pp. 382 – 383 (1969).

❷ 参见［英］H. L. A. 哈特：《法理学与哲学论文集》，支振锋译，法律出版社2005年版，第280—281页。

❸ 参见［德］鲁道夫·冯·耶林：《法学是一门科学吗?》，［德］奥科·贝伦茨编注，李君韬译，法律出版社2010年版，第81页。

❹ 参见杨仁寿：《法学方法论》（第二版），中国政法大学出版社2013年版，第101—102页。

官应在法律续造中扮演着领导角色，❶ 当实定法出现法律漏洞、文义晦涩和情况变更，应该从合目的的理念中寻找判决的依据。法官不能推卸从目的角度进行价值判断的责任，不能因实定法中的规定放弃思考，在适用实定法之前，先让实定法受到其价值判断的批判。❷

惹尼认为：法学应研究变化着的社会和层出不穷的问题，不能局限于实定法通过演绎方法作出的解释，不能拘泥于法律条文内容僵化适用法律，通过实定法和逻辑推演并不能应对所有法律问题，实定法并不完备，并不能应对不断变化的道德、经济、物理、心理、政治条件。实定法并不是对法律规则内容性质和制定目的、宗旨的抽象提炼，仅是赋予权威制定具体实在的形式，更是立法机构以语言的方式表达出的意志，赋予其权威的形式和内容，是希望将意志加于所有人，无须将其神圣化。立法者只对有限的事物作出规定，无法制定出能够完全折射这个复杂社会并规范它的实定法，❸ 余下大部分的生活具体情势需要法官依据实定法以外的法源来平衡裁断。惹尼认为：法官负有适用"自由科学法探索"发现实定法以外的潜在法律规范使命，在严格的、科学的法之发现框架内去填补漏洞，对利益冲突进行公正的衡量，并维持社会中的动态平衡，包括政治、经济、宗教、道德的平衡。

---

❶ 参见 ［德］鲁道夫·冯·耶林：《法学是一门科学吗？》，［德］奥科·贝伦茨编注，李君韬译，法律出版社 2010 年版，第 79 页。
❷ 参见 ［德］鲁道夫·冯·耶林：《法学是一门科学吗？》，［德］奥科·贝伦茨编注，李君韬译，法律出版社 2010 年版，第 82 页。
❸ 参见 ［德］格尔德·克莱因海尔、扬·施罗德主编：《九百年来德意志及欧洲法学家》，许兰译，法律出版社 2005 年版，第 148 页。

这一活动必须寻求社会效益，探索正义的客观尺度。[1] 社会需要是法官法律解释的指导方向和考虑因素，[2] 通过对事实和事物本质的整体观察，寻找正义原则的指导，去理解什么是社会要求。这一活动仅局限于对实定法的补充，最高法院应挑选出最出色的、具有丰富经验的法官负责对法之发现的相关案件进行审查。[3] 惹尼认为：应确立实定法、习惯、判例和学说四种法律渊源分类，[4] 解释法律可以根据实定法以外的法律渊源，解释权属于司法机关。当法律出现空白、漏洞、歧义和含混不清的时候，解释者应当探求法律所表现出的立法者原意，法律并没有表达出立法者意志时，除了穷尽文义从严格意义上解释法律以外，还应当考察习惯、判例和学说等其他法律渊源以探询答案，实际上是要求解释者暂时把自己置于立法者的地位，进行有实质性的司法创造，[5] 弱化立法的重要性，使法官的地位和权力得以提升和扩张。

埃利希的主要观点：法律发展重点不在立法、法学和司法判决，而在于社会本身。[6] 社会自发产生的法律必然存在于社会之

---

[1] 参见［德］格尔德·克莱因海尔、扬·施罗德主编：《九百年来德意志及欧洲法学家》，许兰译，法律出版社2005年版，第150页。

[2] 参见［美］布赖恩·比克斯：《牛津法律理论词典》，邱昭继等译，法律出版社2007年版，第83页。

[3] 参见［德］格尔德·克莱因海尔、扬·施罗德主编：《九百年来德意志及欧洲法学家》，许兰译，法律出版社2005年版，第150页。

[4] 参见朱明哲：《知识考古学视角下的自由法运动全球史》，载《师大法学》（第2辑），法律出版社2018年版，第157页。

[5] 参见［美］布赖恩·比克斯：《牛津法律理论词典》，邱昭继等译，法律出版社2007年版，第83页。

[6] 参见［奥］欧根·埃利希：《法社会学原理》，舒国滢译，中国大百科全书出版社2009年版，作者序。

中，研究真正的法律必须扎根并深入观察不断变动着的社会。法律是社会生活、社会联合团体演变的一个组成部分。埃利希提出了"活法"理论，活法是指在社会生活中被社会联合体成员普遍遵守并在实际上支配成员行为的规则，是人类社会法律秩序的基础，它并不存在于实定法之中，而是以判例、习惯法和民间契约的形式存在，它不像实定法那样明确、公开，但对现实社会产生巨大影响。❶ 活法相对于实定法而言，是实际有效的法；活法是法律的主体；活法来源于社会生活，是社会团体的内部秩序；活法是联合体内部自发产生的，只能被发现不能被创制；活法是丰富多彩和日新月异的。❷ 活法是联合体内部自发产生的内部秩序，是法律的本源和主体，是一级规范。❸ 审判机关通过审判程序将活法的某些内容提升为有拘束力的审判规范，审判规范是次级规范。❹ 法律命题是指制定法或权威法学家提出的抽象法律规范，❺ 是最高层次的规范，三者构成活法理论的主干。❻ 审判规范和法律命题由活法派生而来，活法可以为更好地认识二者奠定基础。传统的法学研究只重视制定法而忽视活法，严重脱离社会

❶ 参见何勤华：《埃利希和现代法社会学的诞生》，《现代法学》1996 年第 3 期，第 111 页。

❷ 参见严存生：《论"法学家法"——以埃利希的有关论述为切入点》，《比较法研究》2010 年第 2 期，第 2—3 页。

❸ 参见严存生：《论"法学家法"——以埃利希的有关论述为切入点》，《比较法研究》2010 年第 2 期，第 5 页。

❹ 参见何勤华：《埃利希和现代法社会学的诞生》，《现代法学》1996 年第 3 期，第 111 页。

❺ 参见全威：《埃利希"活法"论中的价值观探究》，《东南大学学报》（哲学社会科学版）2010 年第 S1 期，第 63 页。

❻ 参见何勤华：《埃利希和现代法社会学的诞生》，《现代法学》1996 年第 3 期，第 111 页。

实际，应将研究的重点从制定法转移到社会生活中的活法。埃利希认为：法律的出发点应是维护社会的正当秩序，传统法学不是科学，只是制定法颁布的一种引人注目的形式。❶ 埃利希在"活法"理论的基础上提出了法律不明确的主张，实定法只是法律中很小的一部分，活法是实定法以外的社会法，活法的数量远远超过实定法，效力上也比实定法有效，实定法因为脱离生活而变得毫无语义，法官必须援引活法裁判案件。法律的明确性只是一种虚幻的表象，实定法并不能为法律争议提供唯一正确的答案，法官应在审判中自由地发现活法，并用科学的方法将活法转化为裁判规范。活法具有地方性、多元性和易变性，显然也不能为法律纠纷提供唯一正确的答案，司法裁判一旦突破了实定法的束缚，法律就变得不明确了。❷

康特洛维茨提出了"自由法"的概念，自由法是尚未完成完整的制定程序、独立于国家权力之效力的法，❸ 为人们所熟知并被人们所遵守。自由法总是对实定法进行评价、补充、续造或否定，❹ 是实定法得以发源的土壤，所有立法思想在成为实定法之前都是作为自然法而存在的，对实定法的续造都是从自然法中汲取标准，实定法中到处存在漏洞，无法满足社会生活的需求，必须借助自然法来填补自身的漏洞，并形成完整的自我

---

❶ 参见全威：《埃利希"活法"论中的价值观探究》，《东南大学学报》（哲学社会科学版）2010 年第 S1 期，第 63—64 页。

❷ 参见邱昭继、蔡伟：《自由法运动与法律的不确定性》，《宁夏社会科学》2013 年第 5 期，第 6 页。

❸ 参见［德］赫尔曼·康特洛维茨：《为法学而斗争：法的定义》，雷磊译，中国法制出版社 2011 年版，第 9 页。

❹ 参见［德］赫尔曼·康特洛维茨：《为法学而斗争：法的定义》，雷磊译，中国法制出版社 2011 年版，第 11 页。

闭合的体系。❶漏洞分为实质漏洞和文本漏洞，文本漏洞需要通过"自由解释"来填补，也就是根据法律适用的需求解释，而实质漏洞必须通过自由法来填补。❷康特洛维茨将自由法区分为个人法和共同法，个人法就是对法条的认可只建立在个人确信的基础上，比如法官或法学家；共同法是基于共同体确信的基础上，比如法律人共同体。自由法是在适用时被法官与法学家创设出来的，在获得结论的过程中真正起作用的意志和感觉具有优先性，拒绝使用传统教义学提倡的解释和论证方法。❸康特洛维茨坚持对于法律不明确的论题，实定法不能为法律问题提供唯一正确的答案，没有一个概念的边界和内涵可以非常清晰，用概念的核心部分就可以解决的案件很少，大部分的案件需要用游移不定的外晕去解决，这时候用解释方法不能填补漏洞，运用自然法才能进行填补。❹自然法的内容会受到法官和法学家的个性和感情色彩的极大影响，相对实定法来说更加不安定、不明确。

自由法运动提出的漏洞理论至今仍被认为是法学方法论的共同出发点。❺填补法律漏洞必须依据法律真实的意义与目的，还

---

❶ 参见［德］赫尔曼·康特洛维茨：《为法学而斗争：法的定义》，雷磊译，中国法制出版社 2011 年版，第 15 页。

❷ 参见［德］赫尔曼·康特洛维茨：《为法学而斗争：法的定义》，雷磊译，中国法制出版社 2011 年版，"代译序"第 27—28 页。

❸ 参见［德］赫尔曼·康特洛维茨：《为法学而斗争：法的定义》，雷磊译，中国法制出版社 2011 年版，"代译序"第 16—17 页。

❹ 参见［德］赫尔曼·康特洛维茨：《为法学而斗争：法的定义》，雷磊译，中国法制出版社 2011 年版，第 16 页。

❺ Dietmar Moench, *Die methodologischen Bestrebungen der Freirechtsbewegung auf dem Weg zur Methoden-lehre der Gegenwart*, Frankfurt am Main: Athenäum-Verlag 1971, p. 156.

有根据事物本质裁判案件也是自由法运动的精神。❶ 自由法填补漏洞时必须考虑社会需要、公众舆论导向、个案利益等社会学因素，并将这些整合进实定法的目的之中，指示法官去发现符合目的的自由法。❷ 漏洞填补是基于实定法的目的结合实际情况对具体案件进行判决，法律适用同时具备实定法的约束和个案相关性，承载法的安定性和正义的理念。❸

自由法运动发生在 19 世纪末 20 世纪初，这一时期也是第二次工业革命时期，近代欧洲是世界的政治、经济、金融、贸易中心，社会和经济的发展进入繁荣的"美好年代"，但是"美好年代"的经济不平衡和巨大的贫富差距带来了风起云涌的社会矛盾和斗争，德国各主要城市出现暴动，法国罢工频发，规模也达到历史高点。正是在这样的背景下，自由法运动在批判概念法学的片面性基础上产生了。自由法运动参与者不满概念法学对实定法为唯一法源的坚守和对教义学技术的过度推崇，认为抽象法律概念完全不能应对现实生活中新出现的种种社会矛盾和斗争。概念法学支持法典化，但是制定出的法典与传统决裂，内容狭隘、贫乏、抽象，在现实生活中的所有法律问题不可能被全部涵盖的情况下，还否认法官自由造法权限，无疑是对现实中种种社会矛盾和稀泥。❹ 自由法运动学者反对把法律等同于实定法，并不认为

---

❶ 参见［德］赫尔曼·康特洛维茨：《为法学而斗争：法的定义》，雷磊译，中国法制出版社 2011 年版，"代译序"第 38 页。
❷ 参见［德］赫尔曼·康特洛维茨：《为法学而斗争：法的定义》，雷磊译，中国法制出版社 2011 年版，"代译序"第 32 页。
❸ Shu Perng Hwang, *Vom Wesen der richterlichen Rechtsanwendung: Eine Überlegung zur Freirechtsbeweg – ung*, Rechtstheorie 37（2）. 2006, p. 239.
❹ 参见［德］弗朗茨·维亚克尔：《近代私法史》（下），陈爱娥、黄建辉译，上海三联书店 2006 年版，第 552 页。

所有法律问题都可以通过对实定法进行文义解释和逻辑推理找到正确答案，他们批评不关心社会生活只关心概念构建的法学家。❶ 他们支持法官和法学家共同摆脱实定法的束缚，把目光投向社会生活，观察和理解社会生活中的活法，❷ 直面社会生活中的矛盾和斗争，并通过自由发现的活法或自由法去真正解决它们。

自由法学者们对刑法的明确性提出了严峻的挑战，他们倡导的活法和自由法及法律漏洞理论直接导致刑法的不明确，但自由法学者们不是主张绝对的不明确，而是主张相对的不明确，其主张的核心理念是：实定法存在法律漏洞，且在通过教义学上的演绎推理等方法均不能填补漏洞，无法决定如何裁判案件的情况下，可以突破实定法和教义学技术的束缚，让法官在裁判过程中自由发现并适用活法或自由法。也就是说，当实定法及教义学技术可以明确为案件提供一个唯一正确的答案，刑法才是明确的；当实定法及教义学技术不能为案件提供裁判依据时，法官才会自由发现并适用活法或自由法，此时刑法是不明确的。自由法运动中的"自由"并不代表追求绝对的不明确，也绝非任意而为、不受约束，还是受到实定法和教义学技术的约束，"自由"的含义有：第一，突破实定法的文义束缚；第二，自由适用活法或自由法；第三，依照既有的实定法的精神形成和发展新法；第四，自由地为新生事物现象创造法律；第五，突破逻辑推理演绎的束

---

❶ Eric Hilgendorf & Jan C. Joerden, *Handbuch Rechtsphilosophie*, J. B. Metzler, 2021, p. 252.

❷ Enrico Pattaro & Corrado Roversi, *A Treatise of Legal Philosophy and General Jurisprudence*, Springer Netherlands, 2005, p. 187.

缚，寻找判决的真实理由。●

自由法运动提倡以不断变化的政治和道德观点审视不同语境下的法律，以实现社会公平。❷ 自由法运动学者用活法或自由法弥补法律漏洞和拓展法律外延，认为法学研究的重心不是实定法和教义学技术，而是社会生活本身，应通过自由发现的活法或自然法来解决社会生活中种种矛盾和问题，理解社会的呼声，引导社会的发展。自由法运动开启了非实定法研究的先河，使得单一的法律渊源走向了多元的法律渊源，使得刑法不明确问题开始滥觞。

二、法律实用主义和法律现实主义：相对不明确的演进

自由法运动对分析法学和概念法学的反思和批评可以纠正绝对明确的极端认识，但如果将不明确思想推向极致，完全脱离实定法的约束，法律明确性的根基就会土崩瓦解。法律实用主义和法律现实主义相较之自由法运动更加忽视法律明确性的意义，研究的重点由法律语言转变为法官行为，在相对不明确的道路上不断演进。

相对不明确在刑法的本质上，强调在实定法以外寻求法的真谛和精神，把刑法的渊源扩大到人类理性的自然法，即在实际生活中为人们所遵守的"活法"和"自由法"，以及在司法过程中法官创造的法；在刑法的价值取向上，强调个人利益应该服从社

● Albert Foulkes, "On the German Free Law School (Freirechtsschule)", *Archives for Philosophy of Law and Social Philosophy*, Vol. 55: 3, p. 395 (1969).

❷ 参见曾赟、熊艳:《从法律形式主义到法律现实主义》,《求索》2010 年第 1 期, 第 130 页。

会需要，将维护社会秩序作为刑法首要任务；在刑法的渊源上，强调内容的相对不明确和表现形式的多元性，法的内在价值高于实定法，只有符合正义、满足社会需要才是真正的法，力求在实定法以外寻求刑法的真正渊源；在犯罪的本质上，强调犯罪行为必须具有社会危害性。

相对不明确是指立法者不可能制定出完备的绝对明确的刑法。如果说形式主义陷于绝对明确的泥潭，那么自由法运动、实用主义和现实主义法学对绝对明确的崇拜作了理性的剖析，强调了在任何不断变化的社会中，刑法的不明确是不可避免的，系统地批判了绝对明确的观点，强调司法运行的核心作用和法官裁判行为的创造性，裁量刑罚的权力应由立法者向法官转移。相对不明确实际上就是进行实质主义，实质主义就是只要犯罪行为达到犯罪的程度，即使法律没有明文规定，也应受到刑罚处罚；如果犯罪行为没有达到犯罪的程度，即使法律有明文规定，也不应当受到刑罚处罚。实质主义并不是追求绝对不明确，但是受这种指导思想的影响，刑法必然处于相对不明确的状态。在实定法以外寻找法律的渊源，本质上是强调法律的内在价值高于实定法，能反映公平、正义的理念，能满足社会秩序的需要，才是真正的法。其强调恶法非法，主张在实定法外寻求真正的法。

（一）法律实用主义的"预测论"和"经验论"

实用主义是 19 世纪 80 年代在美国兴起的哲学运动，霍姆斯是实用主义法哲学的鼻祖，反对法律形式主义，提出了法律预测论和经验论。预测论是明确法律的目的是预测行为的结果，从而

使法律成为行为的指引。[●] 法律的权利、义务以及法庭判决都是
可预测的，法学研究的目标是预测公共权力在什么情况下通过法
庭起作用。[●] 经验论认为：法律的生命在于经验，而不在于逻
辑。真正对裁判案件起决定性影响作用的是法官对时代需要的感
知以及共有的偏见、流行的道德观念和政治理论、对公共政策的
直觉。法律蕴含着一个民族数世纪发展的历史，不能被当作只包
含由公理和推论组成的数学书，真正的法律是在生活经验中逐渐
积累形成的，而不是由逻辑推理出来的。[●] 法律预测论和经验论
主要关注的是司法裁判，法官根据经验作出裁判，这些经验在预
测法官裁判时发挥重要的作用。霍姆斯认为：罪行衡量的标准是
根据经验判断行为会造成的危害程度，法官可以根据经验判断行
为是否违法，违法标准完全是一个经验问题。[●] 法律预测论和经
验论对形式主义持批判态度，彻底地否定了法律的规范性和明确
性，认为法律规则和概念事实上经常是不明确的，导致法官需要
以直觉和判断解释法律，使法律处于相对不明确的状态。霍姆斯
秉持的是法律相对不明确的主张，简易案件可以依据法律规范得
出正确的结论，而在疑难案件中，法律规范与特定的案件结果之
间存在逻辑空隙时，法官才能行使自由裁量权和法官造法权，
同时应从有利于实现社会利益的角度进行利益衡量。也就是

---

❶ 参见［美］奥利弗·温德尔·霍姆斯：《法律的道路》，李俊晔译，中国法制出
版社 2018 年版，第 174 页。

❷ 参见［美］斯蒂文·J.伯顿主编：《法律的道路及其影响》，张芝梅、陈绪刚译，
北京大学出版社 2005 年版，第 416—417 页

❸ 参见李国强、聂长建：《法律中的逻辑和经验作用探讨——解读霍姆斯和哈耶
克》，《法学杂志》2008 年第 1 期，第 128—129 页。

❹ 参见陈忠林：《从外在形式到内在价值的追求——论罪刑法定原则蕴含的价值冲
突及我国刑法应有的立法选择》，《现代法学》1997 年第 1 期，第 36 页。

说，在简易案件中法律是明确的，而在疑难案件中需要将法律
规范适用于具体案件时，在发现没有明确的法律规范可以适用
的情况下，法官才能造法以填充空隙，那么此时法律的明确性
将大打折扣。

实用主义法学在美国兴起是有其历史背景的，南北战争维持
和加强了美国的统一，促进了资本主义工业迅猛发展，到了 19
世纪 80 年代，美国成为第一工业大国，其国际地位迅速地得到
了提高。实用主义法学就是美国人头脑中存在的实用主义思维方
法的理论化，其影响力随着美国经济实力和国际地位的提升而逐
渐扩大。实用主义法学将法律的重心由国家主权转向法官，体现
了在实践中求创新的美国精神。与此同时，也是法律相对不明确
的进一步演进。

（二）法律现实主义的"事实怀疑论"和"规则怀疑论"

现实主义法学是在 20 世纪 20—30 年代在美国兴起的对现实
持怀疑态度和具有改革精神的法哲学思潮，代表人物有弗兰克、
卢埃林。法律现实主义以实用主义哲学为智识来源，以法官行为
为研究对象，并注重司法效果。法律现实主义遵循规则怀疑主义
和功能主义，不排斥法官造法，认为法律只是社会调控的工具，
不必拘泥于法律系统内部结构，应不断调整法律保持与社会同步
协调，保持社会调整功能的正常发挥。❶ 法律现实主义对法律明
确性的消解使法律形式主义变得岌岌可危，认为法律规范不是司
法活动中的全部内容，不再关注明确的法律，更加关注司法过程

❶　参见曾赟、熊艳：《从法律形式主义到法律现实主义》，《求索》2010 年第 1 期，
第 131 页。

中对"非由规制支配的操作"方面的研究，在案件处理的过程中，注重具体纠纷的解决，❶ 把法律关注的焦点从静态的法条转向动态的司法活动，实现从规则向行为、从纸上规则向真实规则的转变。法律现实主义者认为：法律只是一组事实而不是一种规范体系，是一种活的制度而不是一套规范。❷

现实主义者中最激进的一位是弗兰克，他认为：法律永远是含混、有变化的，即使在相对静止的世界，也不能制定出一套包罗万象、解决未来可能出现的所有争端的法律规范。❸ 人类对明确性和可预见性的要求不可能被满足，法律的稳定性和确定性是无法实现的法律神话。法律语言具有伸缩性，可以在适用时根据不同的需要作出不同的解释。弗兰克认为：法律包括实际的法律和可能的法律，实际的法律是对特定情况的特定判决，可能的法律是对未来判断的猜测。❹ 法官在进行审判的时候就是在制定有关这个案件的法律，即针对这个案件的法律之前并不存在。❺ 语言是法律的唯一载体，由于语言的模糊性和人的理性认识的有限性不能完全清晰地反映客观世界，法律依赖的载体的局限性必然具有不明确性。弗兰克援引了格林的观点：认识到语言的有限性给司法带来的影响，对促进法律的发展有重大意义，没有任何一门科学在消除语言的影响方面像法律那样艰难。❻

---

❶ 参见胡铭：《法律现实主义与转型社会刑事司法》，《法学研究》2011 年第 2 期，第 54 页。

❷ 参见 [美] E. 博登海默：《法理学：法律哲学与法律方法》，邓正来译，中国政法大学出版社 2017 年版，第 169 页。

❸ Jerome Frank, *Law and the Modern Mind*, Brentano's, Inc, 1930, p. 6.

❹ Jerome Frank, *Law and the Modern Mind*, Brentano's, Inc, 1930, p. 46.

❺ Jerome Frank, *Law and the Modern Mind*, Brentano's, Inc, 1930, p. 120.

❻ Jerome Frank, *Law and the Modern Mind*, Brentano's, Inc, 1930, p. 58.

　　弗兰克的重要理论贡献是事实怀疑论，事实怀疑论的主要内容是：第一，所有案件的判决都不受法律规范支配，都是由法官的动机决定。法官的动机在裁判中的影响至关重要，法官的特殊性格与偏见对他的裁判起重要影响。法律最重要的功能是解决争议，而法律规范只是漂亮的玩具，不能支配和控制法官作出决定，即使法律规范及其解释是明确的，这些明确的法律规范对判决也没有什么决定性的影响。在审判具体的案件中，法官会先预测出判决，再选择可以支持判决的法律规范，然后根据要适用的法律规范在具体案件中选择合适的事实，最后得出和之前预测相同的判决。法官的判决是基于多种动机而作出的，判决的实现是基于选择合适的事实，以符合支持判决的法律规范。也就是说，判决的决定性因素是法官的动机，而不是法律规范。第二，事实超过法律规范。案件事实是法官选择的事实，法官只会选择他乐意接受的事实，这些事实刚好适用支持判决的规范。任何案件都是就特定事实所作的裁判，在判决作出之前，针对特定事实的法律并不存在。❶ 法官应尽可能凭良心审判案件，主持正义应是法官的目的。❷ 弗兰克发现了法律规范的滞后性、不周延性和法律语言的模糊性，这些使得法律规范不能达到绝对明确，因此需要正确进行法律解释和及时地修改和补充法律漏洞。❸ 但过于强调法律的不明确性和不确定性，最终将走向法律虚无主义。

---

❶ 参见［英］J. W. 哈利斯：《美国法律的现实主义》，孙秀珍译，《中南政法学院学报》1993 年第 1 期，第 68 页。

❷ 参见［英］J. W. 哈利斯：《美国法律的现实主义》，孙秀珍译，《中南政法学院学报》1993 年第 1 期，第 69 页。

❸ 参见孙启东、范进学：《弗兰克法律现实主义观述论》，《山东社会科学》2007 年第 3 期，第 97 页。

现实主义的后继者卢埃林认为：法律是一套解决争端的法官行为规则，司法的运行是法律的重点，将法学研究由注重法律语言转向注重法官行为。卢埃林是规则怀疑论者，规则怀疑论是法律现实主义的核心命题。[1] 他并不否认规则是法律的重要构成要素，他只是怀疑"书本上的法"，他怀疑法律规则的明确性，因为法律规则是通过日常语言表达的，而日常语言的含义是不明确的。法官不能只注重法律规范，法律规范可以作出不同方式的解释，为了支持某些判决，可以根据判决的需要选择适用不同的法律规范，甚至是一些和案件没有任何联系的法律规范。[2]

"规则怀疑论"的主要内容是：第一，法律规则不能决定裁判结果，法律分为纸上规则和真实规则，纸上规则不能为法官裁判案件提供指引，真实规则是官员处理纠纷的行为，从法官裁判案件中寻求规律性，可以对未来案件的裁判进行预测。第二，法官裁判的思维重心是真实规则，而不是纸上规则。应将关注的重点从法律规则转向事实认定，法官的裁判基于对事实的直觉判断，然后才会为直觉判断寻找合理化的依据，是结论先行的后果取向思维。第三，法律是不明确的，判决结果是不确定的。明确性和确定性是现代法律神话，纸上规则只是裁判结果合法化的手段，以满足人们对神话的信仰。[3] 对明确性和确定性的追求就是对超越实际可能性的东西的追求，是无法实现的。以卢埃林为代表的规则怀疑论者认为：简单的案件因为适用的法律非常明确，

---

[1] 参见王德玲：《法律现实主义思想再检视》，《政法论丛》2019 年第 2 期，第 37 页。

[2] 参见［英］J. W. 哈利斯：《美国法律的现实主义》，孙秀珍译，《中南政法学院学报》1993 年第 1 期，第 67 页。

[3] 陆宇峰：《"规则怀疑论"究竟怀疑什么？——法律神话揭秘者的秘密》，《华东政法大学学报》2014 年第 6 期，第 73 页。

受法律规范支配，疑难的案件因为适用的法律不明确，应该放弃容易引起争议的法律推理，而以法官的预测取而代之；不要关注法官的判决说理，应重点关注影响法官判决的各种动机。

　　现实主义法学产生于 20 世纪 20 ~ 30 年代，美国已经由自由资本主义过渡到垄断资本主义，更进一步加深了生产社会性和资本家私人占有之间的矛盾，从而使生产过剩、市场失灵导致的经济危机更加频繁、深刻和持久。[1] 当时的经济大萧条使西方国家陷入前所未有的危机，各种社会问题集中爆发，引发社会矛盾的激化，使矛盾呈现更加复杂多样的状态，持续动荡的经济需要政府调控、干预市场，而法律形式主义造成的司法混乱愈加严重，在层出不穷的社会矛盾面前凸显其滞后性、僵硬性。法律形式主义在自由资本主义阶段尚能应付简单稳定的社会生活，但是过渡到急剧社会变革的垄断资本主义时期，就成为法制改革的羁绊。[2] 形式主义是在多样性基础上抽象形成的，随着社会矛盾复杂性的增加，社会不平等的深入扩大，僵硬地适用抽象规则的司法结果越来越千奇百怪，在学理上和实践中导致矛盾丛生。法律形式主义明显难以适应美国急剧的社会变革。为了应对新生的社会矛盾、积极回应现实问题、弥补法律与现实的鸿沟，法律现实主义应运而生，其提倡以动态的功能主义逐渐取代静态的结构主义，[3] 并因其务实性与可操作性而被推崇。法律现实主义以美国实用主义哲学为智识来源，以霍姆斯的法律预测论、经验论为理

---

[1]　参见曾赟、熊艳：《从法律形式主义到法律现实主义》，《求索》2010 年第 1 期，第 130 页。

[2]　参见许庆坤：《重读美国法律现实主义》，《比较法研究》2007 年第 4 期，第 2 页。

[3]　Laura Kalman, *Legal Realism at Yale 1927 – 1960*, The University of North Carolina Press, 1986, p. 15.

论基础，借力于破除陈规增强政府控制力的罗斯福新政。❶ 此外，由于历史性和民族性的原因，美国具有判例法的传统，法官具有更大程度的自由裁量权，这些因素叠加起来为法律现实主义的勃兴创造了条件。

第三节　现代刑法明确性：相对明确

当绝对明确的大厦轰然倒塌后，相对不明确又成为新的审视对象，经过了岁月沉淀与学术洗礼后，学者们继而发现，自由法运动和实用主义法学、现实主义法学的盛行使刑法的明确性被弱化和消解，随着 20 世纪中后期新分析法学和新自然法学的兴起，法律的明确性又重新被重视并不断地发展完善。进入这个时期以后，学者不再坚守对绝对明确盲目崇拜的形式主义，也摒弃了消解明确性的现实主义，而是开始回归强调相对明确的实证主义。形式主义基于法律的安定性而推崇法律的明确性，绝对明确容易陷入机械主义的泥沼，而现实主义认清无法实现绝对明确的现实，走向消解明确性的极端，相对不明确容易滑入法律虚无主义的深渊，明确性的思想史就是从极端走向理性，正如哈特所言，形式主义和现实主义是两个危险的极端，它们能在彼此纠正时凸显其价值，真理就在两者之间。❷ 同时，不再仅关注法律的形式

---

❶　参见王德玲：《法律现实主义思想再检视》，《政法论丛》2019 年第 2 期，第 36—37 页。

❷　参见［英］H. L. A. 哈特：《法律的概念》（第三版），许家馨、李冠宜译，法律出版社 2018 年版，第 214 页。

和逻辑，开始注重对法律进行实质解读，推动明确性的关注点从形式扩大到实质。

一、新分析法学：相对明确的理论建构

新分析法学是在 20 世纪 60 年代产生的，创始人哈特发表了《法律的概念》，标志着新分析法学的形成，代表学者还有拉兹。新分析法学受古典实证主义法学的传统影响，是古典实证主义法学的新发展。法律表述离不开语言，新分析法学渗透着语言分析哲学的基本精神——词意越达、现象越明。❶

哈特是第一位系统地从语言性质去探讨法律明确性问题的法哲学家。他提出了语言的开放结构理论，开放结构是指法律语词在适用时存在边界模糊的问题。法律规则由语词构成，语词的开放结构导致法律规则的开放结构，因此法律规则适用于边缘案件时不明确。哈特认为：语言的开放结构是导致法律不明确的重要原因，开放结构是人类语言的普遍特征，法律规则使用人类语言必然会导致边界地带不明确的问题。开放结构使法律的适用具有弹性，❷ 立法者无法预知未来可能发生的所有情况，❸ 这种弹性就可以在应对新情况时发挥关键作用。法律语言存在确定的意义

---

❶　参见张乃根：《西方法哲学史纲》（第四版），中国政法大学出版社 2008 年版，第 277 页。

❷　参见［美］布赖恩·比克斯：《法律、语言与法律的确定性》，邱昭继译，法律出版社 2007 年版，第 8 页。

❸　Timothy A. O. Endicott, *Herbert Hart and the Semantic Sting*, in Jules Coleman ed., *Hart's Postscript*: *Essays on the Postscript to ' the Concept of Law '*, Oxford University Press, 2000, p. 128.

中心和有争议的阴影地带。❶ 大部分案件适用的是意义中心，这部分法律是明确的，此类案件法官不能行使自由裁量权。还有小部分疑难案件适用的是有争议的阴影地带，这部分法律是模糊的，属于产生于明确意义中心以外的问题，归为阴影问题，法律适用时可以不进行演绎推理，❷ 此类案件法官可以造法，必须运用非法律理由决定法律的适用，❸ 非法律理由不是法律，是法官行使自由裁量权。法律的开放结构意味阴影地带需要法官通过利益衡量创造法律，但法律的生命在很大程度上，仍然是借助意义明确的规则指引法官与公众。❹

哈特批评了法律形式主义和法律现实主义两种极端的倾向，认为应该走介于两者之间的中间道路。法律形式主义认为法律规则一旦制定出来了，它的含义也就固定了，坚信法律概念是不变的和封闭的，只注意到了规则的意义中心，却忽略了规则的阴影地带，那是自由裁量权统治的领地。哈特从语言的角度批判了法律形式主义，认为形式主义者忽视了语言的开放结构，法律规则和概念都是开放的，当新情况出现时，必须作出全新的选择，调整法律概念以使它更符合社会的预期。❺ 法官应从法律规则的语

---

❶ 参见［英］H. L. A. 哈特：《实证主义和法律与道德的分离》（上），翟小波译，强世功校，《环球法律评论》2001 年第 2 期，第 188 页。

❷ 参见［英］H. L. A. 哈特：《实证主义和法律与道德的分离》（上），翟小波译，强世功校，《环球法律评论》2001 年第 2 期，第 188—189 页。

❸ Anthony J. Sebok, Finding Wittgenstein at the Core of the Rule of Recognition, *52 SMU L REV. 75* (1999), p. 85.

❹ 参见［英］H. L. A. 哈特：《法律的概念》（第三版），许家馨、李冠宜译，法律出版社 2018 年版，第 200 页。

❺ 参见［英］H. L. A. 哈特：《法理学与哲学论文集》，支振锋译，法律出版社 2005 年版，第 285 页。

词中发现立法者的意图，当新情况出现时，根据立法意图指导法官裁判行为。法律存在漏洞时法官是可以行使自由裁量权填补法律漏洞的，这时不可能发现唯一正确答案，但可以寻求在许多相冲突的利益之间理性妥协的结果，自由裁量权使法律适用变得灵活。哈特认为：开放结构可以避免形式主义的谬误，但不能过度夸大自由裁量权的使用，法官必须在法律规则的指引下行使自由裁量权。法律现实主义认为规则是一个虚构的神话，只注意到了规则的阴影地带，却忽略了规则的意义中心，质疑规则在法律体系中的中心地位，夸大了规则的不明确性，因此哈特把法律现实主义称为"规则怀疑论"。哈特认为法律规则虽然是开放结构，但却明确得足以限制法官的自由裁量权。❶ 规则怀疑论者忽视了规则的内在方面，也就是人们从内心接受规则并以此评价别人的行为和指导自己的行为，规则可以发挥行为评价指引功能，如果规则完全不明确就无法发挥这种功能。

拉兹是一个排他性法律实证主义者。他认为法律的内容由社会渊源决定，是各种社会事实的总和，无须依赖于道德因素。❷ 对于法律道德标准既不是充分条件也不是必要条件。❸ 拉兹认为：法律有规定的案件，法官应适用法律规范判案，法律没有规定的案件，无法适用法律规范得出明确的答案，此时法官可以运用道德创制新的法律。法律没有规定引发的争议主要是语言和立

---

❶ 参见［英］H. L. A. 哈特：《法律的概念》，张文显等译，中国大百科全书出版社1996年版，第137页。

❷ 参见［英］约瑟夫·拉兹：《法律的权威：法律与道德论文集》，朱峰译，法律出版社2005年版，第41页、42页、46页。

❸ 参见［美］布赖恩·比克斯：《法理学：理论与语境》（第四版），邱昭继译，法律出版社2008年版，第58页。

法意图不明确，立法者喜欢用不明确的表述确定一般性的法律框架，法官要运用自由裁量权填补漏洞。法官创制的法律约束力不如实定法强，更像是采用渐进改革式的方式调整修正法律，想彻底重塑一个实质的领域不太可能。拉兹认为法律具有指引人们行为的能力，这是法治的应有之义，法治使法律具有可预见性。拉兹列举出的法治原则包括：所有的法律都应该是可预见的、公开的和明确的，特别法应以公开、稳定、明确和一般的原则为指导。[1] 溯及既往的法律在行为时不存在，因不能预见而无法起到指引的作用，法律必须向人们公开且广为人知，使人们了解法律的规定，才能更好地指引人们的行为。[2] 法律的意义必须是明确的，让公众能明确清楚地理解法律的要求，否则模糊的法律会对希望受它指引的人具有误导性和干扰性。[3]

新分析法学的形成时期自由民族运动的社会思潮正在西方盛行。英国处于法律自由化时期，人们要求减轻刑罚和废除死刑，英国议会开始注重人权保护，讨论如何使刑法乃至整个法律制度更为人道化。[4] 同时，美国黑人民权运动、女权运动也不断高涨。这个时期人们开始转变社会价值观，积极争取个人权利，崇尚个人自由。随着西方社会现代化日益深化，西方社会已转变为工业风险社会，社会变迁加速深化，社会现代化问题频发，西方

---

[1] 参见［英］约瑟夫·拉兹：《法律的权威：法律与道德论文集》，朱峰译，法律出版社 2005 年版，第 187—188 页。

[2] 参见［英］约瑟夫·拉兹：《法律的权威：法律与道德论文集》，朱峰译，法律出版社 2005 年版，第 187 页。

[3] 参见［英］约瑟夫·拉兹：《法律的权威：法律与道德论文集》，朱峰译，法律出版社 2005 年版，第 187 页。

[4] 参见张乃根：《西方法哲学史纲》（第四版），中国政法大学出版社 2008 年版，第 277 页。

法治也需要随着社会变革而变革。❶ 社会结构和法律形态的改变，需要有新的理论激发现代法律的内在活力和基本洞见，而新分析法学就传达了现代法律的自我理解。

二、新自然法学：相对明确的实质发展

德国颁布的明显不正义的法西斯法律，引起西方世界对法律价值的反思，自然法注重法律与道德相结合，可以确保法律的正义价值，对法西斯法律具有非常强大的批判力量。在这种需要注重法律的正义价值的背景下，自然法学如获新生，再次兴盛起来，逐渐形成以富勒、罗尔斯、德沃金等学者为代表人物的新自然法学。新自然法学与古典自然法最大的不同是，更关注法律原则及法律与道德的关系，崇尚正义和维护个人权利，注重解决社会的现实问题。新自然法学的发展表明自然法学从古典自然法绝对理性的神坛上走下来了，注重法与道德、正义及个人权利之间的密切关系，对当今仍具有积极的指导意义，警示着各个国家的法治建设：法律不能沦为统治阶级的专制工具，而应该是维护正义和个人权利的有力武器。新自然法学改变了研究视角，不再只关注对理想主义的追求，而是更注重回应社会现实需求，当社会中出现新的法律问题时，力图通过传统道德及法律原则解决。

富勒是第一个提出法律明确性概念的法学家，将明确性作为法律必须具备的八项法制原则之一，将明确性提高到法治形式要

---

❶ 参见高鸿钧、赵晓力主编：《新编西方法律思想史》（现代、当代部分），清华大学出版社 2015 年版，第 79 页。

素必备的高度。富勒将法律道德区分为内在道德和外在道德，而明确性属于内在道德的一部分，对法律制定和实施有决定性的影响。明确性是合法性的一项最基本的要素。❶ 模糊的法律会使合法成为难以企及的目标，为了使模糊的法律变得明确而进行修正，修正后的法律也不是之前的法律了，犹如污浊之泉喷出的水流是可以净化的，但是净化后的水流再也不是之前的水流了，因此强化了立法者的责任，必须注重法律的明确性。获得明确性的最佳办法就是向法律注入普通生活中成长起来的常识性判断标准，徒有其表的明确比诚实的、开放性的模糊带来的危害更大。❷ 当立法者无法将立法目的转化成明确的规则，也就是法律不能做到绝对的明确，还会存在不明确的部分，他们会将明确的工作委托给法官在司法过程中完成，相应的纠纷可以借助基本原则与标准逐步派生出来的规则解决，而最佳的明确规则能在法官不断处理相关纠纷中发展出来。

罗尔斯认为：分配公民基本权利和义务的法律必须是正义的、平等的。法治的实质精神源于自由，为了保障人民享有自由必须坚持法治，如果缺乏法治保障，自由就无法实现，如果法律规则符合正义原则，自由就可以实现了。罗尔斯提出了与法治相关的四项正义准则，其中与明确性相关的有两项：一项是"类似情况类似处理准则"，这个准则要求法律规范本身和解释它们的原则给出明确的标准；另一项是"法无明文不为罪准则"，要求法律公开宣传并广为人知，法律的含义必须被清晰明确地规定，

---

❶ 参见［美］富勒：《法律的道德性》，郑戈译，商务印书馆2005年版，第75页。
❷ 参见［美］富勒：《法律的道德性》，郑戈译，商务印书馆2005年版，第76页。

对较严重的犯罪行为应有严格的解释，如果法律规范的命令和禁止的内容不明确，就无法很好地指引公民的行为。[1] 罗尔斯认为：自由是多种明确的权利和义务的复杂集合，各种各样的自由划定一个范围，在这个范围内的事情想做就可以做，其他人无权干涉，但如果法律规范是模糊的、不明确的，能自由去做的事情的范围也是模糊的、不明确的，那么自由的界限也是不明确的，人们由于这种不明确而在行为时产生合理的担心，从而导致对人们自由的限制，只有明确的法律才可以使人们确实拥有自由。[2] 形式正义和实质正义缺一不可，在进行形式主义法治叙述的基础上，仍秉持实质法治观的立场，并质疑不符合正义原则法律的效力，主张应选择一种既符合形式上的要求又能坚守实体价值的法治化路径。[3]

德沃金完全否定了法律的不明确性，创造性地提出"唯一正解"的概念。德沃金认为：法律包括明确的法律规则和隐含的法律原则，不是所有的法律都明确，但不明确不等于不确定，所有的案件都存在唯一正解。法律包括规则和原则，语言的不明确可以通过证明责任、推定等方式克服，[4] 原则可以具体化为规则。简易案件可以根据明确的法律得出唯一正解，是一种明确的确定。疑难案件需要法官通过抽象概括的原则找到唯一正解，作出

---

[1] 参见［美］约翰·罗尔斯：《正义论》，何怀宏、何包钢、廖申白译，中国社会科学出版社 2009 年版，第 186 页。

[2] 参见［美］约翰·罗尔斯：《正义论》，何怀宏、何包钢、廖申白译，中国社会科学出版社 2009 年版，第 187—188 页。

[3] 参见柯卫、马腾：《新自然法学法治论之旨趣及启示》，《广东社会科学》2017 年第 1 期，第 241—242 页。

[4] 参见邱昭继：《法律的不确定性与法治——从比较法哲学的角度看》，中国政法大学出版社 2013 年版，第 135 页。

正确的判决，是一种隐含的确定。疑难案件的定义没有被法律规则涵盖，但必然会被法律原则涵盖，所以法律是没有漏洞的，❶法官应在现有法律框架内根据需要依据法律原则判案。德沃金认为：法律既不是完全独立和逻辑自洽的规则体系，也不是一种任意摆布和杂乱无章的混合物，而是一项解释事业，法律的内容和边界，无法静态明确，只能通过建构性解释动态予以明确。❷法官应基于法律的原则和整体性，对模糊性法律词语，作超出语言学局限的实质性解释。❸

20 世纪上半叶第二次世界大战造成历史上空前的大悲剧，极权主义带来的灾难性后果，使西方开始对自身文明陷入反思。❹极权主义往往剥夺个人权利，甚至是牺牲个人生命，通过实定法来贯彻专制，将法律变成杀人机器，这使得法学家们开始审视法律的道德基础，考察法律与道德的关系，探讨实然法与正义、个人权利等应然法的关系；开始重新重视权利法案，重新理解民主法治国建构。在这一时期，个人权利和社会秩序的矛盾达到空前的程度，个人权利要求法律管得越少越好，社会秩序要求法律管得越多越好，致使法律制度遭受巨大压力，人们也处于紧张之中。1947 年联合国起草并通过了《世界人权宣言》，规定了一些"不可克减"的基本人权，以促进世界人权运动的发展。❺

---

❶ 参见林立：《法学方法论与德沃金》，中国政法大学出版社 2002 年版，第 13 页。
❷ 参见高鸿钧：《德沃金法律理论评析》，《清华法学》2015 年第 2 期，第 130 页。
❸ 参见高鸿钧：《德沃金法律理论评析》，《清华法学》2015 年第 2 期，第 116 页。
❹ 参见高鸿钧、赵晓力主编：《新编西方法律思想史》（现代、当代部分），清华大学出版社 2015 年版，第 161 页。
❺ 参见高鸿钧、赵晓力主编：《新编西方法律思想史》（现代、当代部分），清华大学出版社 2015 年版，第 163 页。

在这一时代巨变的背景下，自然法思想复兴并形成有别于古典自然法学派的新自然法学派，该学派认为应当寻求可以适应现实环境的理想标准，提出符合现代社会价值观念的道德理论和法律理论，[1] 宣扬正义和个人权利至高无上。

第四节　刑法明确性演变的启示

根据刑法明确性法律思想史的演变发现，对于刑法明确性有形式主义和实质主义两大阵营，二者之间的争论聚焦于：当法律规定与法律目的冲突的时候，是为了保护公民权利，严格按照法律规范执行，还是为了维护社会秩序，选择能满足社会需求的法来适用。其本质是法的内在价值高于实定法，还是实定法高于一切的两种不同的选择。

一、理性的神话：绝对明确的机械僵硬

（一）产生根源

绝对明确产生的社会根源是资产阶级革命前对法官专横的痛恨，以及资产阶级革命后对法官的不信任或者对法官滥用司法权的恐惧。欧洲大陆的法官地位和专业素质都不高，能力受到立法者的怀疑，因此限制甚至禁止法官解释法律，是大陆法系的传统。绝对明确产生的理论根源是法律实证主义。法律实证主义过

---

[1] 参见高鸿钧、赵晓力主编：《新编西方法律思想史》（现代、当代部分），清华大学出版社 2015 年版，第 165 页。

于追求形式主义而忽略了刑法的内在价值，最后非常容易演变成专制主义，从而使法律成为维护专制主义的工具。绝对明确产生的直接根源是对永恒理性的崇拜。永恒理性是形而上学的世界观和绝对主义的认识论，相信存在永恒不变的绝对真理，相信人类可以穷尽对所有真理的认识，通过简单理性规则运转的机器即可以分析千变万化的社会现象，得出唯一正确的答案。在这个前提下，可以制定出内容完整、表述清晰、逻辑严密的绝对明确的法律。在这一时期，力学和数学发展到登峰造极的地步，因此试图用物理学原理解释，用数学方法精确计算，用人人都能明白的语言表述，将自然法规则移植为法律规定，制定出绝对明确的法律，而一般人就可以简单地自动适用，以至于不需要法官和法学家。

（二）客观局限

绝对明确面临的第一个客观局限是社会环境的不断变化。绝对明确要求社会环境不能有较大的变化，最好保持在一个状态不要变动，这样绝对明确才有存在的土壤。但即使在相对静止的社会里，也不可能制定出一部包罗万象、可以解决未来出现的所有争端的法律。法律因其具备稳定性，一旦制定出来，不宜随意修改，也就与现实生活完全隔绝，而现实生活不断发生变化，很多时候法律也就不能满足现实的需求。在任何不断变化的社会中，绝对明确的刑法是不可能存在的，因为法律处理的是不断变化的生活，因此无论是过去、现在还是将来，法律将永远是模糊的、多样化的。当今社会急速转型、剧烈变迁，新生事物涌现，绝对明确的标准因为无法适应这种变动的社会环境而不能被采用。绝对明确会导致适应性不足，当法律修订的速度赶不上新生事物涌现的速度也就行不通了。

　　绝对明确面临的第二个客观局限是理性认识的有限性。柏拉图指出：立法者永远也不可能制定出完备无缺的法律。[1] 立法者的理性能力是有限的，人类理性的有限性决定了不可能创造出完全符合逻辑标准或数学计算公理体系的法典，法律的逻辑化或数学化根本难以实现。[2] 人类深谋远虑程度和文字论理能力不足以为社会中错综复杂情形作详尽的规定。[3] 即使是形式化程度很高的罗马法也"始终贯穿着矛盾和冲突，贯穿着僵化的形式与变动的现实之间、严苛的文字与不受之约束的公正理念之间的不可调和的对立"[4]。

　　绝对明确面临的第三个客观局限是文字表述的模糊性。法律规范需要用语言表达，因为语言有抽象性特征而充满歧义，必然存在"空缺结构"，文字作为语言的载体也是抽象的、有歧义的，从而导致法律规范存在不明确的情形。即使实定法内容是正确的，也难免存在形式上的或文字表述的缺陷，从而导致出现漏洞、矛盾、晦涩、歧义。[5] 文字的明确本身就是神话，人类使用的语言不能绝对明确地表达所有的立法意图。[6] 刑法规范使用了类型化的语言，这种语言只能抽象表达犯罪行为的基本内涵，但

[1] 参见张乃根：《西方法哲学史纲》（第四版），中国政法大学出版社2008年版，第19页。
[2] 参见舒国滢：《由法律的理性与历史性考察看法学的思考方式》，《思想战线》2005年第4期，第42页。
[3] 参见［美］哈罗德·伯曼编：《美国法律讲话》，陈若桓译，三联书店1988年版，第20—21页。
[4] ［德］J. H. 冯基尔希曼：《作为科学的法学的无价值性——在柏林法学会的演讲》，赵阳译，《比较法研究》2004年第1期，第143页。
[5] 参见［德］J. H. 冯基尔希曼：《作为科学的法学的无价值性——在柏林法学会的演讲》，赵阳译，《比较法研究》2004年第1期，第145页。
[6] 参见赵秉志主编：《刑法基础理论探索》，法律出版社2003年版，第366页。

现实生活中的犯罪行为往往有其特殊性，从而导致刑法规范的内容和现实生活的需求存在差距。当刑法遭遇个案，本来被认为明确的刑法可能变得不再明确，特别是对于善于思考的法官，这种情况尤其突出。[1] 从刑法规范中的类型化语言逐步向具体犯罪行为靠近的时候，文字的含义变得愈加模糊。[2] 在文字与现实之间不可能畅通无阻，这实际上存在很深的隔阂。因此，对文字的崇拜很可能导致追求绝对明确，只强调了一般情况一般处理，忽视个别情况个别处理，必然陷入困境。

早期刑法明确性原则追求绝对明确。以绝对明确这一法律神话为基点的形式主义的局限，已经越来越多地被认识到，而形式主义的底蕴是极端的个人主义。绝对明确的内核在保护公民基本权利方面有不可替代的作用。但完全否认司法活动中法官自由裁量权的绝对明确主义是过于机械和僵硬的。严格遵守绝对明确标准制定的 1791 年的《法国刑法典》很快就夭折了，证明绝对明确在现实社会中根本没有实现基础。现实社会中复杂多样的内部矛盾频出，连专业的法官都难以弄清楚其真实内涵的法律规定屡见不鲜，绝对明确只能是一个永远也不能实现的神话。

刑法规范内容明确只是刑法所追求内在价值的载体，当刑法的表现形式与刑法的目的发生冲突时，应该是刑法的形式服从于刑法的目的，而形式主义的拥护者颠倒了二者的关系，绝对明确成为不可质疑的基本信念和刑法追求的基本目标，无视人类的基

---

[1] 参见［美］约翰·亨利·梅利曼：《大陆法系》，顾培东、禄正平译，法律出版社 2004 年版，第 43 页。

[2] 参见孙万怀：《罪刑关系法定化困境与人道主义补足》，《政法论坛》2012 年第 1 期，第 93 页。

本价值，使法律工具主义盛行与形式主义泛滥，从而导致刑法成为统治阶级专制的工具。绝对明确的刑法会沦为具体制裁命令，破坏刑法的行为规范与裁判规范的属性与功能。❶ 绝对明确旨在通过立法权限制司法权进而保护公民个人权利，但是统治者如果只是利用立法权维护自身的统治，制定出的法本身就是恶法，没有积极正面的价值，遵照绝对明确的刑法审判案件，并不一定能保护公民的权利，相反可能给人们带来深重的灾难。以刑法的形式或名义推行专制和暴政，会导致更大范围的公民利益受侵犯。❷ 最残酷的暴政就是披着法律的外衣扮演出公正的姿态，这种情况类似于不幸的人们是在得救的跳板上被溺死的。❸ 苏格拉底指出：统治者在制定法律时也会犯错，从而制定出与正义相抵触的错误的法律。❹ 精于理性思辨的德国刑法在法西斯时代陷入反理性的泥潭，❺ 德国纳粹制定的刑法也具备形式上的法律样态，但却给人们带来严重的灾难，对刑法本身的合法性不能仅从形式上考察，还应注重从刑法目的的实质进行考察，形式和目的不可偏颇，纳粹法律仅具备形式合法，但实质不合法，如果仅认为形式合法就是合法的，那刑法很容易就沦为专制和暴政的工具。

---

❶ 参见梁根林：《刑事政策：立场与范畴》，法律出版社 2005 年版，第 304 页。

❷ 参见姜敏：《对贝卡里亚之〈论犯罪与刑罚〉的质疑与反思》，《西南大学学报》（社会科学版）2010 年第 3 期，第 100 页。

❸ 参见［法］孟德斯鸠：《罗马盛衰原因论》，婉玲译，商务印书馆 1962 年版，第 75 页。

❹ 参见张乃根：《西方法哲学史纲》（第四版），中国政法大学出版社 2008 年版，第 15 页。

❺ 参见陈忠林：《从外在形式到内在价值的追求——论罪刑法定原则蕴含的价值冲突及我国刑法应有的立法选择》，《现代法学》1997 年第 1 期，第 35 页。

二、经验的误区：相对不明确的矫枉过正

（一）产生根源

相对不明确产生的社会根源是资本主义经济高速发展加深了资本主义基本矛盾，从而导致经济危机频发、社会矛盾激化、阶级斗争尖锐，而绝对明确的法律形式主义不能应对急剧的社会变革，亟须务实性、可操作性更强的法律，因此相对不明确的活法、自然法及法官创造的法就应运而生了。相对不明确产生的理论根源是实用主义哲学，实用主义哲学是以更世俗的方式思考宏大的概念。而实用主义法哲学是实用主义思想进入法学领域后演变而成的，其以法的工具性和实用性为研究对象，坚持法官中心主义，强调法律的社会效用。[1] 相对不明确产生的直接根源是注重经验的归纳。20 世纪初，爱因斯坦的相对论推翻了牛顿力学，打破了演绎推理的完美神话，自然科学家开始更注重经验归纳，受其影响，社会科学家也开始强调以动态的功能主义逐渐取代静态的结构主义。[2] 具体到法学领域，掀起了一场批判概念法学的风潮，把反形式主义推向高潮。当时强调形式主义的概念法学占主导地位，在司法中，广泛应用三段论机械推导出结论，学者们对概念法学和形式主义的局限性给予坚决的批判，认为形式主义不能真正解决现实生活中的问题，仅考虑应然的法律是不够的，应注重研究实际运行的法律，特别注重司法过程中法官的行为，并将经验归纳形成一套新的适应现实的理论。

---

[1] 参见［美］罗伯特·S. 萨默斯：《美国实用工具主义法学》，柯华庆译，中国法制出版社 2010 年版，第 289 页。

[2] 参见许庆坤：《重读美国法律现实主义》，《比较法研究》2007 年第 4 期，第 3 页。

(二) 客观局限

相对不明确面临的第一个客观局限是法官的自由裁量权不被约束。相对不明确完全弱化法律的明确性，过分强调法官的自由裁量权，在法官裁判过程中，不论是选择法律规范还是认定案件事实，法官都可以使用自由裁量权。这样会导致法官的权力过大不受约束，权力必定会被腐蚀。而权力必须有所节制，但未构建健全有效的法官判决约束机制，忽视对法官的必要约束会导致法官之治而不是法律之治，这将重新落入人治的窠臼。

相对不明确面临的第二个客观局限是忽视法律视角的多面性。仅从司法行为视角观察法律，把目光聚焦于司法过程，强调法律是法官处理纠纷的行为，过分夸大法官的主观能动性，出现将工具异化为本体的危险，把法律贬低成纯粹的强制力，会让人误以为强权即真理，这违背了法律即正义的至善理想，狭隘理解了法律的作用，遗忘了法律自身的正当性标准和塑造、变革社会的能动作用。法律不仅具有解决纠纷的作用，还具有行为指引的作用，而且解决纠纷只是法律的次要作用，行为指引才是法律的主要作用。❶

相对不明确面临的第三个客观局限是泛法主义倾向。相对不明确主张将活法、自然法和法官创造的法都纳入非正式法律渊源，秉持泛法主义倾向，认为所有社会秩序都与法有关，所有的社会规范都是法律，混淆了法律与法律事实、法律与社会秩序的概念，模糊了法律与其他社会规范、法律与社会的边界。法律作

---

❶ 参见刘星：《法律的不确定性——美国现实主义法学述评》，《中山大学学报》（社会科学版）1996 年第 S3 期，第 200 页。

为调整社会关系最主要的手段，需要其具有明确性、稳定性、普遍性和可预测性，这是法治模式优于人治模式的重要标志，当法律的范围宽泛化和来源多元化，就无法保障其稳定性和普遍性，必然使其丧失明确性和可预测性，法律也就丧失了它应有的权威。

相对不明确的支持者们对形式主义中的概念、逻辑与规则进行了怀疑和批判，认为概念是超验的废话，逻辑是伪装的工具，规则并非法官判决时参照的中心。❶ 实际上形式主义有利于规则之治及制度运作的形式理性，实现社会治理的改善，形式主义思维方式满足人们对法律明确性、确定性的追求及对不明确性、不确定性的厌恶。❷ 而对形式主义过度的批判会使法学的体系性和法律原则的普适性完全丧失。相对不明确精于批判而疏于建构，成功颠覆了形式主义后，并未构建出完全取代形式主义的新范式和更具说服力的替代理论。相对不明确推翻了绝对明确的围墙，描述所反对的东西远比所追求的东西来得容易与清晰，具有浓郁的破坏气质与批判色彩。而对于破旧后的立新却没有那么系统与明确。客观地讲，相对不明确确实在替代性理论的构建方面进行了尝试性的探索，但是这些理论构建大都是粗略零散的，没有给予充分的阐述和论证，未形成学界共识，且这些理论都是形而下的，并非是对法学基本问题的构建，只是针对司法实践中的具体技能。

---

❶ 参见刘翀：《现实主义法学的批判与建构》，《法律科学》（西北政法大学学报）2009 年第 5 期，第 15—16 页。

❷ 参见戴昕：《认真对待现实主义——评〈波斯纳法官司法反思录〉》，《环球法律评论》2015 年第 3 期，第 166—167 页。

　　相对不明确与实质主义如影随形，主张任何时代的任何刑法都不可能完备、明确，反对将刑法规范视为僵死的教条，强调法官在司法过程中的主观能动性，追求个案正义。这些主张可以防止刑法过于倾向形式主义和脱离社会现实的需求，有助于正确认识刑法的性质和正常发挥刑法的功能。但是，实质主义的拥护者过分追求个案正义，否定了刑法的明确性，过分强调刑法是处于相对不明确的状态，直接得出法官才是真正的立法者的偏激结论，形成以司法为中心的法律制度。法官运用经验和直觉审判，定罪量刑没有客观明确的标准，实质主义直接将刑法拖进法律虚无主义的泥坑。

三、时代的选择：相对明确的倡导

　　法律的明确性与一定历史时期法律的价值取向、立法目的、基本原则是密切相关的，随着社会不断发展变化，明确的程度也在不断调试以适应社会发展的需要。社会发展导致法律关系、法律概念、法律技术及法律价值发生变化，僵死不变的绝对明确只能成为社会发展的桎梏，社会的变革要求法律边界保持一种适度的弹性，在明确与不明确之间保持一种适度的张力。在社会平稳发展时期，生产力和生产关系相互适应，社会发展相对静止，法律能较好地反映社会的共识，法律明确的程度就可以高一些，法官会远离社会思潮而只忠实于法律，坚守形式主义就可以稳定、完整、有效地解决社会冲突，绝对明确备受推崇。当社会处于急剧变革时期，生产关系不能适应生产力的发展，社会矛盾激化，社会问题剧增，为了使法律增强适应性，并随着社会的发展不断自我修正，法律明确的程度就要降得低一些，相对不明确得以彰显，实质主义才能正常发挥维持社会秩序的功能，以应对社会中频繁出现的新情况和新问题。社会的发展变化是绝对的，静止是相对的，法律明确程度也在不断变化为经济社会的发展保驾护航。当今社会既不是发展相对缓慢又不是剧烈变革的时期，绝对明确不可行，并不能带来公正，而完全放弃明确性也非常危险，只有达到与社会发展相适应的相对明确才是最合适的。

明确性和刑法终极目标的设定密切相关，随着刑法目标设定的发展变化，明确的程度也在不断地调整。如果视刑法的明确性为刑法的第一生命，以保障个人自由为刑法的终极目的，认为刑法公平正义的内在价值应让位于刑法的表现形式，刑法维持社会秩序的功能应屈从于刑法的表现形式，在这种目的设定下绝对明确将被推崇。如果认为刑法公平正义的内在价值是刑法的根基，强调维持社会秩序是刑法的首要任务，当刑法外在的表现形式与内在价值发生冲突时，应将内在价值摆在首位，当保护个人自由和维持社会秩序有矛盾时，要牺牲个人自由来维持社会秩序，在这种目标设定下刑法会处于相对不明确的状态。在目前这个时代，刑法的明确性和刑法的内在价值、个人自由和社会秩序，这两对之间的冲突依然摆在我们面前，社会发展到目前的状况决定了我们不可能极端偏向任何一方，选择其中一个而牺牲另外一个，只能寻求一个最佳的明确程度——相对明确，这样可以使形式与实质达到平衡状态，个人自由与社会秩序兼顾。

刑法必须具备明确性，且可预见性也是刑法存在的前提。制定尽可能明确、清楚的刑法是立法者追求的目标，但是在任何时代、任何情况下，任何立法者都无法制定出绝对明确的刑法典，特别是在急剧变化的现代社会，刑法的不明确性已无法避免，而不明确也并不一定就是缺陷，其本身具有一定的重大价值，可以增强法律的灵活性和适应性。与从绝对明确到相对明确的进化同步，刑法在绝对明确和相对不明确之间寻求动态平衡的过程中，刑法规范相对明确化才是刑事立法务实的、理性的目标。只要将刑法修正到合适的明确程度——相对明确，即可以使明确性和适应性达到最佳平衡的状态。

纵观明确性的整个思想史的变迁过程，法律明确性思想的演变具有时空性、流动性，随着政治、经济、社会的不断发展呈现出"绝对明确—相对不明确—相对明确"的认识轨迹。第一个阶段从17、18世纪到19世纪末期，这个时期受古典自然法的影响，注重个人权利的保护，法律明确性开始萌生，形式化色彩浓厚，基于对永恒理性的崇拜推崇绝对明确；概念法学和分析法学迅速崛起，在继承古典自然法思想的基础上，把绝对明确从应然的理论构建转向实然的本体构建，欧洲大陆开展了轰轰烈烈的法典化运动。第二个阶段从19世纪末期到20世纪中叶，自由法运动、实用主义法学和现实主义法学开始批判形式主义并消解明确性本身，在这个时期因注重维护社会秩序而推崇法官的自觉和经验，从而认为法律不具有明确性，但并不是绝对不明确，属于相对不明确。第三个阶段是20世纪中叶以后，经过对前两个阶段极端认识的反思，重新重视人权保障和理性主义，明确性得以复归，但同时也清醒地认识到了绝对明确是永远也无法企及的，人们对其认识更加理性，明确性趋于相对化、实质化。在整个思想史中，明确性有两次重大危机，第一次危机是对明确性过度推崇的绝对明确，使法律过于僵化，从而导致对现实回应性不足，无法解决一些新出现的社会问题；第二次危机是对明确性过度忽视的相对不明确，出现泛法律主义倾向，使法律陷入虚无主义，违背法律系统运作的内在逻辑，过度强调法官的主观能动性，使其自由裁量权不能被有效地约束。这两次危机代表了两个极端，经历了两次危机以后，在对绝对明确和相对不明确扬弃的基础上，使明确性实现了从绝对到相对、从形式到实质的飞跃，最终找到了保障个人权利和维护社会秩序兼顾的最佳平衡点——相对明确。

本章小结

　　本章梳理了明确性原则的历史演变，其中大多是以法律明确性为视角，因为法理学对明确性的研究历史更悠久，研究内容也更深入，笔者希望通过对明确性历史演变的梳理，总结出明确性在漫长发展历程中经历了绝对明确到相对不明确，最后才找到最佳明确程度——相对明确。同时，在这个过程中寻求明确性随着社会经济政治发展而不断演变的规律，得出在当今政治经济情况下应构建怎样的明确性与之相适应的结论，以应对社会转型中出现的新情况和新问题。在以后章节的研究中，将本章得出的结论直接移植到刑法中适用，进而得出绝对明确永远也不可能实现，相对明确是刑法所能达到的最佳明确程度，因为社会在转型巨变中，封闭僵化的刑法不可能适应社会的发展，也无法解决现实出现的新情况和新问题。同样，也不能处于相对不明确的状态，这违背刑法明确性原则，进而动摇罪刑法定原则的根基，目前刑法中非法经营罪犯罪构成规定得过于抽象，法官自由裁量的空间过大，这种情况类似于现实主义法学中司法创造的法，处于一个相对不明确的状态。这类不明确的罪名必须通过立法修正及刑法解释，才能使其达到相对明确的状态。

第三章

刑法不明确的原因及明确标准

　　分析刑法不明确的原因是为明确性原则的研究夯实理论基础，指引明确路径应努力的方向。本章总结出导致刑法不明确的原因是：语言的模糊性、法律的一般性及理性的有限性。并通过对刑法不明确的原因深入分析得出结论：刑法不明确的原因必然存在，且无法消除，绝对明确不可能实现，达到相对明确的程度即实现了明确性。明确标准是判断刑法规范是否明确的量尺，确定明确标准是对刑法进行明确的前提，基于对刑法不明确的原因研究得出的结论，主张采用双重明确标准：在刑法规范核心区域采用明确程度较高的一般人标准；在阴影地带采用明确程度较低的法律人标准。由于刑罚的严厉性，刑法的明确程度要高于其他法律，此外，犯罪类型与犯罪主体不同时，明确程度也要随之调整。

第一节　刑法不明确的原因

任何法律都难以根除法律的不明确性，指出法律的不明确性是为了更大程度上实现明确性。[1] "不论是过去、现在，还是未来，法律都是模糊不清和持续变化的。"[2] 刑法也不能例外，研究刑法不明确的原因是为了论证刑法无法实现绝对明确，达到相对明确的程度即实现了刑法的明确性，同时也印证了确定双重明确标准、通过类型化立法的合理应用及划分弹性边界实现刑法明确性的合理性及必要性。

一、语言的模糊性

语言是刑法最主要的表现形式，从立法到司法，人们运用语言作为交流工具和信息媒介。对于刑法来说，语言不仅是工具，理解语言的性质有助于分析刑法不明确的原因。语言的本质是其所能提供的指引是有限的。模糊性是语言的本质属性之一。[3] 正如维特根斯坦所言："语言是一座遍布歧路的迷宫。"从语义学的角度看，语言哲学的研究成果表明自然语言都具有模糊性与不明确性；从语用学的角度看，随着语言使用的语境和适用语境的变化，语言的语义也会变化。刑法规范中的语言应当具有专业

---

[1]　参见孙启东、范进学：《弗兰克法律现实主义观述论》，《山东社会科学》2007年第3期，第98页。

[2]　Jerome Frank & Brian H. Bix, *Law and the Modern Mind*, Brentano's, Inc, 1930, p. 6.

[3]　参见伍铁平：《模糊语言学》，上海外语教育出版社1999年版，第137页。

性、单义性、系统性等特点，尽量避免模糊性。语言的模糊性是导致刑法不明确的主要因素。语言的模糊性同样引起人们对刑法质量的担忧，同时带来了沟通难题和司法难题。所有疑难案件的产生都源于刑法规范的故意和无意的不明确。❶ 能指与所指、开放结构、语境干涉、汉语的特点都是语言模糊性的渊源，而语言的不明确造成了刑法的不明确。

（一）能指与所指

瑞士语言学家索绪尔提出了"能指"与"所指"这一对概念，他主张符号是"能指"与"所指"的结合。❷ "能指"是符号的形式，"所指"是符号的内容，也是符号传达的意义。❸ 意指是将"能指"与"所指"结成一体的行为，该行为的产物就是符号。❹ 在意指的过程中"能指"与"所指"建立意义关联，同时生成符号的意义。❺ 符号具有标示客体的功能性价值，当人们运用符号来表示事物、事件和现象时，意味着符号包含着能反映客体的信息内容，具有标示客体的意义。符号通过其内涵标示外在的客体，只要我们明确符号的内涵，就能立即与其标示的客体对应起来。通过对符号"能指"与"所指"之间意义关联的

---

❶ 参见杨小虎、杨桂华：《哈特"开放结构"的语义学性质》，《社会科学家》2010年第10期，第156页。

❷ 参见牛玉兵：《法律符号化现象研究》，《法制与社会发展》2013年第6期，第107页。

❸ 参见黄华新、徐慈华：《论意义的"生命"历程》，《哲学研究》2004年第1期，第42页。

❹ 参见［法］罗兰·巴尔特：《符号学原理》，李幼蒸译，中国人民大学出版社2008年版，第34页。

❺ 参见彭学龙：《商标法基本范畴的符号学分析》，《法学研究》2007年第1期，第22页。

诠释，两者之间的关联一旦形成结构关系，并在实践中被社会公众共同认可，就会逐渐成为人们达成共识的社会习惯，成为社会约定，具有一定的稳定性，不会被轻易改变，而符号的生命力来源于社会约定。❶ 符号是人类文化的社会约定，不同的文化社会约定的符号含义可能截然不同，同一内涵在不同的文化共同体中也可能由不同的符号所承载。

随着时间的推移，"能指"与"所指"之间的意义关联将更加明确并在一定时期内保持稳定。而法律语言符号的含义明确稳定也同样来源于社会约定，但是这个社会约定必须经过立法过程，使其以更高权威性的形式表现出来。法律语言符号不仅依赖于"能指"与"所指"之间的社会约定，同时也要受制于这一符号与其所在的系统之间的相互关系。通过对法律语言符号"能指"与"所指"之间意义关联的规定，以及对法律符号相互间明确而又互不重叠的分界处理，不仅明确了单个法律符号的含义，而且结合所有法律语言符号最终形成了一个系统的、完整的法律体系，在对法律语言符号的意义建构过程中实现法律体系与符号结构性的结合。❷ 不同的语言会有不同的体系，法律语言会有自己独立的体系。法律主要以语言、文字、数字等符号为载体，借助于这些符号法律可以以一个稳定的形态存在，并形成一个具有规范意义且相对独立的符号系统。❸ 法律语言有自己独立的构词、组句、谋篇的规则，比如，基于罪刑法定原则，刑法法

---

❶ 参见陈宗明：《符号世界》，湖北人民出版社 2004 年版，第 15 页。

❷ 参见牛玉兵：《法律符号化现象研究》，《法制与社会发展》2013 年第 6 期，第 108 页。

❸ 参见牛玉兵：《法律符号化现象研究》，《法制与社会发展》2013 年第 6 期，第 102 页。

条中的语言必须更强调明确性、稳定性，能使公众清晰预见自身行为的后果。

刑法法条中的语言符号在带来表达明确的同时，还要受制于符号的任意性、意义的发展演变的限制。"所指"和"能指"之间的语义关联并不是一种自然的联系，也不具有物理上的同一性，而是具有任意性，两者之间并不存在必然的联系，因此，语言符号是任意的。法律语言符号的"能指"和"所指"是任意性"能指"和任意性"所指"，它们不同于其他符号，在意指前本身并不存在。[1] 意指完成语言符号就具有每一个社会成员都必须遵守的规约性，也就是语言具有约束性，必须按照特定规约使用语言。但是语言符号的意义生成以后不是静止不变的，而是不断地发展。许多语言符号的含义随时间推移而变化，语词的外形和读音只是外壳，其内涵的全部或部分在不断地更替。"能指"和"所指"最初结合生成符号的意义，其信息量并不多，随着社会的发展和人们认识的不断深入，意义就会逐渐地丰富并延伸，形成信息量的增长。[2] 边沁认为：法律是符号的集合，刑事法律适用是通过法条这个语言符号集合体的展开得以实现，刑法条文依赖于语言表达，而语言本身具有符号的任意性和意义的发展演变的固有特点，符号的任意性和意义的发展演变造成刑法语言符号含义处于不断变动的状态中，加上为了应对不断变化发展的社会生活，刑法条文构词、组句会相对抽象，使刑法条文具有

---

[1] 参见肖娅曼：《纯粹任意性原则与纯粹的价值系统——纪念〈普通语言学教程〉发表 90 周年》，《四川大学学报》（哲学社会科学版）2006 年第 6 期，第 81 页。

[2] 参见黄华新、徐慈华：《论意义的"生命"历程》，《哲学研究》2004 年第 1 期，第 44—45 页。

先天的模糊性，但刑法条文中的语言内涵无法明确必然会影响刑法的明确性。

　　刑法条文中的语言的"所指"和"能指"是分离的，❶ 语义表达和语效获得并不完全一致。比如，"拐卖"一词的"所指"是以出卖为目的的拐骗、贩卖、绑架、收买、接受、中转的行为，而一般人领会到的"能指"仅是拐骗、贩卖的意思。再如，故意毁坏财物罪中的"毁坏"一词的"所指"是财物价值降低或者丧失，而"能指"就是毁灭和损坏。立法者先对要规制的行为做结构上的"拆解"与"抽象"，再进一步还原成刑法规范。刑法的适用正是和这样的解构过程具有高度同一性，立法者的"所指"与法律人理解的"能指"的分离影响这个过程中构成要件事实的"比对"和"还原"的明确程度。立法者想通过刑法规范的制定达到预期的明确目标，但是由于语言的模糊性，立法者和解释者内心的"所指"形成文字，演变成法律人领会的"能指"，会发生不可避免的内容和意义上的损耗，形成与刑法明确性的冲突。如果这个过程没有刑法解释，"所指"内容发生两次损耗才到达"能指"。第一次损耗是立法者将立法意图隐含进刑法规范里，立法者"所指"的立法意图在这个过程中发生了损耗，刑法规范是语言的一种，即使这种语言是较为严谨的语言，但是也未能准确全面地表达立法者"所指"的立法意图。第二次损耗是刑法规范被法律人理解后的"能指"，在刑法规范的理解过程中，由于法律人的文化背景、知识结构和专业水平的不同，领悟过程也会发生不同程度的损耗。如果这个过程中还需

---

❶　参见韩啸：《浅议刑法的明确性》，《中国刑事法杂志》2013 年第 1 期，第 23 页。

要加入刑法解释，也就是说法律人不能直接理解和领会刑法规范，还需要借助刑法解释，那就会多发生二次损耗，也就是从刑法规范到刑法解释过程中，解释者要领悟刑法规范发生一次损耗，解释者将解释的内容形成文字又发生一次损耗。多次损耗也必然会影响到刑法明确性的实现。

（二）开放结构

语言不是精密的逻辑建构的产物，也不是由命题总和构成的封闭性的集合，呈现出结构的复杂性、构件的异质性和范围的开放性。❶ 正如维特根斯坦所言，语言是或多或少具有亲缘的家族，需要通过类似家族成员之间的各式各样的相似性来确定语言的内涵和外延。❷ 语言的开放结构指语词存在着明确的意义中心与不明确的阴影地带。语言在中心部分意义清晰明确，在阴影地带充斥着模糊与歧义。❸ 意义中心是指该概念区别于其他概念最关键的特征，运用意义中心使该事物区别于其他事物。阴影地带是指该事物无论是纳入还是排除该概念的范围，都存在一定适当的理由，其中支持和反对的理由大致均衡。意义核心是语言交流和法律规范传播的基础。语言的开放结构导致刑法规范要面对不包含或不全部包含所有要素的案件，这给法律规范的传播制造了

---

❶ 参见王钢：《刑法新增罪名的合宪性审查——以侵害英雄烈士名誉、荣誉罪为例》，《比较法研究》2021 年第 4 期，第 93 页。

❷ 参见［奥］维根特斯坦：《哲学研究》，陈嘉映译，商务印书馆 2016 年版，第 35、51 页。

❸ Jules L. Coleman & Scott Shapiro, *The Oxford Handbook of Jurisprudence Philosophy of Law*, New York：Oxford University Press, 2002, p. 956.

巨大的障碍。❶ 比如，《刑法》第 263 条抢劫罪规定的"持枪抢劫"，这里的"枪"的意义中心是真枪，而假枪就处于"枪"的阴影地带；《刑法》第 264 条盗窃罪规定的"盗窃公私财物"，这里的"财物"的意义中心就是普通财物，而虚拟财产就处于"财物"的阴影地带；《刑法》第 264 条盗窃罪规定的"入户"，其意义中心是进入家庭及其成员与外界相对隔离的生活场所，比如封闭的住宅和院落，而集体宿舍、已经租住给他人的房屋、临时搭建的工棚等就处于阴影地带；《刑法》第 385 条受贿罪规定的"为他人谋取利益"，其意义中心是客观上实施了为他人谋取利益的行为，而承诺为他人谋取利益、知道他人有请托事项等就处于阴影地带；《刑法》第 267 条抢夺罪规定的"携带凶器抢夺"中的"凶器"和特殊防卫权中的"行凶"，其核心区域是清晰的，但是阴影地带十分宽泛和模糊，涵盖的范围难以确定；《中华人民共和国刑法修正案（十一）》增加的一个罪名——侵害英雄烈士名誉、荣誉罪中的"英雄烈士"范围并不明确，其核心区域是英勇牺牲的烈士，也就是为国家、民族和社会的发展英勇牺牲的仁人志士，外延仅限于"故去的烈士"，❷ 而其阴影地带还存在着"活着的英雄"，"活着的英雄"是不是属于这个范围还存在争议。但是阴影地带不只是具有阻碍交流和传播的坏处，它还有一个不可忽视的重要作用，当出现立法者没有预见或不可能预见的新情况时，法律规则的弹性及开放结构的特征可以

---

❶ 参见陈景辉：《"开放结构"的诸层次——反省哈特的法律推理理论》，《中外法学》2011 年第 4 期，第 667 页。

❷ 参见刘艳红：《法秩序统一原理下侵害英雄烈士名誉、荣誉罪的保护对象研究》，《法律科学》（西北政法大学学报）2021 年第 5 期，第 112—113 页。

容纳新的发现并得到合理的解释。❶

语言本身是对连续世界的离散划分，难以覆盖边缘的情形。❷刑法规范也具有"模糊性边缘"，这使得边缘案件的适用变得不明确，多次的损耗加重边缘地带的不明确程度，无法直接适用于该类犯罪的所有案件。刑法规范中的一般性语言已经凝固了某类犯罪的不法本质，使某些行为可以直接适用，并将该类犯罪典型案例清晰印刻在我们的头脑中，但这并不代表其具备可以为每个相关案件提供普遍化判断的能力，特别是对边缘案件一般难以适用。典型案件在语言的核心部分可以进行普遍化判断；边缘案例在语言的边缘地带，需要重新判断。边缘案例数量极少，很容易被当成例外。边缘地带最容易成为刑法中的模糊区域，❸包含着更为复杂的模糊性，我们即使能找到相关的司法解释和指导性案例，也难以呈现其所具备的典型特征，也没有办法使其更加明确。因此，开放结构是刑法不明确的原因之一。目前我国正处在社会转型与经济转轨的剧烈变动时期，犯罪情势变化快，刑法为了增加其适应性，在立法中大量采用规范性构成要件要素。规范性要素指由价值关系概念或评价概念所表述，需要进行价值补充或规范评价的要素，社会评价要素有"淫乱""淫秽物品""猥亵""侮辱""虐待"等；经验法则评价要素有"秘密""公然""危险""公共安全"等；法律评价要素有"非法""依法"

---

❶ 参见［美］布赖恩·比克斯：《法律、语言与法律的确定性》，邱昭继译，法律出版社 2007 年版，第 8 页。

❷ 参见丁建峰：《立法语言的模糊性问题——来自语言经济分析的视角》，《政法论坛》2016 年第 2 期，第 22 页。

❸ 参见［美］本杰明·卡多佐：《司法过程的性质》，苏力译，商务印书馆 2000 年版，第 81 页。

"司法人员""不符合……标准"等。❶ 规范性构成要件要素是一种典型的开放结构，具有类型化特征，内容缺乏客观性，不像描述性构成要件要素那样容易被感知，其边缘地带具有难以消弭的模糊性和歧义性，难以穷尽具体内容并确定适用范围，也难以形成共识。例如，"淫秽物品"是典型的开放结构，不同的人因其不同的价值判断认定淫秽物品的范围也有很大差异。开放结构使规范性构成要件要素的内涵和范围处于一种不明确的状态，从而导致刑法的不明确。

立法者"所指"的立法意图和法律人理解的"能指"并不完全一致。核心部分案件不会受这些损耗的影响，但边缘地带的案件很有可能因为多次的损耗造成适用的困难和不一致。如果边缘地带的同一不明确问题已经出现好几次，人们对这个语词应如何适用已经达成共识，同样的语境再次出现同类案件，对该类案件采用共识进行普遍一致的判断，并形成习惯融入简单案件之中。而这样的过程并不能解决开放结构的问题，因为复杂多变的社会生活又会给出更多不明确的边缘案件，仅具有简单案件的部分特征，而并不具备其他的特征，就是否适用刚刚形成的习惯很难达成共识，会源源不断地发生开放结构的问题。

（三）语境干涉

语言能力有限而不能准确表达极为丰富多彩的客观世界，客观世界是共时的、多维的，被语言描述后只能是历时的、单维的，❷

---

❶ 参见张建军：《论规范的构成要件要素的明确性》，《当代法学》2012年第5期，第66页。

❷ 共时和历时是语言学术语，共时是语言学研究同一个集体意识感觉到的各项同时存在并构成系统的要素间的逻辑关系和心理关系，历时是语言学研究各项不是同一集体意识所感觉到的相连续要素间的关系，这些要素一个代替一个，彼此间不构成系统。

而且语言也总是落后于新生事物的出现，客观世界被语言描述时会发生损耗。❶ 语言类似于颗粒结构，线性排列的各个语义点就像一个个的颗粒，颗粒前后左右的空白和疏漏就是"粒散性"，语言在表达含义时具有"粒散性"的特点，语义点的线性排列也影响语言的明确表达，线性排列具有连续性和快速消失的特点，容易产生线性歧义，因此，用语言描述的事物，只能得到一个粗略的框架，颗粒以下的含义就需要进行解释才能明确。❷ 理解语言需要置于特定的语境下，语境就是语言使用的环境。语境可以填补颗粒间的空白和粗疏，创造共知性的前提，解释隐性施事句，❸ 排除和校正线性歧义。语境会使语言的信息量膨胀。语言明确的传达和理解必须在语境中进行，语境对语言含义的准确表达起到非常重要的作用，离开语境的语言和语词要表达的含义往往不能被受众准确理解。❹ 对语言的受众来说，不仅要理解语言的字面意思，更是要依据语境推导出其言外之意。语境不同，同一语词的含义也可能随之发生根本性变化。刑法文本的含义是在阅读和适用中获得的，刑法规范同样也离不开其所在的语境，脱离语境也无法谈刑法是否明确，对刑法明确性的考察也必须和具体的语境结合起来。

语境干涉就是因语境限制而产生的语言或语词含义的变动。

---

❶ 参见钱冠连：《汉语文化语用学：人文网络言语学》（第二版），清华大学出版社 2002 年版，第 87 页。

❷ 参见钱冠连：《汉语文化语用学：人文网络言语学》（第二版），清华大学出版社 2002 年版，第 90—91 页。

❸ 叙事句与施事句的区分是奥斯汀在言语行为理论中提出来的，奥斯汀把有真假之分的陈述句叫叙事句，将那些既无真假之分又不是用来描述或陈述的句子叫施事句。

❹ 参见赵颖：《新编语用学概论》，中国商务出版社 2015 年版，第 54 页。

把语用学中语境的概念移植到法律中，就会发现，每一种部门法根据其自身的特点构建了特定的言语内语境。一个法律概念或者专业术语的含义既受到上下文的制约，也受到法律体系、原则、价值及立法宗旨的制约。整个法律文本构成命题系统语境，其中每一个具体的条文又单独形成命题语境。[1] 但是随着社会关系越来越复杂，法律为了更好地调整社会关系也变得越来越精细化，法律概念和专业术语需要跨部门法使用或是跨法条使用的现象越来越明显。这种情况下，容易因为语境干涉而产生语义变化，即其他法律中法律概念和专业术语在刑法中含义的变化，或是在刑法的不同法条之间的含义的变化。

（四）汉语的特点

法律的基本要素是抽象概念，离不开模糊语词的大量使用，而汉语的模糊性更容易产生。我国的汉字起源于象形文字，形象意义突出，概括性好，但抽象意义弱，具体性差，因而模糊性和弹性极强。[2] 我国的法律很大一部分是引进、移植和仿制西方国家的，而西方国家的语言绝大多数是表音文字，比如英语、德语。表音文字是使用字母记录语言的语音，从而记录语言的词的文字。[3] 而汉语是典型的表意文字，[4] 表意文字是指采用象征性

---

[1] 参见刘继峰：《反不正当竞争法中"一定影响"的语义澄清与意义验证》，《中国法学》2020 年第 4 期，第 189 页。

[2] 参见曲新久：《〈刑法修正案（十一）〉若干要点的解析及评论》，《上海政法学院学报》（法治论丛）2021 年第 5 期，第 20 页。

[3] 参见孙玉文：《汉字音符的特点和作用》，《语文研究》2022 年第 1 期，第 1 页。

[4] 参见孙玉文：《汉字音符的特点和作用》，《语文研究》2022 年第 1 期，第 1 页。

符号记录一定的词或词素意义的文字。❶ 汉语会比英语、德语等表音文字更加模糊，其主要体现在以下几个方面：

第一，词的生成和构成的能力不同。表音文字的字义与自然物象没有联系，可以通过形态的变化和增加新词来表达新的现象，但表意文字的字义与自然物象关联，字义不能随意约定和更换，新词也不能随意增加。英语古词汇有五六万个，目前词典收录的有六十五万到七十五万个词。而经过几千年传承的汉字才积累了五十多万字，常用字只有四千多个。❷ 汉语因其自身构造生成新词的能力弱于西方国家的语言，其更容易产生模糊性。

第二，表意特点不同。英语、德语等表音文字为了书写便利和容易识别，"借用字母记录语言中的语音，从而形成语言的文字，再通过字母的线序组合表示词的意义"❸。表音文字中的单个音素一般仅表音而不表义，意义来自音素的一维线性组合，转变成音、形、意的结合体，因此字的含义比较稳定。"汉字有其特殊性，有些汉字只有独特的字形和字音，没有独立的意义。"❹ 汉字中有 80% 以上是形声字，形声字的声符形体虽然稳定，但形符却变化无常，也就是字义变化无常，带有一定的随意性，从而导致人们对汉字的使用带有很大的主观色彩，这在一定程度上

---

❶ 参见张勇、杨亦松：《表音文字与表意文字的阅读障碍特征的比较研究》，《牡丹江大学学报》2017 年第 4 期，第 6—7 页。
❷ 参见李文杰：《汉语背景下法律语句的模糊性研究》，《语文建设》2013 年第 7 期，第 23 页。
❸ 参见王文斌、崔靓：《语言符号和修辞的多样性和民族性》，《当代修辞学》2019 年第 1 期，第 45 页。
❹ 参见李文杰：《汉语背景下法律语句的模糊性研究》，《语文建设》2013 年第 7 期，第 23 页。

契合了我国传统思维重直觉、轻逻辑的特点。❶

　　第三，语言结构不同。英语、德语等表音文字的语言结构曲折复杂，对主语与谓语，形容词、修饰语与中心语的结合，以及动词对它所支配的宾语，都有严格的要求，这种语言特点较汉语表述更加严谨，在描述复杂的法律内容时更得心应手。汉语语言结构缺乏形态变化，结构力求单纯，表述形式灵活，语体风格是言简意赅、曲折含蓄。❷ 这就使其在表述法律内容时存在先天不足的缺陷，有些刑法规范存在语义内涵不清、外延不明确、不合逻辑等现象。

二、法律的一般性

　　法律以人的社会行为为调整对象，其基本要求是普遍规范人的社会行为。一般性的法律一定是社会控制的主要工具，而不是向特定的人下达的特殊指令，因此，法律必须可以反复适用于一般人，而不是只能适用于特定的人，法律的普遍适用才能应对人际交往的复杂化。法律的对象是普遍的，法律只考虑共同体以及抽象行为，而绝不考虑个别人以及个别行为。❸ 只有一般化的标准，才能在没有进一步指引的情况下，让公众理解怎样应对不同的情况。❹ 一旦这些一般性的标准无法被传播开来，法律也就不

❶ 参见焦悦勤：《略论立法语言的模糊与消除——以刑法为视角》，《理论导刊》2005 年第 7 期，第 39 页。
❷ 参见焦悦勤：《略论立法语言的模糊与消除——以刑法为视角》，《理论导刊》2005 年第 7 期，第 39 页。
❸ 参见［法］卢梭：《社会契约论》，何兆武译，商务印书馆 1982 年版，第 50 页。
❹ 参见［英］哈特：《法律的概念》（第三版），许家馨、李冠宜译，法律出版社 2018 年版，第 124 页。

可能存在。法律必然需要对人、行动、事物、状况划分类别，而它能在广大的社会中运作的前提是，人们具备将个别的行动、事物归入法律划分出的类别之中的能力。刑法规范应当以一般性原则为基准进行设置。❶ 刑法规范调整对象是具有共性的事物，法律的一般性要求在刑事立法中要对调整对象的通常形态和一般规律作简单的抽象化概括，以实现对同类事物的普遍调整。刑法应该成为一种公正、客观的尺度，可以丈量各种案情，尽量应做到同案同判。要实现刑法的普遍的规范化适用，刑法必须形成一种高度抽象的、能够被明确辨别和适用的规范体系。

法律调整社会关系的复杂性、社会事实的无限性与法律规范的有限性之间的矛盾，要求成文法必须具备普遍性、一般性的评价标准。❷ 法律作为社会秩序的生成框架，必须具备一般性以应对事实的复杂性和发展的变动性。❸ 法律的创设方法就是在复杂的社会关系中抽象出一般性的规范。❹ 抽象的法律提供了社会行为的一般模式，对社会关系普遍的、类型化的抽象调整，使公众可以预见到自己行为后果，实现社会活动自由，确保法律面前人人平等。刑法规范须化繁为简，把复杂的社会关系用简单的规则表达，实现"以简约应对复杂"。而在刑事司法中需要扩简为繁，将具有一般性的刑法规范适用到具体的案件之中，并对刑法

---

❶ 参见陈伟、蔡荣：《刑法立法的类型化表述及其提倡》，《法制与社会发展》2018年第2期，第117页。

❷ 参见邱昭继：《语言的性质与法律的不确定性》，《西部法学评论》2012年第4期，第17页。

❸ 参见［美］富勒：《法律的道德性》，郑戈译，商务印书馆2005年版，第55—59页。

❹ 参见陈金钊：《法治命题的定"性"研究——建构中国特色社会主义法治话语体系的基础研究之一》，《南京社会科学》2018年第5期，第4页。

规范进行合理的解释以得出处理案件的结果。概括性和抽象性刑法概念的使用为了迎合法律一般性的需求，需要容纳复杂多变的社会现实。同一概念可以涵摄出多样化的形态，使具体的适用贴近个案。刑法概念越抽象，能涵盖的范围就越广，边界的弹性也就越大，为适应社会的变迁提供充足的空间。安定、简洁的刑法规范需要满足无限多样、变动不居的社会秩序需求，新产生的非典型案件需要刑法作出肯定与保障，或否定与制裁，或放任与自治的回应。刑法的一般性使刑法具有适应能力，可以更多地回应社会需要。但是，刑法应相对稳定既是重要的法治原则，也是罪刑法定原则的要求，为了保障公民个人权利，防止刑罚权的肆意扩张，刑法不能修改得过于频繁。立法者应充分考虑维持社会秩序的需求和人们利益保护的需要，通过划定犯罪圈、确定刑法法益和建立刑法规范体系，合理运用语言技术、规范构造技术和法典体系技术保障刑法的一般性，使刑法必须具备应对社会生活的复杂性和多变性。立法上的概括性条款、规范性构成要素、可裁量性的标准都可以使刑法规范具有一定的开放性和包容性，拓展刑法的适用范围，最大限度地实现其社会功能。❶ 司法者应探求刑法规范和刑事政策的目的，关注刑事程序所保护的价值，面对社会生活的变化和新情况的出现，并非僵硬地坚守规范和程序，而是以目的和价值为立足点，充分发挥刑法规范和刑法原则的作用，借助刑法解释技术、判例制度以及法官的裁量技术、价值判断，合理利用适应性创造的弹性空间，并根据具体案情调整刑法

---

❶ 参见周少华：《刑法的变更及其实践意义》，《法治研究》2019 年第 6 期，第 105 页。

适用,使个案处理既能符合法律规定又能在最大程度上实现个案正义。法律的一般性既能适应社会开放性,又能使刑法在逻辑上渐趋完善,在内容上渐趋完整,为适应社会变迁并解决社会问题提供了一种新的思路。

犯罪类型的构成要件必须规定得明确、具体、无歧义,这是罪刑法定原则对刑法规范提出的明确性要求。刑法明确性一般要求坚持严格解释原则,禁止类推解释,通过刑法解释确定刑法的边界达到极其准确和毫不模糊的状态。但是为了应对未来出现的新情况、新问题,立法者不得不使用具有抽象性的规范语言和模糊性的概念,采用不明确的立法模式,并通过条款和概念本身的抽象和模糊保持刑法的一般性,从而使刑法规范具有一定的开放性和包容性。这就形成了刑法的一般性和明确性之间的冲突。保障一般性不可避免冲击到明确性,造成刑法一定程度上的不明确。目前我国正处在社会转型与经济转轨的剧烈变动时期,犯罪情势变化快,刑法为了保障一般性和增加适应性,在立法中大量使用空白罪状和不明确的罪量要素的立法模式。空白罪状中常用"违反国家规定",而国家规定随着社会的发展变化而不断增加,这个范围随着时间推移还在不断地扩大,其涵盖的范围难以厘清,在刑法层面上确实缺乏明确性。立法者使用一般性的法律概念规定罪量要素,情节犯与数额犯是以罪量要素作为犯罪成立条件的两种典型的犯罪类型,❶ 在刑法分则中情节犯经常使用"情节严重"与"情节恶劣"划定犯罪边界。❷ 比较典型的界定犯罪

---

❶ 参见陈兴良:《刑法的明确性问题:以〈刑法〉第 225 条第 4 项为例的分析》,《中国法学》2011 年第 4 期,第 118 页。

❷ 参见王世洲:《从比较刑法到功能刑法》,长安出版社 2003 年版,第 14 页。

情节严重程度的有："情节特别严重""情节严重""情节特别恶劣""情节恶劣""情节较轻"等；界定危害后果大小的有："特别严重危害""严重危害""后果特别严重""后果严重""严重后果"等；界定犯罪数额或损失大小程度的有："数额特别巨大""数额巨大""数额较大""特别重大损失""重大损失""较大损失"等。❶ 这些具有一般性的刑法用语危及明确性原则，难以明确界定这些具有一般性的语词涵盖的范围。在立法过程中有计划地使用一般性的法律概念和条款，可以为刑法规则确立较大的适用范围和裁量空间，增强刑法的适应性，但必然会影响到刑法的明确性。

　　一般性的规范因为其普遍性，会考虑大多数民众的行为逻辑和利益诉求，却会忽视特殊群体的个别具体情形。❷ 一般性规范既可能面对包含所有要素的案件，也可能面对不包含或者不完全包含这些要素的案件。刑法规范的司法适用依赖一般性概念运作，忽视个案的特殊性，解决具体案件的导向缺失。常情常理自然会在刑法规范涵摄的范围之内，极少数例外偏离通常规律处于边缘的模糊地带，造成不明确的情况。例如，立法者制定"交通肇事致人死亡"的时候，只预想到交通肇事致人自然死亡，并未预想到交通肇事致人宣告死亡。

　　当前面临着前所未有的利益分化和价值观念的多元化，法官根据具体案情展开价值判断和自由裁量的结果可能有所偏差，出

---

❶　参见高仕银：《罪刑法定明确性原则的本土化进路——以域外明确性判断标准考察为基础的展开》，《安徽大学学报》（哲学社会科学版）2011 年第 1 期，第 114 页。

❷　参见戴津伟：《"法的一般性"之要求与实践功能研究》，《江海学刊》2016 年第 6 期，第 159 页。

现了同案不同判的情况。入罪边界因为抽象刑法概念的适用和价值判断结果不唯一而变得非常模糊，法律一般性淡化了对刑法规范内容明确性的追求，并对明确性原则造成了冲击。

三、理性的有限性

美国经济学家阿罗主张：人的行为源于有意识的理性，但这种理性是有限的，他首次提出了有限理性的概念。[1] 有限理性来自于社会生活的复杂性、事物发展的不确定性以及人自身生理和心理的限制，正是因为有限理性，才更需要制定明确的法律应对复杂性和不确定性带来的理性不足。人类理性认知能力是有限的，人是完备知识的追求者，但永远不能获得完备的知识。法律关系具有纷繁复杂、变动不居的特点，具有普通理性的立法者不可能对一切事物都能清楚地认知，在任何时候，立法者对社会关系的感知能力都是有限的，只能感知一部分客观存在需要刑法介入的社会关系，由此可见，立法者对需要刑法介入的社会关系的感知能力具有有限性。[2] 法律不可能包罗万象地反映社会生活，不论如何及时制定法律，都很难涵盖新出现的例外、理由、案例，现实世界的多样性超越了人的认识能力。人类对事物的认识也是一个循序渐进的过程，需要通过一段时间的观察了解，最后才能形成一个明确的认识，并在一定空间和时间范围内达成共识。在这个认识的漫长过程中，对事物的认识随着社会的变化而不断演进，在某一特定的时间段上，由于人类理性的有限性，对

---

[1] 参见徐伟功：《述评〈涉外民事关系法律适用法〉——以有限理性和自由裁量权为视角》，《河南财经政法大学学报》2012 年第 2 期，第 123 页。

[2] 参见梁根林：《刑事政策：立场与范畴》，法律出版社 2005 年版，第 251—252 页。

该事物的认识不全面或有缺陷，导致认识的不确定性和多样性。人类无法 100% 地预测所有未来的情形，从而也注定了法律规则并不完美，是有限的。对社会发展中的新事物、新情况进行立法时，立法者对于需要规制的社会关系处于不能完全认识的状态，需要被规制的社会关系还处于不断变化发展中，因此不可避免地需要使用不明确的法律概念和概括条款。人类预测未来能力的缺乏以至于立法目标定位相对模糊，一个法律规则往往包含两种或两种以上的价值，当价值之间不能明确地平衡，就导致立法意图无法解答法律适用中的一些特殊问题。刑法系统不是一个封闭的系统，它处于一种不断更新的状态，立法者为了应对社会中出现的新情况、新问题而创制、修改和解释刑法。新修正的刑法会形成新的法律系统，新的系统又会面临新的矛盾，法律系统不可能覆盖所有的问题和纠纷。刑法调整的对象是社会关系，但不可能涵盖所有的社会关系，刑法对规制行为进行抽象概括，而这种概括本身也是有局限的，也不可能囊括所有行为。立法者也是普通人，不可能是完全理性的，而只能是有限理性的，不可能完全预见所有将要发生的事情，总是存在刑法没有触及的空白地带。刑法中采用兜底条款的立法模式就是为了应对立法者理性认识的有限性，考虑到规制事务领域的特殊性，可能会出现理性范围内难以预见的情形，需要较大的弹性空间，那就放宽对明确性的要求，采用兜底条款的模式。

理性的有限性也印证了第二章中关于对绝对明确和相对明确进行取舍的结论。法律的明确程度反映人类理性认识能力的高低，如果认为人类的理性是无限而终极的，就代表人类能掌握绝对真理，可以掌握所有信息预见未来将要发生的所有法律问题，在立法上可以采取绝对明确的形式。如果认为人类的理性是有限的，对世界的认识无法穷尽，则必然采取措施以应对理性的不足，弥补立法中未能预见的事物，即在立法中必然采取相对明确的模式，尽可能适应将来要出现的新的法律关系和法律问题。

第二节　刑法明确性双重标准的倡导

通过上述对刑法不明确原因的分析，进一步论证了刑法无法做到绝对明确，如何寻求到相对明确范围内的最佳明确程度，即是一个亟待解决的问题。刑法明确性的明确标准即是解决这个问题的关键点，将设置明确标准与寻求最佳明确程度结合起来，符合明确标准即刚好达到了最佳明确程度。

一、刑法明确标准的概念与价值

刑法明确性直接关系到公民的财产、人身乃至生命等最基本、最重要的权利，其重要的意义决定了必须有相对客观的标准，有客观可量化的尺度去判断某一刑法规范是否符合明确性原则，研究刑法明确性必须应先寻求相对客观且具有可操作性的明确标准。刑法明确标准既可以为明确性审查提供指引，又可以为以后制定刑法规范提供准则。刑法规范是否明确必须有确定的判断标准进行衡量，没有明确标准就无法判断，确立明确标准是进行判断的前提。因此判断标准对刑法明确性是至关重要的，是刑法明确性的核心问题和研究重点。同时也要认识到标准不同，判断结果必定不同，用这个标准衡量是明确的，而换另一个标准衡量可能是模糊的。确立客观、可量化的明确尺度对正确评价和完善刑法具有重要理论意义和实践价值。

刑法明确性既存在刑法规范语言质的问题，也存在明确与否量的问题，在绝对明确与绝对不明确两个极端之间，存在极大的灰色地带，选取哪个点作为最佳明确程度也是个量的问题。无论是质的问题还是量的问题，判断明确与否的标准都不可避免地带有强烈的主观价值判断的色彩，会导致明确标准本身不明确。寻求相对客观的明确标准的价值主要有两个方面：第一，确保刑法预先告知功能正常发挥，法律规则的可预见性具有重要意义，❶刑法应合理告知一般人何种行为是法律所禁止的，且应明确且易于理解，使公众可以预见自身行为的刑法后果，进而引导公众行为，保障刑法目的的实现。因此，可预见标准是刑法明确标准的核心和关键，确定合理的可预见标准有利于保障刑法的预先告知功能。第二，避免司法恣意，当明确标准相对客观时，可以确保刑法处于相对明确状态，从而可以制衡司法机关。明确标准要相对客观，才能实现刑法明确性，否则明确性无从谈起。不明确的刑法就是陷阱，随时蛰伏在暗处等着无知大意的猎物上门，被司法机关曲解或任意选择适用，导致自由裁量权的滥用。刑法有义务预先告知公众哪些行为有受到刑法处罚的风险，从而使公众了解刑法禁止行为的范围。确保刑法的可预见性，同时可以压缩司法恣意的空间，限制司法权，使其运行更具合理性。

---

❶ 参见［美］奥利弗·温德尔·霍姆斯：《法律的道路》，李俊晔译，中国法制出版社 2018 年版，第 174 页。

二、可预见标准

明确性原则确立的主要目的是保障公民的自由，刑法是否具有可预测性是明确性实现的关键，因此应以是否可以预见来判断刑法是否明确。刑法规范是否可以预见是一种主观判断，并无客观可以量化的尺度，这使得可预见标准成为见仁见智的问题。可预见标准主要取决于以哪一类人的刑法智识作为判断基准，针对可预见标准，理论和实务中存在一般人标准与法律人标准之争，一般人标准是以一般人的刑法智识可预见其含义为基准，法律人标准是以法律人的刑法智识可预见的含义为基准，具体要采用哪一种标准需要先予厘清。

（一）一般人标准

一般人标准中的"一般人"是刑法的抽象建构，是一种人性假设，是法律上拟制的人，是以现实生活中的普通人为依据，不区分身体、性别、素质、能力的差异，❶ 是刑法规范现实主体的集合体。❷ 一般人标准是以该集合体内多数人的刑法智识，能否理解刑法规范内容和预见自身行为后果作为明确标准，要求刑法的适用不能超过一般人可预见的范围。一般人标准体现了刑法的行为规制机能，认为刑法规范应具备为一般人提供指引、评价、预测的功能，一般人约束自身行为主要依据刑法规范中文字所表达的内容。判断刑法是否明确，应以一般人是否可以理解，

---

❶ 参见胡玉鸿：《"法律人"建构论纲》，《中国法学》2006 年第 5 期，第 42 页。
❷ 参见陈航：《民刑法中的"一般人"观念及其判断基准》，《法学家》2020 年第 3 期，第 20 页。

并在理解的基础上是否可以预见到行为后果为标准，也就是说，刑法规范对一般人来说是否具备理解可能性和预测可能性。一般人可以理解的标准就是依据一般人日常生活与语言经验，可以理解刑法规范的含义，以此标准判断刑法规范是否具备理解可能性，理解可能性是预见可能性的前提，预见可能性是理解可能性自然转化出的产物，两者就是一个硬币的两面，必然会采用同一标准。

一般人标准是指刑法规范必须具备最低限度的可理解性，如果需要专业刑法知识和刑法解释方法才能理解刑法的含义，那么这种明确程度不能达到刑法明确性原则的要求。一般人标准形式上是判断刑法是否符合明确性原则的标准，实质上是判断以一般人应有的知识是否可以预见行为的后果，也就是说，刑法的明确程度是否进入最佳明确程度的区域。一般人标准是多数公众刑法智慧和认识的集合，以及对刑法规范指引功能的集中体现。制定刑法的直接目标是实现维持社会秩序的价值目标，刑法可以告知公众哪些是不能实施的犯罪行为。而刑法必须面临社会上广泛的调整对象，立法者当然希望社会全体成员都能理解刑法规范的内容，并按照刑法规范的指引调整自身的行为，但是社会中的人形形色色，他们对于同一刑法规范有不同的认识和观念，应该规定到何种明确程度才能让一般人理解刑法规范的内容，并指引自身的行为，这是立法者需要考虑的问题。刑法规范中存在一个主体的基本定位，这种定位是在立法时对社会现实中的各种主体，必然要有一个基本的认识，并以这种认识为基本坐标设定明确的程度，这样一种对人基本认识的坐标就是一般人。

美国和我国台湾地区采取的是一般人标准，美国通过判例最早确立了明确性原则，如果一般人都无法理解刑法的含义，并且在适用中出现不同的意见，这种情况就属于不明确。[1] 在 United States *v.* Reese 案中，美国最高法院确立了一般人标准，即立法者设定新的罪名，法条中的文字表述必须使一般人可以理解，并使一般人可以预见到何种情况下触犯刑法。[2] 1926 年美国联邦法院康那利判决，[3] 法院主张，法律语言必须是受过普通教育的一般人可以理解的，不能使用模棱两可会导致歧义的语言表述，罪刑法定的必然结果就是要求刑法规范不能模糊，让普通智力的一般人能够知会其含义并了解其在不同适用中的变化。[4] 联邦最高法院认定明确性的标准时，其主要标准是刑法规范的内容是否给予一般人公正的警告，[5] 也就是一般人是否能预见到行为触犯刑法。在 McBoyle *v.* United States 一案中，霍姆斯大法官认为：涉及运用刑罚时，需要预先告知一般人刑法的意图，用一般人可以理解的语言给予公平的警告，遵守词语的通常含义，有助于刑法规范合理地告知一般人什么行为构成犯罪。[6]

日本有不少学者坚持一般人标准，如日本学者大谷实教授主张：保障刑法的预先告知机能及避免司法机关的擅断专横是秉持明确性原则的根据，因此明确性的判断标准应以具有普通判断能

---

[1] 参见黎宏：《罪刑法定原则的现代展开》，载赵秉志主编：《刑法评论》（第 2 卷），法律出版社 2003 年版，第 67—69 页。

[2] United States *v.* Reese, 92 U. S. 214 (1875).

[3] Connally *v.* General Construction Co. , 269 U. S. 385 (1926).

[4] Joshua Dresseler, *Understanding Criminal Law* (2nd ed.), Matthew Bender & Co. , 1999, p. 32.

[5] Wayne R. LaFave & Austin W. Scott, *Criminal Law*, West Publishing, 1986, p. 85.

[6] 参见［美］史蒂文·J. 伯顿：《法律和法律推理导论》，张志铭、解兴权译，中国政法大学出版社 1998 年版，第 92—93 页。

力的一般人可以判断的程度为准。❶ 曾根威彦教授指出：刑法必须以一般人所能预测的形式，具体、明确地加以规定，刑法对构成要件的解释范围必须在一般人所能预测的范围之内，一般人不能从法条用语中明白刑法要禁止什么的时候，该刑法法条就是不明确的。❷ 金泽文雄教授主张：一般人不能理解刑法法条中被禁止行为的范围，就属于刑法不明确。❸ 日本采用一般人标准，德岛市公安条例规定了游行示威的许可条件，其中的"维持交通秩序"用语是否具有明确性引起争议，日本最高裁判所在最大判昭 50·9·10 集 29·8·489 中主张：是否认为某刑法规范因其暧昧、不明确而违反《日本宪法》第 31 条，应当根据具有通常判断能力的一般人是否能够理解的标准来决定，也就是取决于具体场合下，一般人是否有可能判断出该行为是否可以适用此法规的标准。❹

我国学者也基本都坚持一般人标准，张明楷教授认为：明确性原则是罪刑法定派生原则之一，因为普通语言较少会出现模糊不清、有歧义的现象，容易被一般人理解，因此刑法应尽可能使用普通语言，这样也更加明确且易于理解，刑法既是裁判规则又是行为规范，既需要指引法官的裁判又需要增进一般人的理解可能性，如果一般人无法理解刑法，就不能评价自身行为的性质与

---

❶ 参见［日］大谷实：《刑法总论》，黎宏译，法律出版社 2003 年版，第 46 页。
❷ 参见［日］曾根威彦：《刑法学基础》，黎宏译，法律出版社 2005 年版，第 12 页。
❸ 参见黎宏：《罪刑法定原则的现代展开》，载赵秉志主编：《刑法评论》（第 2 卷），法律出版社 2003 年版，第 69 页。
❹ 参见［日］西田典之：《日本刑法总论》，刘明祥、王昭武译，中国人民大学出版社 2007 年版，第 42 页。

作出意思的决定，就无法发挥刑法的规制机能。❶ 冯军教授等认为：刑法规范适用对象首先是一般国民，具有普通判断能力的一般人能够理解刑法的含义是判断刑法规范明确的主要标准。❷ 周光权教授认为：仅有刑法明文规定犯罪和刑罚还不够，还应当保证一般人可以看明白，达到公众能够预测刑罚权的发动可能性的明确程度，实现刑法的昭谕功能，应根据一般人通常的理解能力，以及在具体情形下一般人的预测可能性、判断可能性进行是否明确的判断。❸ 曲新久教授认为：从公正与功利的角度来看，刑法用于规制公民的行为，因此，刑法应当为一般公民所理解。一般人不能理解的刑法规范是不明确的，具有普通判断能力的一般人能够事先预见什么行为是被刑法所禁止的，是刑法明确的总标准。❹ 张建军教授认为：判断刑法规范是否具有明确性，应以正常智识的一般民众而不是法律专业人士的理解为基准，明确的刑法规范可以让一般人理解其含义及适用范围，并能预见行为性质及后果。❺ 裴洪辉博士认为：法律人标准相对宽松，但是会造成法律人专治，民众因不理解而无法预见行为的后果，立法部门如怠于制定明确的法律，则会使大量模糊性法律出现；一般人标准相对严苛，应采用一般人标准。❻ 翟国强博士认为：应采用一

---

❶ 参见张明楷：《日本刑法的发展及其启示》，《当代法学》2006 年第 1 期，第 11 页。

❷ 参见冯军、肖中华主编：《刑法总论》（第三版），中国人民大学出版社 2016 年版，第 45 页。

❸ 参见周光权：《刑法总论》（第三版），中国人民大学出版社 2016 年版，第 45—46 页。

❹ 参见曲新久：《刑法的精神与范畴》，中国政法大学出版社 2000 年版，第 400 页。

❺ 参见张建军：《刑法明确性的判断标准》，《华东政法大学学报》2011 年第 1 期，第 65 页。

❻ 参见裴洪辉：《在价值理想与客观认知之间：法律明确性原则的理论空间》，《法学论坛》2019 年第 2 期，第 90—91 页。

般理性人通常的判断标准，即使法律人以其专业知识和法律方法可以探求到刑法的含义，但具有普通判断能力的一般人无法理解仍然属于模糊笼统。❶

（二）法律人标准

法律人标准中的"法律人"是指以法律为职业的人员，比如法官、检察官、律师及法学教育人员、法学研究人员等。❷ 法律人标准是以法律人集合体内多数人的刑法智识能否理解刑法规范内容和预见自身行为后果作为明确标准，要求刑法的适用不能超过法律人可预见的范围。法律人具备法律专业素养，熟悉刑法方法论中各种法律解释方法，可以根据立法目的和整个刑法的体系性来理解刑法规范的含义，并能明确预见某种行为的性质是否触犯刑法规范，以及触犯刑法的哪一条、哪一款，应受何种刑罚。法律人标准以法律人的理解能力与判断能力为基准来判断刑法规定是否明确，即法律明确的判断标准应当以对法律人已经提供了确实可行的、可信赖的判断基础为标准。❸ 刑法具有一定程度的专业性，一般人难以理解，法律人可以借助立法意图与体系化的法律思维，以及熟练运用多种刑法解释技术，理解刑法规范的含义，相对于一般人标准，法律人标准显然是更宽松、更易达到的标准。

欧洲人权法院和德国采取的是法律人标准，欧洲人权法院运

---

❶ 参见翟国强：《刑法明确性原则的宪法控制——基于比较法视角的分析》，《北京工业大学学报》（社会科学版）2017 年第 6 期，第 61 页。

❷ 参见胡玉鸿：《"法律人"建构论纲》，《中国法学》2006 年第 5 期，第 31 页。

❸ 参见黎宏：《罪刑法定原则的现代展开》，载赵秉志主编：《刑法评论》（第 2 卷），法律出版社 2003 年版，第 69 页。

用法律人标准的方式主要表现为引入法律专家咨询、法院解释，德国联邦宪法法院运用法律人标准的方式主要表现为法院系统的案例积累、法律解释，并通过上述方式达到可预见标准的要求。❶ 欧洲人权法院在 Kafkaris *v.* Cyprus 案中认为：必须让公众理解法律规定的内容，如果理解有困难，可以辅助法院解释，明确指导刑法规制对象的范围及相应的处罚结果，如果当事人在具体的案件中需要借助适当的法律咨询才能评估自身行为的性质及预见行为的后果，该法律符合明确性的要求。❷ 德国联邦宪法法院在"胡作非为"案中主张，对"胡作非为"行为的处罚规定是德国刑法传统中的一部分，经过数十年来的司法案例积累，其概念已经足够明确。德国联邦宪法法院认为：可以依靠案件的积累明确法律的内容，但一般人很难接触并分析浩如烟海的案例，就是要求刑法研究者去研究、分析相关的案例也有难度，何况是一般人。在寻求明确标准的过程中，德国联邦宪法法院设想了以下三个方案：第一，对明确程度的要求应与其相应的刑罚严厉程度成比例，刑罚要求越严厉的法条就应规定得越明确；第二，刑法原本不明确的部分可以通过判决的积累而明确；第三，如果对具体案件作出正义性决定的利益超过了法安全的利益，应当允许对概念进行价值补充。❸ 德国的克劳斯·罗克辛教授提出了一

---

❶ 参见裴洪辉：《在价值理想与客观认知之间：法律明确性原则的理论空间》，《法学论坛》2019 年第 2 期，第 90 页。

❷ Kafkaris *v.* Cyprus, App. No. 21906 /04, at 140（ECHR. 12 Feb. 2008）.

❸ 参见［德］克劳斯·罗克辛：《德国刑法学总论——犯罪原理的基础构造》（第 1 卷），王世洲译，法律出版社 2005 年版，第 101 页。

种明确标准：只要能从一个刑法条文中推断出明确的立法目的，并能对原文文字设定最大文义射程的界限，那么这个刑法条文是符合明确性要求的。❶

　　日本佐藤文哉法官主张：应以法官的视角进行是否明确的判断，法官穷尽所有明确的方法，包括根据立法意图解释刑法条文，仍然不得其解的就是不明确。❷ 美国的约书亚·德雷斯勒教授认为：模糊的法律没能给一般人公平的告知，而给法律人专制和不公正创造了机会。❸ 它关注的是一种法律人的告知，一般人很难在现实生活中获取这种告知。它的含义是如果一般人经其律师研究过后可以明白法律的含义，或者能在阅读之前通过州法院判例作出的法律解释而确定，该法律不属于不明确。❹ 意大利最高法院主张：刑法的明确性就是刑法规范应具备法官可以根据其认定行为性质的确定性。❺ 韩国李在祥教授指出：尽管宪法裁判所以"具有普通判断能力的一般人是否可以理解其含义"为标准对存在明确性争议的规范进行审查，但是不能以此死板地接受一般人标准，因为大部分规范性构成要素不是普通人可以正确判断的，可预见的标准还必须依赖于法官的合理解释，需要法官通过价值判断，并充分考虑具体化的可能性和比例性原则才能得出

❶　参见［德］克劳斯·罗克辛：《德国刑法学总论——犯罪原理的基础构造》（第1卷），王世洲译，法律出版社2005年版，第102页。
❷　参见黎宏：《罪刑法定原则的现代展开》，载赵秉志主编：《刑法评论》（第2卷），法律出版社2003年版，第69页。
❸　City of Chicago v. Morales, 527 U. S. 41 (1999).
❹　Wainwright v. Stone, 414 U. S. 21 (1973).
❺　参见［意］杜里奥·帕多瓦尼：《意大利刑法学原理》，陈忠林译评，中国人民大学出版社2004年版，第26页。

是否明确的结论。❶ 姜涛教授认为：一般人标准不具有理性支撑，不具有规范支撑，不易确定，不符合司法的本质，应以法律人的理性标准进行判断。❷

（三）对两种标准的评价

一般人标准与法律人标准是以不同视角预见行为性质及法律后果的标准，一般人标准是更为严格的标准，法律人标准是相对宽松的标准。两种标准各自都有自己的优势和不足，对其进行分析和梳理，有利于构建更为合理的可预见标准。

1. 一般人标准的评价

支持一般人标准的理由主要有：第一，刑法作为抽象、普遍的规范，必须具有一定程度的概括性，不可能是针对具体的人，具有普遍性的刑法规范应按照一般人标准来衡量是否明确。第二，社会现实中的人千差万别，立法者需要为全体社会成员制定刑法规范，依照一般人标准确立明确标准，有利于社会现实中的人们理解并遵守刑法规范。刑法明确标准的主体是一般人，以全体社会成员的平均认知水平设定明确标准。但是如何设定一般人具体的刑法智识水平存在困难，因为一般人是虚拟的，需要立法者加以把握，因此具有一定的主观性，是立法者主观上对一般人认知水平的理解。刑法的明确性很大程度上取决于立法者对于一般人刑法智识把握的准确性。一般人是刑法对于现实主体的一种基本定位与假设，这种定位与假设既会受到立法者的价值取向与

---

❶ 参见［韩］李在祥：《韩国刑法总论》，［韩］韩相敦译，中国人民大学出版社2005 年版，第 19—21 页。

❷ 参见姜涛：《基于明确性原则的刑法解释研究》，《政法论坛》2019 年第 3 期，第89、94 页。

追求目标的影响，也会受到立法者的能力与水平的影响。刑法的实施效果在一定程度上取决于一般人与现实主体之间的关系，如果现实主体与一般人的假设是相符的，则刑法的实施效果必然是好的；如果现实主体刑法智识远低于一般人，则可想而知刑法的实施效果必然大打折扣。这种对一般人刑法智识水平的设定在核心区域一般容易把握准确，而在阴影地带通常难以确定，容易出现偏差，一般容易设定得偏高，会在一些疑难性案件中引发违法性认识的争议。一般人的设定取决于现实主体的实际情况，还受到其他法律制度的约束和历史文化传统的影响，如果忽略这些因素，不仅起不到维持社会秩序的效果，而且还会造成法律漏洞。

反对一般人标准的理由主要有：第一，一般人标准本身不明确也难以判断。一般人本身是一个极为模糊的概念，且一般人标准在价值多元化的社会，因此一般人如何确定就是一个问题，欠缺实证研究资料的支撑，不可能兑换成现实，也不具有可操作性，从而导致一般人的预见能力不能确定。第二，法律用语本身具有一定的概括性和抽象性，一般人都能看明白且不产生歧义不太现实。如果采用严格意义上的一般人标准，半数以上的法律都可能会违背明确性原则，不利于法律权威的确立。第三，法定犯难以被一般人认识，通常需要法律人的判断，为了增加法定犯的适应性，立法中会大量采用规范性构成要件要素，还会使用空白罪状、兜底条款和不明确的罪量要素等不明确的立法模式，因此更难为一般人所预见。[1]

---

[1] 参见姜涛：《基于明确性原则的刑法解释研究》，《政法论坛》2019年第3期，第94页。

采用一般人标准不应当考量刑法解释方法，比如目的解释、体系解释、限缩解释等，否则就是对一般人的苛求。一般人标准不禁止刑法使用专业术语，因为有些罪名规制的对象是从事特定行业的人，他们可以通过专业知识进行理解和预见，并不违反刑法明确性原则。刑法会不同程度地使用专业术语，而这些术语基本上一般人难以理解，但是如果将刑法中的语言全部转化为市井俚语也是有困难的，即使全部转化成对一般人友好的通俗语言，只要纳入刑法的体系脉络，就有解释的空间和需要，适用刑法的法院不可避免地根据各种刑法解释方法解释刑法。刑法针对每一种可能想象到的情况制定规范是最明确、最具有可预见性的，但是穷尽每一种生活状况，不仅不可能做到，而且会造成刑法规范的泛滥，反而给一般人理解刑法规范造成负担，进而影响到其预见能力。

2. 法律人标准的评价

支持法律人标准的理由主要有：第一，刑事立法中存在大量的规范性构成要件要素，还存在不少空白罪状、兜底条款和罪量要素等不明确的立法模式，加上刑法用语无法避免存在概括性和抽象性，以及在社会转型中不断增加法定犯。法律人熟知刑法的专业术语、立法意图与规范体系，深谙刑法的解释技术、运行机理与逻辑结构，但他们还需要查阅大量的司法解释、案例及学者观点才能清楚把握不明确刑法规范的含义和边界，而一般人没有经过法律专业的学习和训练，对刑法规范的理解只停留在常识和经验，让一般人看清楚、弄明白刑法规范的内容而不至于产生歧义，不太容易实现。第二，一般人标准较为严格，部分国家有"不明确即无效"的违宪审查制度，如果严格按照一般人标准执行，会导致大部分刑法规范不能通过违宪审查，很多刑法规范面临因不明确而无效的情况，不利于保障法律权威地位。

反对法律人标准的理由主要有：第一，仅以法律人能否对刑法进行理解为依据，容易形成法律人的专治，这与明确性原则人权保障的宗旨相去甚远。对于一般人，刑法不是自由的保障，而是生活的陷阱。刑法高度的专业化使一般人无法理解，虽然经过法院和刑法专家学者的加工之后，刑法获得某种明确性，但是这种方式导致公众对刑法的预见必须借助上述辅助力量，进而出现法律人专治的局面。第二，法律人标准对一般人太过苛求，浩瀚的案例和专业的刑法解释技术难以为一般人所接触，而且我国法律服务市场尚未完全成熟，法律人的辅助又不能及时到位，很难通过司法案例的积累和法律专家的辅助来明确刑法。第三，通过后置工作来明确刑法的倾向将会使立法者怠于制定明确的刑法，从而可能会导致更多的模糊性、抽象性的刑法规范涌现。

法律人标准是指公众在必要时通过适当的法律咨询，可以预见自身行为可能引发的法律后果，在这种情形下刑法依然具有可预测性。即便刑法规范满足明确性的要求，一般人在没有法律人的帮助下，不能完全理解刑法规范的含义，不能完全预见行为是否属于刑法规范的范畴。刑法是用来规制一般人的，那么应主要以一般人可以理解和预见的标准进行判断，如果仅依靠法律人标准进行判断，刑法就变成了法律人的专属刑法，法律人可以利用专业术语确立刑法垄断地位，这背离了刑法明确性原则的本意。

这种明确路径会给立法部门传达一个信号，刑法规范抽象、模糊没有关系，最后法院会通过大量的案例赋予它明确的含义。

立法部门以后会越发使用抽象、概括的语词，怠于制定明确的刑法。❶ 判断刑法明确与否，判断对象只能是刑法本身，而不是法院通过判例型塑、加工过的内容。这里探讨的刑法明确性主要依靠立法阶段，并未延伸到司法阶段，通过型塑、加工等途径明确刑法，违背了刑法明确性原则的原意。司法可以使刑法更加明确，但使刑法更加明确主要依靠立法，而非司法。刑法有可能会因规制领域的特殊性，存在自始不能明确的困境，例如，非法经营罪是规制市场秩序的，市场秩序的内涵包容广泛，概念外延过大，可能涉及社会其他领域或更深层次的问题，想要将其从立法上明确存在较大困难。刑法还有可能因为有些情况无法被立法者预见，而在具体个案的适用时才显示出其模糊性。

（四）双重标准的倡导和解读

刑法明确性原则应当在立法与司法实践中贯彻落实，在这个社会急剧转型的时代，期待立法者如"事前诸葛亮"一样制定出绝对明确的刑法，无疑是一种幻想，正如哈特指出的任何法律体系都具有确定的核心和疑问的阴影。❷ 核心区域根据刑法字面文字就能把握其含义，在一般人中已达成共识和形成统一的判断标准，核心区域完全可以采用一般人标准来判断刑法是否明确。而部分边缘地带中的刑法问题，刑法学者之间尚且不能形成统一的判断标准，一般人的刑法智识如何去理解、判断以及预测。这些问题对应的刑法规范文字表述一般比较抽象，就相关领域的问题一般人尚未达成共识，根据刑法条文的字面含义很难把握其内

---

❶ M. Ribeiro, "Limiting Arbitrary Power: The Vagueness Doctrine in Canadian Constitutional Law", *Queen's Law Journal*, Vol. 20, pp. 12 – 13 (2005).

❷ 参见姜涛：《后果考察与刑法目的的解释》，《政法论坛》2014 年第 4 期，第 99 页。

容。边缘地带如果还继续按照一般人标准就过于严苛，而依据法律人标准更为适宜。

1. 核心区域：一般人标准

在核心区域坚持一般人标准契合明确性原则的本质，能够让一般人有充分的机会去认识刑法规范并预测自身行为的后果。在核心区域坚持一般人标准一方面可以较充分地实现刑法对人权的保障，符合事先告知原则的要求，能够将犯罪与刑罚的内容明确地告知一般人，使一般人可以把握立法者的真实意图，理解刑法的含义并预测自身行为的性质和后果，使一般人免受突袭式或不确定的处罚。另一方面有利于刑法行为指引功能的发挥，绝大部分的刑事案件会落入刑法规范的核心区域，只有百分之一的疑难案件会出现在阴影地带，只要在核心区域坚持一般人标准，一般人具备理解可能性和预见可能性，就可以保障刑法指引行为的机能，也可以起到较好的预防犯罪的效果。

刑法规范核心区域的含义比较明确，一般人能够了解和认知刑法规范核心区域的构成要件及法律效果，并可以清楚地知道刑法规范核心区域的含义、适用范围和制裁手段。对于刑法规范的核心区域，一般人通过学习刑法规范，能够预见到哪些行为是被刑法禁止的，以及某一行为应承担的刑事责任的大致范围。当然一般人对行为性质和后果的预见，只是一种粗略、大致的预见，因为一般人毕竟没有专业背景和专业知识，这种预见并不需要对某一行为的性质和后果作出准确的预见，并不要求一般人对行为构成何种犯罪，以及应判处刑罚的轻重作出精准的预判。

2. 边缘地带：法律人标准

任何刑法用语由于法律一般性的要求，不可能巨细靡遗、因事立法，都不可避免地具有一定的抽象性和模糊性，必然会适用一些专业术语，为刑法解释留有空间。刑法规范越趋边缘越模糊，边缘地带含义一片朦胧，极易引起争议，难以断定究竟是属于犯罪边界之内还是之外。刑法条文的边缘地带的明确程度不像核心区域的明确程度那么高，刑法规范需要通过刑法解释让边缘地带变得明确，能够消除不明确，从条文的字面能够合理推导出其含义，划定不明确刑法规范所涵盖的处罚范围，使乍看之下似乎不明确的边缘地带变得明确，避免因坚持明确性原则造成刑事司法实践中的诸多不便。消除刑法的不明确是明确性原则的宗旨，如果能通过刑法解释消除不明确，使刑法规范具体化，也符合明确性原则。通过刑法解释明确边缘地带需要专业知识和刑法解释技术，一般人显然难以完成，必须由经过专业学习与训练的法律人才能完成。

在核心区域，一般人能清晰明确地预见到自身行为准确的刑法后果，而在边缘地带，只要求一般人意识到该行为有触犯刑法的可能性及其危险性即可。而边缘地带的预见可能性也是可以实现的，一般人能预见到触犯刑法的风险，能清楚地知道该区域处于犯罪的边缘。关于这个问题，美国最高法院在 1952 年 Boyce Motor Lines *v.* United States 案件中提出精辟的观点：很少有文字能像数字般精确，大部分法律必须面对无法预测且不断变化的现实状况，难以制定出巨细无遗的精确的法律，但是现实中的问题纠纷又必须要解决，因此对法律只能要求合理的明确程度，对敢冒险接近罪与非罪边缘地带的人，让他承担逾越犯罪边界的风险

也是合理的。❶ 而英国法官 Lord Morris 在 1972 年 Knuller *v.* DPP
案件中提出的薄冰原则更为贴切，任何人在薄冰上溜冰，不能奢
望每个可能落水的位置，都精准地插着警告牌。❷ 这意味着游走
在刑法边界的人，必须自己承担行为可能触犯刑法的风险，刑法
只要能指出哪些行为已经进入了薄冰区，在薄冰区溜冰就有可能
冰破落水，使公众能合理地预见自身的行为具有犯罪的风险，即
使没在每一个可能冰破落水的位置插上警示标志，就已经尽了告
知义务，满足了刑法明确性的要求。上述两种观点在本质上是一
致的，欧洲人权法院对明确程度的要求，应与薄冰原则相一致，
Coëme and others *v.* Belgium 指出申请人不可能不知道被控诉的行
为可能使他遭受追诉，❸ Custers, Deveaux and Turk *v.* Denmark 指
出申请人可以预见自己已冒了被科以罚金的风险，❹ Cantoni *v.* France
指出法条定义的外延总是有灰色地带，《欧洲人权公约》第 7 条
第 1 项只要求法律适用于大多数案件必须足够明确——声明人必
然已经知道自身行为已经冒了被追诉的实际风险。❺

　　边缘地带采用法律人标准如何满足一般人的理解和预见，是
双重明确标准的核心难题，而薄冰原则为解决这一难题提出一个
极为重要的解决方案。如果针对每一种可能想象到的生活情况预
先予以规定，是不可能实现的。用有限的文字去规制不可预测的

---

❶　Boyce Motor Lines *v.* U. S. , 342 U. S. 337 (1952).
❷　Knuller *v.* DPP, [1973] A. C. 435 (HL).
❸　Coëme and others *v.* Belgium, App. Nos. 32492/96, 32547/96, 32548/96, at 150
　　(ECHR 22 June 2000).
❹　Custers, Deveaux and Turk *v.* Denmark, App. Nos. 11843/03, 11847/03 and 11849/
　　03, at 81 (ECHR 3 May 2007).
❺　Cantoni *v.* France, App. No. 17862/91, at 32, 35 (ECHR 15 Nov. 1996).

无穷的社会生活情况是刑法的宿命，即使刑法涉及严重限制人民的基本权利，在边缘地带也可以根据薄冰原则确定可预见的程度。只要指出薄冰区域，让公众可以预见自身行为有受处罚的风险，就属于具备可预见性，而不需要明确规定犯罪行为的具体范围，确定哪些行为是可罚的，因为在边缘地带这种预见程度完全做不到。在边缘地带一般人所要预见的对象，不再是具体明确的刑法内容，而是触犯刑法的风险，游走在刑法边缘的人，必然要承担违反刑法的风险，如果刑法已经提示了某种行为已经进入薄冰区域，即使刑法规范中没有将具体的构成要件全部规定出来，也算预先告知和能够预见触犯刑法的风险了。薄冰原则只能适用于对构成要件的预见，而对刑罚的预见就不能采用薄冰原则，刑罚的种类及刑期均需要刑法明确规定。

事实上薄冰原则的本质就是合理范围的明确性，也就是第二章中论述的相对明确，刑法无法达到绝对明确，只能做到相对明确，从而用风险提示这样一个相对明确替代了立法全面介入个案的绝对明确，通过薄冰原则的介入，发展出符合相对明确要求的诠释理论。相对明确及合理范围的明确性是从立法者的视角去认识刑法明确性，而薄冰原则是从受规制的一般人的视角看待刑法的明确性。在边缘地带刑法预先告知的功能，主要是通过对一般人提示风险的相对明确实现的。然而，刑法最终要进入适用领域，当视角从一般人的预见转换到法官的裁判，就会面临另一个问题：在边缘地带由于专业能力的限制一般人无法对立法目的、法律体系、刑事解释技术以及既有案例有充分的了解，需要薄冰原则划定一个薄冰区域，提示可能触犯刑法的风险，法律人基于其专业背景及专业知识技能，就不能像一般人那样只能预见风险了，在边缘地带从法律人的角度出发，必须能明确预见行为所触犯的罪名及应受到的刑罚，只有达到这种预见程度的法律人标准，才能满足刑法明确性的要求。而只有刑法规范本身是明确的，在边缘地带已经符合法律人标准，才可以采用薄冰原则来判断一般人是否可以预见，如果刑法本身是模糊的，连法律人都尚未形成统一的标准、得出一致的结论，在实践中刑法的适用是混乱且不统一的，更加无法指出薄冰区域，只能让公众猜测刑法的含义，无所适从。这种情况严于规制对象，宽于立法者，就违背了薄冰原则的原意了。

三、明确程度

（一）刑法明确程度高于其他法律规范

由于明确程度的确定需要衡量不明确法律所造成损害的严重程度，所以明确程度在不同的法律规范中要求并不一致，明确程度要与法律规范的规制对象、对权利限制的程度及属性相适应。首先，刑法的规制对象是严重危害社会的行为，行政法的规制对象是需要政府指导的关系，民法的规则对象是公众之间相互协调就可以理顺的关系，根据规则对象可以大概确定相应部门法的明确程度，刑法的明确性要求最高，行政法次之，民法是三者之中要求最低的。❶ 其次，刑罚是所有法律责任中最严厉的惩罚措施，可以剥夺公民的自由甚至是生命，刑法的明确程度直接影响到公民的自由和人权的实现，对权利限制程度较强，需要更高的

---

❶　参见韩永红：《法明确性原则与宪法关系的研究》，法律出版社 2013 年版，第96—97 页。

明确程度，因此刑法的明确程度高于一般法律。对权利限制程度
越强，惩罚越严厉，明确程度就应越高；反之，惩罚越轻微，对
其明确程度的要求越宽松。而以剥夺人身自由作为法律效果，其
明确程度的要求应从严。行为人对刑法内容理解错误的负担和冒
险成本比其他法律高，所以刑法应具有更高的明确程度。[1] 而行
政法、民法产生的法律责任相对于刑法产生的法律责任是较轻
的，相对刑法明确程度的要求要低一些，有些案件没有相应法律
规定甚至可以利用基本原则去解决纠纷，而且民法和行政法也一
直有利用基本原则处理案件的传统。最后，法律规范的属性会影
响到对其明确程度的要求，为了限制公权力的扩张与恣意，需要
通过明确的法律划定清晰的界限，避免可能给公众带来的不当强
制与侵害，因此对公法明确程度的要求一般都要比私法高，而刑
法又是公法中法律责任最为严厉，对明确程度的要求也最高。相
对于公法，私法是任意法，更强调当事人意思自治、意思自由，
只要不违背私法中的强制性规定、基本精神和原则，都可以通过
协商解决纠纷及约定权利与义务，因此对私法的明确程度的要求
相对较低。宪法对明确性的要求就更低了，虽然属于公法，但是
同时又是母法，主要规定的是国家的根本制度与根本任务、国家
机构的设置与活动原则、公民的基本权利与义务等，宪法规定的
都属于方向性、原则性、宣誓性的内容，内容的高度抽象，决定
了它的明确性会更弱一些。刑法是所有法律规范中对明确程度要
求最高的，刑法关于明确性的研究和论著也是所有部门法中最多

---

[1] Louis Kaplow, "Rules Versus Standards: An Economic Analysis". *Duke Law Journal*,
Vol. 42: 3, pp. 557 –629 (1992).

的，刑法明确性原则是罪刑法定原则派生的子原则，较其他法律的明确性原则更加严格，明确性对于刑法教义学更为重要，要求所有犯罪行为必须是在刑法中规定的，刑法就是入罪边界，明确程度关系到入罪边界的清晰程度。

（二）法定犯的明确程度高于自然犯

刑法的明确性是一个与社会共识密切相关的范畴，对于故意杀人、盗窃等传统自然犯来说，自然犯规制路径并不只有刑法一条，同时有多种规制路径诸如伦理道德规范和宗教规范，这些不同的规制路径在行为指引方向上和刑法是重合或一致的。自然犯无须依赖法律规定，其在性质上违反社会伦理，以本来应受社会伦理非难的行为为内容，❶ 伤害了怜悯与正直两种利他情感。❷公众对自然犯的认识渠道不只刑法一个，可能同时有来自社会的其他多种规范都会指引公众不要实施这些犯罪行为。即使立法者使用故意杀人、盗取等不明确的概念，也并不影响公众对其的理解。公众对犯罪的认识程度和历史经验密切相关，自然犯是违反社会伦理的犯罪，因社会伦理的相对稳定未发生大的变化，经过漫长的历史，积累了丰富的经验，其中已对绝大部分的传统行为进行了价值评价，只有个别随着科技进步和社会发展出现的新情况、新问题，需要对其进行价值评价并判断是否应入罪。自然犯的行为方式和行为样态具有一定的日常性，公众可以通过日常语言更加容易地达成共识。对于这些传统犯罪类型的自然犯，公众

---

❶ 参见马克昌：《比较刑法原理：外国刑法学总论》，武汉大学出版社 2002 年版，第 97 页。

❷ 参见［意］加罗法洛：《犯罪学》，耿伟、王新译，商务印书馆 2020 年版，第 54 页。

已就相关行为形成共识，即使不知道构成要件的具体内容，也了解刑法规定的大致内容。公众通常已经意识到哪些行为会有触犯刑法的风险，这样原则上可以认定为已经发挥预先告知的功能，符合明确性的要求。自然犯的明确程度的要求较为宽松，没有必要作过于详尽的描述，简洁的构成要件就可具备行为指引的作用，并不影响刑法的明确性。自然犯的明确程度虽然要求相对宽松，是基于预先告知功能可以正常发挥的角度，但还要防止出现司法恣意的危险，出现同案不同判的情形，因此还是需要确保刑法条文中语词清楚、概念明确。

法定犯在 19 世纪中叶大面积膨胀，刑法规范成为能够被政府填入任何内容的空壳。法定犯普遍因为诞生较晚缺乏历史经验，对其大部分行为的性质公众尚未形成共识。法定犯存在的范围主要与市场经济活动和社会管理秩序相关，随着时代的变迁其性质和范围也不尽一致，公众还未来得及形成共识就已发生改变了。根据法定犯的特质，要达到与自然犯同等的行为指引效果，那对犯罪行为的描述相对自然犯要更详尽一些，对法定犯明确程度的要求较自然犯更为严格。这意味着法定犯反伦理色彩比较淡薄，较少受到社会伦理道德的规制，较容易为无辜个人所违反，如果要达到立法者期望的一般预防效果，对法定犯构成要件与刑事责任的规定应更为明确。❶ 对于法定犯来说，即使立法者对其构成要件作出了较自然犯更为明确的规定，依然难以具有相同程度的预见可能性。比如，利用影响力受贿罪虽然作出了较自然犯

---

❶ 参见陈兴良主编：《刑法总论精释》（第二版），人民法院出版社 2011 年版，第 40 页。

更为明确、具体的规定，❶ 但没有明确界定利用影响力受贿行为的范围，公众依然难以预见自身行为是否触犯该罪名。刑法规范能否被公众预见主要是生活化判断的问题，以及是否在长期的社会生活中形成共识，法定犯恰恰是缺乏这些，需要明确程度更高一些才能更好地发挥预先告知的功能。

当今社会处于一个法定犯的时代，随着社会生活的复杂化，立法者基于行政管理或维护市场经济秩序的需要，增设了大量法定犯，刑法分则中出现了一些需要经过专业学习才能把握的概念，比如非法经营、洗钱、背信等。《刑法》第 341 条所保护的"野生动物"的具体范围指列入《国家重点保护野生动物名录》中的国家一、二级保护野生动物和列入《濒危野生动植物种国际贸易公约》附录一、附录二中的野生动物以及驯养繁殖的上述物种。❷ 一般公众并不知道野生动物的范围，但是有犯罪预谋的人，往往会学习并钻研刑法法条，即可以明确预见刑法禁止的范围。这类法定犯需要通过学习才能明确其含义，因此应规定得更加明确一些，使公众更容易通过学习具备预见可能性。

（三）涉及特定职业群体犯罪的明确程度

涉及特定职业群体的犯罪对明确程度的要求较为宽松，因为这些职业群体经过系统职业培训有丰富的专业知识，对其专业或职业相关事项非常熟悉，并负有较高的注意义务。业务过失犯罪是指在业务活动过程中，担任特定职务或从事特定业务的人，应

---

❶ 《刑法》第 388 条之一规定："利用该国家工作人员职权或者地位形成的便利条件，通过其他国家工作人员职务上的行为，为请托人谋取不正当利益。"

❷ 参见姜涛：《当代刑事立法应当遵循明确性原则》，《国家检察官学院学报》2018 年第 2 期，第 133 页。

当预见自身行为可能发生严重的危害结果，而没有尽其业务上应当特别注意的义务，造成或可能造成严重危害结果的过失犯罪。刑法中这类犯罪规制对象是从事特定业务的人员，规制事务涉及专业领域，相应法条的含义属于业内人士应当理解的，预设其对相关领域有较高注意、知悉的能力或义务，就算一般人并不熟悉，也难以理解，只要专业人士能理解并可预见，原则上推定其具备合理范围内的明确性。这类罪名明确程度的要求可以从宽，比普通罪名要求更低一些，比如医疗事故罪规制的对象是医务人员，规制的行为是因严重不负责任造成患者死亡或身体健康严重受损的行为。一般人不能理解和预见哪些行为属于严重不负责，导致就诊人死亡或者伤害就诊人的身体，而医务人员具有一定医学知识和医疗技能，学习过保障就诊人的生命、健康安全有关的诊疗护理方面的规章制度，能明确理解并预见到哪些行为触犯该罪名。

职务犯罪是指具有特定职务的工作人员利用已有职权，通过贪污、贿赂、滥用职权、玩忽职守、徇私舞弊等手段，侵犯公民基本权利及损害国家对公务活动的规章规范的犯罪。职务犯罪规制的对象是有公权力的公务人员，都是经过专业的培训的，行政机关和企事业单位对公权力使用有配套的规章制度文件，公务人员有知悉的能力和遵守的义务，并可以将其与刑法规范结合在一起理解，从而能更明确地理解职务犯罪相关刑法规定的含义，因此可以采用对明确程度要求相对宽松的标准，以认定其符合明确性的要求。例如，受贿罪中谋取不正当利益，一般人是难以理解其内涵和预见其范围的，但是公务人员却可以结合工作中使用公权力的具体情况以及在培训中学习的规章制度，明确谋取不正当利益的范围及其边界，清晰预见到哪些行为会触犯受贿罪。涉及特定职业群体犯罪一般人难以理解并预见，相反，长期从事这些职业的专业人士或法律人则十分熟悉刑法相关规范，这类犯罪相关规范能否被预见主要是专业化判断问题，判断这些规范能否被行为人预见或具有预见可能性主要和行为人的职责、职业密切相关。❶ 如果都能被行为人预见，则意味着对违反刑法规范的行为人进行处罚具有可谴责依据，这种犯罪是行为人意志自由选择的结果。

本章小结

　　本章阐述了刑法不明确的原因及明确标准两个非常关键的问题。首先，深入剖析了导致刑法不明确的根本原因：语言的模糊性、法律的一般性及理性的有限性，并对应指出刑法目前因为这三个原因导致不明确的实例，通过对刑法不明确的原因的深入分析得出结论，刑法的不明确的原因必然会存在，且无法消除，刑法无法达到绝对明确，只要达到符合明确标准的相对明确即可，这样就符合明确性原则。其次，需要寻求相对客观的明确标准，明确标准是判断刑法规范是否明确的量尺。学界主要有两种观点：一般人标准和法律人标准，通过梳理国内外学者的观点以及国外经典案例的判决，发现一般人标准有利于人权保护但是过于

---

❶ 参见姜涛：《当代刑事立法应当遵循明确性原则》，《国家检察官学院学报》2018年第 2 期，第 71 页。

严格，法律人标准易于达到但容易形成法律人专治，综合两种标准的优势，摒弃两种标准的弊端，倡导双重明确标准，在刑法规范核心区域采用一般人标准，在边缘地带采用法律人标准的双重标准。此外，刑法的明确程度还有几个问题需要特别注意：第一，刑法因其自身属性及特征是所有法律规范中明确程度要求最高的；第二，法定犯因其反伦理色彩较弱，其明确程度高于自然犯；第三，涉及特定职业群体犯罪只要能达到专业人可以理解的明确程度即可。

第四章

立法明确路径：基本犯罪圈的划定

当代刑法必须具有规范性，刑法的立法语言与技术必须达到更高的要求才能实现规范性，而规范性的要求就是要拉近刑法规范和社会生活的距离，使其更明确。刑法明确的方法主要有立法修正和刑法解释，这两种方法需要根据具体情况选择适用。如果刑法规范符合明确标准，其不明确可以通过刑法解释解决，其内涵可以通过刑法解释明确，并解决个案的刑法适用问题，那就可以选择刑法解释的路径。如果刑法规范未达到明确标准，本身逻辑矛盾、涵盖过度或欠缺范畴，仅通过刑法解释也不能使其内涵明确，必须进行立法修正才能达到明确的状态。❶ 这两种方法的使用不能混淆，混淆刑事立

---

❶ 参见姜涛：《当代刑事立法应当遵循明确性原则》，《国家检察官学院学报》2018 年第 2 期，第 61 页。

法与刑法解释的任务会导致两方面的问题：一方面，本来通过刑法解释即可明确的问题，却采用刑法修正进行明确，影响了刑法的安定性与稳定性；另一方面，本来必须通过刑法修正才能明确的问题，却采用刑法解释进行明确，造成司法权对立法权的僭越。1997 年《刑法》颁布以来，已经出台了十二个刑法修正案，不难发现推动立法修改的动力是刑法的不明确，当然这种不明确是出现了新情况和新问题使原本明确的刑法变得不明确了，对于这类不明确的问题很大程度上是立法设计存在问题，必须时刻予以关注，需要立法及时修正予以明确并填补法律漏洞。

第一节　刑法不明确的类型

　　寻求立法明确路径，必须先从梳理刑法不明确的类型开始，然后才能提出有针对性的明确路径。梳理刑法不明确的类型主要从犯罪类型和构成要件两个维度进行，犯罪类型这个维度主要考察类型化程度是否合理，构成要件这个维度主要判断基本犯罪圈的划定是否合理。根据犯罪类型的类型化程度设定不合理，刑法不明确的类型主要分为两类：犯罪类型过于粗疏、犯罪类型过于细密；根据构成要件的本质特征提炼不合理，刑法不明确的类型主要分为两类：构成要件过于抽象、构成要件过于精细。

一、犯罪类型过于粗疏

　　犯罪类型设置过于粗疏，涵盖过度的类型，因为容纳种类过多的犯罪行为，导致难以抽象提炼出相对具体的类型特征，只能使用极度抽象的概念和立法模式，没有固定的核心内涵，缺乏犯罪行为和事实特征的描述，概念几乎无边无际，没有明确的边界，各种行为都可以归入其中作为犯罪处理，这样很容易造成刑法的不明确。抽象的概念没作具体的提示，让公众往往难以理解这类概念的范畴，超出国民可预测的范围，也无法预见行为的风险，把社会通识意义上的无辜者纳入处罚范围。粗疏的犯罪类型虽然具有一定的生活事实基础，但由于其所规制的行为过多，并不能提炼出该犯罪类型相对具体的本质特征，甚至无视刑法明确性的要求，直接放弃对本质特征的描述，使得相应的条文不具有预测可能性和理解可能性。

类型设置过于粗疏一般是立法者有意为之，是一种故意不明确，并不像立法者理性认识的有限性导致的那种无意不明确。这是一种基于立法者的某些政策或者自身利益考虑的故意不明确，主动选择高度抽象的立法模式和表达，往往具有兜底和万能的特性，确保对社会的控制和对各种新型犯罪的打击力度。粗疏的犯罪类型极度容易沦为政治工具和道德评价的变种，其实质是为了实现社会控制目的，牺牲明确性换取适应性。立法者这么处理属于策略性逐利行为，但同时造成了规范保护目的不明确，使罪与非罪之间的界限模糊，给司法的扩大适用留有巨大的空间。立法者应当修正因类型化程度过高导致的涵盖过度，进一步将类型分化并明确涵盖范围。

在我国古代立法中也有粗疏的犯罪类型，最为典型的是《唐律疏议·杂律》中的"不应得为"的概括性禁律。❶ 1935 年

---

❶ 《唐律疏议·杂律》中规定："诸不应得为而为之者，笞四十（谓律令无条，理不可为者）；事理重者，杖八十。"

《德国刑法典》第 2 条规定的"违反刑法的基本思想或健康的民族感情"的犯罪，❶ 也是粗疏犯罪类型的典型代表。立法者采用了概括性的犯罪类型，使刑法包罗万象，介入公众每个生活角落。这种粗疏的犯罪类型因为包含过多种类的行为无法抽象出相对具体的类型特征，在确立类型时会放弃对类型特征的描述，使刑法成为无所不能的法律，必然会侵害公民的合法权益。

过于粗疏的犯罪类型往往具有"一网打尽"的特征，以及更大的沦为"口袋罪"的风险。目前学界将难以抽象提炼出事物本质，放弃对类型特征描述的犯罪类型称为"口袋罪"。最典型的"口袋罪"是 1979 年《刑法》中的投机倒把罪、流氓罪与玩忽职守罪，因其犯罪类型过于粗疏导致涵盖范围宽泛，在制定 1997 年《刑法》时，基于明确性原则对三大"口袋罪"进行废除和分解。除保留玩忽职守罪以外，流氓罪与投机倒把罪都被废除了。为了满足公众对安全和秩序的需求，1997 年《刑法》保留了一定的"口袋罪"，主要有以危险方法危害公共安全罪、非法经营罪、寻衅滋事罪，开放性犯罪构成要件及高度抽象的立法模式逐渐显现出口袋化的倾向。

这些罪名犯罪类型过于粗疏，犯罪边界模糊，刑法解释空间巨大。实务中扩张适用"口袋罪"的趋势明显，当社会中不断出现新型犯罪时，为了及时应对并纳入刑法规制，但是难以寻求到契合的构成要件，或者虽然寻求到相对符合的构成要件，但刑罚幅度不合适。在这种情况下，法官经常会根据处罚必要性决定

---

❶ 1935 年《德国刑法典》第 2 条规定："违反依刑法的基本思想或依健康的民族感情，而应予处罚之行为，依本法处断。"

是否入罪，将具有处罚必要性的行为通过刑法解释纳入"口袋罪"进行刑事处罚，或者根据刑罚轻重作罪名选择，在法条竞合的场合，仅因为本应适用的法条处罚较轻而适用"口袋罪"。部分个案具有实质违法性，存在急迫的处理需求，刑法规范存在供给不足的问题，"口袋罪"扩张适用在一定程度上满足了这个需求，有利于社会秩序的维持，但是冲击了明确性原则，造成了司法实务中同案不同判的尴尬局面。与此同时，"口袋罪"也越来越膨胀、臃肿，充斥着各种不断纳入的新型的犯罪行为，导致其类型化程度不足，行为类型过多难以提炼出相对具体的类型特征，犯罪类型的内涵和外延也难以界定，边界模糊不明确。

从明确性原则的角度来看，过于粗疏的犯罪类型比过于细密的犯罪类型危害更大，它使法官在适用"口袋罪"时披上了"合法"的外衣，可以肆无忌惮地扩张适用。韦尔策尔指出：真正的危险不是类推适用，而是不明确的刑法，明确性要求的意义大于禁止类推。❶ 犯罪类型过多地舍弃或者完全抛弃特征，使其外延过大，边缘地带范围宽泛，犯罪边界极度模糊。过于粗疏的犯罪类型与德尔金主张的原则立法论中的"道德理论"和"原则"类似。德尔金的原则立法论的基本原理如下：如果一个案件找不到可适用的法律规则，法官可以依据道德理论中导出的原则进行裁判。❷

过于粗疏的犯罪类型是以不明确为代价，增加了犯罪类型的

---

❶ 参见［德］汉斯·海因里希·耶塞克、托马斯·魏根特：《德国刑法教科书》（上），徐久生译，中国法制出版社 2017 年版，第 188—189 页。

❷ 参见林立：《法学方法论与德沃金》，中国政法大学出版社 2002 年版，第 46—47 页。

包容量与涵括力，使刑罚权无法遏制地肆意扩张，并渗透到生活中的每个角落。比如以危险方法危害公共安全罪适用频率越来越高，从公民个人权利到道路交通秩序、市场经济秩序、社会管理秩序，以危险方法危害公共安全罪的外延越来越宽泛。❶ 诸如交通肇事、"碰瓷"、盗窃井盖、生产经营非食品原料，都有被判定为以危险方法危害公共安全罪的案例。又如寻衅滋事罪中列举的四种行为完全是不同的类型，囊括了身体安全、行政自由、名誉、公私财物、公共场所秩序等关系到生活中公共秩序的诸多事项，沦为妨碍社会秩序类犯罪的兜底性规定。上述这两种"口袋罪"带有"类罪"的性质，应根据具体存在的案件事实进一步类型化，从立法上将其进行分解，并还原成为一个具体的犯罪类型，才能符合明确性的要求。

犯罪的本质特征被过多地甚至被完全地抛弃了，使其外延扩大，阴影地带范围增加。明确性原则的核心在于公众能预测自身行为的法律后果，但是粗疏的犯罪类型并不具有可预测性，这必然造成公众行为的萎缩，使明确性原则保障个人自由的目的无法实现。不明确的刑法比没有刑法更容易侵犯公民自由。❷ 法官认为某种行为应受处罚却找不到可以适用的具体法律规定，就会将该行为解释归入粗疏的犯罪类型，粗疏的犯罪类型的设置是希望保障刑法的安定性，提高刑法的适应性，使法官不诉诸法律以外的素材，就可以解决没有具体刑法依据的难题。对于罪刑法定原则的真正危险并非类推适用，而是不明确的刑法规范。粗疏的犯

---

❶ 参见孙万怀：《以危险方法危害公共安全罪何以成为口袋罪》，《现代法学》2010年第5期，第70页。

❷ 参见张明楷：《罪刑法定与刑法解释》，北京大学出版社2009年版，第50页。

罪类型对类型特征的描述过于抽象，使得很多行为可以通过刑法解释归入该犯罪类型，为本来禁止的类推适用披上合法的外衣，提供了形式上的合法依据，其危害性远远大于在个案中适用类推。粗疏犯罪类型的设置建立在这样一种认识上：一切事实上的犯罪，都应当处在刑罚权的管辖范围之内。❶ 当缺乏具体的刑法依据时，为了追求衡平的效果，粗疏的犯罪类型使外延过宽，法官可以在其下以合法的形式开展类推解释作为补救，这严重冲击了明确性原则。

二、犯罪类型过于细密

犯罪类型是在刑法规范与具体事实不断的相互调适的过程中形成的。犯罪类型不可能与具体事实一一对应，同一个犯罪类型涵盖的多种具体事实必然存在差异性，为了追求形式上的一致性而导致犯罪类型设置得过于细密，这种做法违背了认识论的基本常识。具体事物之间不存在绝对的形式上的一致性，只可能存在本质上的一致性，这意味着犯罪类型的设置必须根据事物本质特征的一致性，而不可能根据形式的一致性，毕竟对每一件具体事实进行立法显然也是不可能完成的任务。细密的犯罪类型未能把握好事物本质特征的一致性与差异性的处理，过分追求形式上的一致性，造成犯罪类型在设置上类型化程度不足，无法涵盖新出现的犯罪现象，导致刑法规范供给不足无法满足现实需求。刑事立法应在承认具体事实之间差异性的基础上，依据事物本质特征的一致性，设置类型化程度合理的犯罪类型，事物本质特征的一

---

❶ 参见陈兴良：《罪刑法定主义》，中国法制出版社 2010 年版，第 147 页。

致性成为具体事实归入同一犯罪类型的依据。

有学者主张，鉴于我国长期以来采用粗疏的犯罪类型，为了保障刑法明确性，刑事立法应尽量采用细密的犯罪类型。❶ 还有学者主张，将故意杀人罪进一步分解为杀人罪、杀婴罪、过失杀人罪、应被害人请求杀人罪、怂恿帮助或宣传自杀罪、加重杀人罪、减轻杀人罪等犯罪类型。❷ 启蒙思想家主张，握有绝对权力的人应该首先简化法律，因为绝对明确的法律可以限制国家权力保障公民自由。细密的犯罪类型在形式上看似更加明确，但事实并非如此，对我国古代法律进行研究，就会发现当权者是细化法律，并不是简化法律，甚至一事一法。比如在《大清律例·刑律·人命》中，针对不同的行为手段和行为对象，设置了"谋杀人""谋杀制使及本管长官""杀死奸夫""谋杀祖父母父母""杀一家三人罪"等二十多种不同的犯罪类型。立法者总是想将犯罪各种表现行为纳入法律之中，并为每一种表现形式设置相应的犯罪类型并配置特别的刑罚。❸ 其实这些犯罪行为的事物本质特征和规范保护目的完全相同可以归入同一犯罪类型，这种细密的犯罪类型倾向于对具体犯罪行为的描摹，必然使其外延过小，从而导致大量新型犯罪行为无法归入过于细密的犯罪类型。为了求得衡平的结果对其进行刑罚处罚，古代立法只能采用比附制度弥补立法的不足，通过扩张解释、类推适用或者目的性扩张予以补救，在这个过程中容易造成不明确，极度的明确反而有损明确

---

❶ 参见周少华：《刑法之适应性——刑事法治的实践逻辑》，法律出版社 2012 年版，第 249—251 页。

❷ 参见徐立：《杀人行为类型化探析》，《环球法律评论》2011 年第 6 期，第 75 页。

❸ 参见［美］D. 布迪、C. 莫里斯：《中华帝国的法律》，朱勇译，江苏人民出版社 2010 年版，第 27 页。

性。为何传统法律中需要将比附作为通则性的规则，最重要的原因是传统立法采用了细密的犯罪类型。立法者采取十分具体和个别的立法，一事一法，刑法典变得很烦琐，❶ 直接导致了类推适用和刑法不明确。在现代的刑事立法中，细密的犯罪类型同样会导致部分犯罪行为缺乏刑事处罚的依据，为了对其进行处罚不得不频繁使用扩张解释，或经常进行刑法修正。在这种情况下，不仅公民的权利得不到应有的保障，还会放纵大量犯罪行为。

在立法上，为了追求司法适用的便利和量刑的均衡，立法者选择犯罪类型设置细密化，为许多具体的、个别的犯罪行为专门设置犯罪类型，具体化、特殊化的犯罪类型设置充斥在刑法规范之中。许多犯罪行为从外在表现形式上看存在差异，但事物本质特征是相同的，应归入同一犯罪类型。犯罪类型设置过于细密不仅不能实现司法适用上的便利，还会增加定罪的难度，不便于罪名的查找和辨析，也不利于实现刑法法典功能。比如，协助组织卖淫罪属于帮助行为单独定罪，帮助行为正犯化是因为需要对其从重惩处。但是协助组织卖淫罪与组织卖淫罪虽然在外在表现形式上存在差异，但事物本质特征是一致的，规范保护目的也是相同的，还要将其分别设置专门的犯罪类型，完全属于犯罪类型设置过于细密，造成司法适用和罪名认定上的困难。"为组织卖淫的人招募、运输人员"是协助组织卖淫罪的主要行为，同时用兜底条款规定了"其他协助组织卖淫的行为"，导致兜底条款的范围不明确，而认定为组织卖淫罪的共犯还是协助组织卖淫罪，在司法适用中存在区分困难的问题，使得本应认定组织卖淫罪的主

---

❶ 参见陈兴良：《罪刑法定主义》，中国法制出版社 2010 年版，第 144 页。

犯的一些行为被认定为协助组织卖淫罪，导致罪刑不均衡。中华
人民共和国最高人民法院、中华人民共和国最高人民检察院（以
下简称"两高"）发布的司法解释细化了协助组织卖淫行为的内
容。❶ 在一些具体案件中，为实施组织卖淫活动充当保镖、打手
以及管账人的行为有可能在整个组织卖淫的过程中起到主要作
用，是组织卖淫罪主犯的共犯，本来应当以主犯论处，但是鉴于
协助组织卖淫是独立罪名，且该行为属于协助组织卖淫行为的范
围，只能以协助组织卖淫罪定罪处罚。立法上区分正犯和帮助犯
并将其单独定罪，这种细致划分的做法，本来是方便司法适用
的，可以避免将行为人以组织卖淫罪的从犯从轻、减轻处罚，导
致量刑畸轻。但是过于细密的犯罪类型设置会导致罪名认定边界
不清，以及产生新的罪刑失衡。

近年来犯罪类型细密化的趋势愈加严重，从不断增设的刑法
修正案中可以看出，新增罪名类型化程度比较低，难以适应社会
的不断发展，具有较强的应急性色彩。犯罪类型过于细密主要因
为立法者对犯罪类型认识片面导致的。犯罪本质和核心行为相
同，但犯罪行为的表现形式和代表现象存在差异，应属于同一犯
罪类型。刑法的安定性要求其必须具备一定的适应性。总结社会
发展规律与历史发展规律可以得出，社会发展具有历史性的结
论，新的犯罪现象不可能凭空出现，必然是和旧的犯罪类型存在
联系，如果事物本质特征一致是可以通过刑法解释纳入旧的犯罪

---

❶ 《关于办理组织、强迫、引诱、容留、介绍卖淫刑事案件适用法律若干问题的解
释》第4条规定："明知他人实施组织卖淫犯罪活动而为其招募、运送人员或者
充当保镖、打手、管账人等的，依照刑法第三百五十八条第四款的规定，以协助
组织卖淫罪定罪处罚，不以组织卖淫罪的从犯论处。"

类型，可以避免因类型化程度不足导致的犯罪类型过于细密。犯罪类型过于细密具有较强的应急色彩，往往为了应急而欠缺体系性思考和前瞻性的预测，沿着"问题路径"应对新的亟待解决的问题。犯罪类型过于细密必然导致犯罪类型涵盖范围过于狭窄，数量非常庞杂，难以适应新型的生活事实，必然导致许多犯罪行为得不到应有的处罚，适应性不足必将放纵犯罪，公民权利得不到应有的保障。为了补救不得不频繁修改法律或适用目的性扩张，有违罪刑法定原则的初衷。❶ 类型的设置应在对已有犯罪类型的归纳和总结的基础上，尽可能穷尽未来可能发生的犯罪类型，提高类型设置的预见性和适应性，以实现刑法的安定性。如果不对新出现的犯罪现象进行抽象和概括，盲目增设各种具体的犯罪类型，就只停留在经验性总结和罪状描述上。不能仅在应急意识的引导下进行对策性立法，应形成完整的刑法规范体系，犯罪类型设置合理，避免为了应急而进行重复性立法、竞合性立法、堵漏性立法。

三、构成要件过于抽象

构成要件在对各种事实进行抽象的过程中只能舍弃一些细节，构成要件中的语词含义会随着语境和时空产生流变，再加之需要缓解刑法规范的供给无法满足司法需求的矛盾，这都会要求构成要件必须具备抽象性。但这并不意味着要放弃构成要件对案件事实限制的功能，需要把握好构成要件的抽象程度，如果放弃

---

❶ 参见赵春玉：《罪刑法定的路径选择与方法保障——以刑法中的类型思维为中心》，《现代法学》2014 年第 3 期，第 118 页。

对犯罪本质和事实特征的描述而变得过于抽象，就是欠缺范畴性的概括规定。欠缺范畴型的构成要件缺乏对行为或结果的规定，概括到无边无际，使刑法成为无所不能的法律，导致其不具有可预见性，让规制对象动辄得咎，难以明确罪与非罪的界限，无法预见行为的风险，随时都有可能受到刑罚处罚，必然侵害公众的合法权益。过于抽象的构成要件往往只是披着刑法外衣，其本质往往是政治抉择、意识形态或道德评价的变种。❶ 罪名口袋化的倾向是过于抽象的构成要件所导致的，这种倾向使构成要件保持开放性，明确性原则则要求严格限制过于抽象的刑法规范。过于抽象的构成要件主要存在于以下领域：

第一，规范性概念。规范性概念因其本身脱离社会生活而体现出抽象性，属于不确定的法律概念，需要对其进行价值判断和经验认知，特征不明确且具有流动性，其边缘地带的范围宽泛，边界非常模糊。从语义学的角度看，任何与价值和经验有关的评价标准总是具有难以消弭的模糊性与歧义性，因此总是存在着规范性概念是否明确的疑惑。❷ 规范性概念不易被感知，需要经过规范评价和价值补充才能确定其含义，这里的评价和补充很容易受到法官主观价值因素的影响。为了防止法官的恣意，立法者只允许依据一般伦理观念进行评价，不允许法官完全个性化地评价。❸ 规范性概念是开放结构的典型代表，具体内涵的确定既要

❶ 参见姜涛：《当代刑事立法应当遵循明确性原则》，《国家检察官学院学报》2018年第2期，第77页。

❷ 参见张建军：《论规范的构成要件要素的明确性》，《当代法学》2012年第5期，第66页。

❸ 参见［德］汉斯·海因里希·耶塞克、托马斯·魏根特：《德国刑法教科书》，徐久生译，中国法制出版社2001年版，第159页。

受到一般伦理观念的影响，又要受到法官价值判断的影响。规范性概念作为一种开放结构，其过于抽象的特征难以明确具体内容及适用范围，对其认识和理解依赖于共同的伦理观念和价值观念。比如1979年《刑法》中的"流氓罪"罪状表述为"聚众斗殴，寻衅滋事，侮辱妇女或者进行其他流氓活动"，采用"流氓"这一需要进行价值判断的规范性概念，欠缺范畴性，导致难以理解流氓所指的范围，无法明确流氓罪的边界，造成在严打时期该罪名极度扩大化适用。又如，"淫秽物品"也是一个典型需要价值判断的规范性概念，不同的人对"淫秽物品"的理解存在巨大差异，关于"淫秽物品"的认定，需要根据具体的案情进行价值判断。2002年延安"黄碟案"就说明司法机关就"淫秽物品"的本质属性、判断标准并没有形成统一标准。再如，现行《刑法》第20条正当防卫第3款中"行凶"也是一个规范性概念，行凶的规范含义也难以明确，需要进行价值判断，导致行为人在正当防卫中的诸多顾忌。还有招摇撞骗罪的"招摇撞骗"和聚众扰乱社会秩序罪的"社会秩序"都是规范性的概念，一般人不进行价值判断就难以理解其含义，也无法将其与具体事实对应起来。即使法官根据特定时代的社会一般观念界定规范性概念的内涵和外延，但是社会一般观念是变动不居的，随着社会的变迁价值取向复杂多元、价值观念不断变化，某些行为根据特定时代的社会一般观念，判断为具有社会危害性，可以纳入规范性概念。随着社会一般观念、价值取向与价值观念的转变，当其不具有社会危害性时，就需要将其排除出规范性概念。比如，随着人们性观念的开化使得"猥亵""淫秽物品"这些规范性概念的含义发生变化，原来可以涵摄于"猥亵""淫秽物品"的行为和物品因为性观念的开放，已不具有社会危害性了，就可以排除出规范性概念。规范性概念并不是单义的，缺乏客观性，难以对每一个人唤起同样的观念，具有不同价值观和经验认知的法官在理解和判断时会作不同的解释，较大的自由裁量权和裁量空间必然会影响到规范性概念的明确程度，理解和把握规范性概念的内涵和外延充满不明确性，并呈现出模糊性和歧义性的特征，加之规范性概念的内涵和适用范围具有较强的流变性，直接冲击了明确性原则。规范性概念具有特别高度的不明确性，含义不受约束，因此产生适用过程的不确定性。❶

第二，兜底条款。兜底条款是指为了弥补列举条款的不足，采用堵截性规定将列举条款没有包括的、难以包括的以及立法时预测不到的情况都囊括在这个条款中。刑法规范天然具有不周延性、不完整性，兜底条款的立法模式构建了一张疏而不漏的法网，使该犯罪类型所有不合法的行为均落入彀中，避免遗漏。为了增强适应性以实现"一网打尽"的刑事政策目标，在某些犯罪类型中，刑法列举各种行为方法和行为方式，为了防止遗漏设置兜底条款。兜底条款主要存在以下两种情况：一是在犯罪行为方法的规定上，采取明确列举加"其他手段""其他方法"的概括规定，比如，强奸罪中的"以其他手段强奸妇女的"、抢劫罪中的"以其他方法抢劫公私财物的"、侮辱罪中的"以其他方法公然侮辱他人"、诽谤罪中的"以其他方法捏造事实诽谤他人"、合同诈骗中的"以其他方法诈骗贷款的"等；二是在犯罪行为

---

❶ 参见〔德〕卡尔·恩吉施：《法律思维导论》，郑永流译，法律出版社 2004 年版，第 134—135 页。

方式的规定上，列举了一些明确具体的行为方式后，又设置堵截式条款对行为方式加以兜底性涵盖，比如，背信损害上市公司利益罪中"采用其他方式损害上市公司利益的"，操纵证券、期货市场罪中"以其他方法操纵证券、期货市场的"，洗钱罪中"以其他方法掩饰、隐瞒犯罪所得及其收益的来源和性质的"，贷款诈骗罪中"以其他方法诈骗贷款的"，等等。兜底条款具有高度的抽象性和概括性，外延具有开放性和动态延展性，其内涵和外延处于不断流变之中，随着社会、经济以及刑事政策的变化而变化。这种特性必然会影响法官对兜底条款的理解和把握，导致兜底条款处于不明确的状态。为了保持刑法的适应性，兜底条款必不可少，但其过于抽象的性质导致其内涵和外延仅通过字面含义不能明确，需要法官进行解释和续造，给刑法解释留下巨大空间，给法官提供较大的自由裁量权，如果不受约束必然就会导致不明确，造成刑法适用范围不适当的扩大。因此，兜底条款在立法中的采用和在司法中的解释必须有严格的约束和限制，在立法中随意采用兜底条款的立法模式，在司法中不严格遵守同类解释的规则，都会造成兜底条款的不明确。

第三，空白罪状。罪状是对构成要件的规定，空白罪状就是空白的构成要件。为了避免立法重复或有疏漏，部分罪状会用空白罪状表述。空白罪状大量存在于行政犯与法定犯的规定之中，空白罪状中未作规定或只作部分规定，一般是参照其他法律、法规的规定，比如"违反国家规定""生产不符合保障人身、财产安全的国家标准、行业标准""生产不符合保障人体健康的国家标准、行业标准"。空白罪状易引发国家规定、国家标准范围界定的争议。根据空白程度的不同，空白罪状可分为绝对空白罪状和相对空白罪状。绝对空白罪状指对构成要件不作任何规定，完全参照其他法律、法规的规定，条文仅有"违反……规定"这类表述，不再对构成要件有任何其他表述，比如：交通肇事罪，武器装备肇事罪，铁路运营安全事故罪，传染病菌种、毒种扩散罪，重大飞行事故罪，重大责任事故罪，等等，这些罪名条文的罪状都是绝对空白罪状；相对空白罪状是指已经对构成要件类型化的特征作出描述，但仍需要参照其他法律、法规的规定才能明确，我国刑法中大部分的空白罪状都是相对空白罪状，比如，非法捕捞水产品罪、非法狩猎罪等。● 在空白罪状中，虽然刑法未对构成要件作具体描述，但可以参照相应的法律、法规认定这些行为，在这种情况下，空白罪状中的空白是通过相应的法律、法规来填补的。例如，刑法未对交通肇事罪的构成要件作具体描述，而只是指明要参照交通运输管理法规确认交通肇事行为，通过交通运输管理法规来明确交通肇事罪的构成要件。我国刑法学界通说认为：空白罪状并不违反明确性原则，特别是相对空白罪状较绝对空白罪状更加明确。但这只是从应然层面来讲，从实然层面来看，空白罪状的明确性问题应从两个方面考虑：一是参照的法律、法规的明确性问题，二是空白罪状的法律条文的明确性问题。● 空白罪状的构成要件完全或部分由被参照的法律、法规来明确，实质是立法者授权被参照的法律、法规明确空白罪状的构成要件。空白罪状不明确的原因主要集中在以下三个方面：一是参照依据指示不

● 参见刘树德：《空白罪状——界定·追问·解读》，人民法院出版社 2002 年版，第 65—68 页。

● 参见刘树德：《空白罪状——界定·追问·解读》，人民法院出版社 2002 年版，第 146 页。

明确，部分空白罪状未指明参照的是某一个具体的法律、法规，还是指某一方面的全部规定；二是参照依据本身不明确，空白罪状中立法者对构成要件并未规定或者只作部分规定，参照依据对空白罪状缺失的构成要件并未规定或并未明确规定，参照依据中使用一些具有模糊性、歧义性的语词或兜底性规定；三是与参照依据不协调、不衔接，参照依据的规定与刑法规定不对应，参照依据明确规定了刑法责任，刑法中没有空白罪状与之对应。上述三种原因必然影响空白罪状的明确性，使其处于不明确的状态。

　　第四，简单罪状。简单罪状是指在与罪名内容基本一致的范围内，对构成要件进行概括、简单的类型化表述。简单罪状对构成要件的描述最为简略，内容基本上可以被具体罪名加以概括和体现，用于常见多发的自然犯，只对其进行简单归纳，最典型的简单罪状就是故意杀人罪。简单罪状描述的对象是犯罪的构成要件，只是描述的方式较其他罪状而言更加简单，其原因往往是公众对这些犯罪的构成要件已形成共识，无需详细描述。简单罪状涵盖了社会发展过程中此类犯罪的不同行为类型，有利于保障刑法的稳定性和适应性，使刑法分则条文比较简洁。法律用语永远应该简练、扼要而明确，要极其简要和明确地叙述构成要件，当然这也会造成理解和解释构成要件出现一些困难。● 由于简单罪状过于简练，描述的犯罪较为常见多发，其所描述的构成要件的内涵和外延往往难以明确界定，会出现简而不明的问题，有损于刑法明确性原则。简单罪状所描述的构成要件因其简练的规定导

● 参见［苏联］A. H. 特拉伊宁：《犯罪构成的一般学说》，薛秉忠等译，中国人民大学出版社 1958 年版，第 87 页。

致其涵盖的具体犯罪行为过多，既包括典型的行为类型，又包括非典型的行为类型，导致其对非典型的行为往往不能得出明确的判断，存在许多争议和模糊地带，违背了刑法明确性的要求。简单罪状的不明确问题往往会集中体现在盗窃罪等常见多发的自然犯中，[1] 比如盗窃罪中的"盗窃公私财物"和抢夺罪中的"抢夺公私财物"两者的区别存在争议，引发行为人公开、非暴力取走他人财物是否属于盗窃的争议。简单罪状最大的优点是简练，但必须以明确为前提。[2] 因此，简单罪状不可不用，但不宜多用。目前简单罪状存在的问题主要有：不可多用的情况下，使用数量过多了；不可不用的情况下，用得不合理、不适当。[3] 突出表现在由于简单罪状过于简练，其涵盖的具体犯罪行为种类过于繁多、内容过于丰富，导致简单罪状易出现不明确的情况。简单罪状尽量少用且合理使用，才能使其更明确。

四、构成要件过于精细

构成要件应以法律一般性为基准进行描述。法律的对象是普遍的，只考虑共同体及抽象行为，绝不考虑个别人和个别行为。[4] 只有通过一般化的行为标准，才能在没有随时发出进一步指示的情况下，使一般人在某些情况发生时能够知道应当做什么。[5]

---

[1] 参见陈明、赵宁：《简单罪状的司法认定和解释规则研究——以盗窃罪的司法认定为例》，《政治与法律》2013年第4期，第54页。

[2] 参见陈兴良主编：《刑法各论的一般理论》（第二版），中国人民大学出版社2007年版，第137页。

[3] 参见刘树德：《罪状建构论》，中国方正出版社2002年版，第246页。

[4] 参见［法］卢梭：《社会契约论》，何兆武译，商务印书馆1982年版，第50页。

[5] 参见［英］哈特：《法律的概念》，许家馨、李冠宜译，法律出版社2006年版，第119页。

"简短是法律之友，极度的精密在法律上受到非难。"❶ 立法本应该具有一般性，将犯罪本质抽象为构成要件予以规定。构成要件是对该犯罪类型中不特定的案件事实抽象提炼而形成的，不是对具体案件事实的反映，它必须承载相应的犯罪本质和立法意图，使得构成要件本身不同于具体的案件事实。犯罪行为具有不典型性、差异性和多样性，❷ 如果把该罪中最典型的常发犯罪行为作为该罪的基本形态，提炼出这些行为的特征简单复刻成构成要件并精细地规定到罪状之中，其实是对该罪名的片面认识，同时体现了立法者欠缺抽象能力。这种典型复刻的经验式立法模式必然会导致涵盖力不够、前瞻性不足、应变性不强，采用这种立法模式将典型的犯罪行为精细地复刻在构成要件之中，构成要件累赘的法律后果是紧缩刑事法网的覆盖范围，❸ 这就会造成不当限缩罪状适用的范围，导致原本应适用该罪名的行为无法入罪，将本应受到刑罚处罚的行为排除在刑法之外，出现了法律漏洞。比如，"为他人谋取利益"是受贿罪中的典型行为，体现受贿行为权钱交易的实质特征，被设定在构成要件之中，成为该罪的主观违法要素之一，但是"为他人谋取利益"限缩了受贿罪应涵盖的范围，不能涵盖受贿罪的不典型行为——收钱不办事和感情投资。如果非法收受他人财物，只是承诺为他人谋取利益，甚至承诺是以漠视的形式，而实际上并未实施为他人谋取利益的行为，这种收钱不办事无法被涵盖于其中。司法机关只能通过规范性文件《全国法院审理经济犯罪案件工作座谈纪要》扩展受贿罪的

---

❶ 张明楷：《刑法格言的展开》（第一版），法律出版社 1999 年版，第 39 页。
❷ 参见白建军：《论刑法的不典型》，《法学研究》2002 年第 6 期，第 115 页。
❸ 参见梁根林：《刑事政策：立场与范畴》，法律出版社 2005 年版，第 253 页。

适用范围，将"为他人谋取利益"成立标准提前至收钱时承诺为他人谋利，承诺既包括明示承诺也包括默示承诺。但是"为他人谋取利益"还是不能涵盖感情投资，如果行贿行为只是为了感情投资，并没有提出具体的请托事项，受贿人没有实际上实施"为他人谋取利益"的行为，也没有作出任何许诺，则在这样的情况下无法将其认定为受贿罪。实质上感情投资型受贿也符合受贿罪类型的本质特征：侵犯了国家工作人员职务行为的廉洁性及公私财物所有权，只是不符合典型行为复刻出来的过于精细的构成要件，"为他人谋取利益"是过于精细的构成要件，增加了不必要的主观要件，才使得受贿罪难以涵盖感情投资型受贿行为，成为由于罪状描述过于精细而人为制造的法律漏洞。基于反腐的现实需要，司法机关对"为他人谋取利益"作扩大解释从实质上消解该要件的策略实属无奈，[❶] 但存在着突破罪刑法定原则的危险，还是应该从立法上修正该构成要件才能从根本解决这一问题。刑事立法将生活事实提炼为构成要件，应具有一定的抽象性和概括性，不能直接将典型行为复刻到构成要件中。

过于精细的构成要件一般都会采用列举法详细具体列举出犯罪行为的方式，表面上看起来规定得非常明确、具体，但实质上构成要件放弃了提炼犯罪类型的本质特征，导致其内容封闭且僵化，缺乏灵活性和适应性，只给刑法解释留下极为有限的空间，难以适应不断变化的社会实践。过于精细的构成要件会使刑法变得冗长琐碎，损害刑法体系的协调。比如，刑法对破坏生产经营

---

❶ 参见李琳：《论"感情投资"型受贿罪的司法认定——兼论受贿罪"为他人谋取利益"要件之取消》，《法学论坛》2015 年第 5 期，第 106 页。

罪的行为规定得十分精细，是非常明确的，但是导致其与实际生活脱节，适应性不足。破坏生产经营罪是以保护生产经营活动正常秩序作为立法目的，罪状描述了典型的破坏生产经营行为"毁坏机器"和"残害耕畜"，将破坏生产经营罪的犯罪本质描述为通过破坏生产资料妨害他人的生产经营活动，其实破坏生产经营罪的犯罪本质是妨害他人生产经营，采用什么手段，破坏的是生产资料还是其他，这些只是对具体行为对象的描述，并不是在反映破坏生产经营罪财产犯罪的本质特征。在当今电商繁荣的时代，出现多种不正当竞争行为扰乱电商平台正常运营，破坏网店之间的良性竞争秩序，具有严重的社会危害性，比如"恶意好评"❶、"恶意注册"❷、"反向刷单"❸ 等，但是并没有合适的犯罪类型可以涵盖这些行为。学界与司法机关倾向对破坏生产经营罪中的"其他方法"作扩大解释，并以目的解释来论证这种解释的合理性和可行性，以便将其纳入刑法规制范围，但是"恶意注册""恶意好评""反向刷单"难以和"毁坏机器""残害耕畜"作同类解释。究其根本原因，破坏生产经营罪的构成要件过于精细，以例式法列举的典型行为使得构成要件和犯罪本质分离，导致该罪的涵盖范围和解释空间缩小了，缺乏对"恶意注册""恶意好评""反向刷单"等破坏生产经营行为进行刑事处罚的依据。我们应借鉴日本对妨害业务罪的规定，其构成要件描

---

❶ 参见蔡荣：《"恶意好评"致网店降权案的行为性质研究》，西南政法大学 2016年硕士学位论文，第 1 页。
❷ 参见高艳东：《破坏生产经营罪包括妨害业务行为》，《预防青少年犯罪研究》2016 年第 2 期，第 14 页。
❸ 参见刘仁文：《网络时代破坏生产经营的刑法理解》，《法学杂志》2019 年第 5期，第 53 页。

述为：使用诡计或威力妨害业务。❶ 这种构成要件把握了该犯罪类型的本质特征，并未对破坏对象及手段作过于精细的描述，其涵摄范围大为扩充。

当刑法实施出现新问题和新情况时，为了使刑法社会保护机能得以充分发挥，立法必然会关注人民群众反应强烈且具有严重社会危害的行为，并对其作出积极回应。这导致立法修正只局限于对已出现的犯罪类型进行经验描述，成为"见招拆招"式的对现实的被动反应，缺乏前瞻性的预测和对犯罪本质的抽象提炼。刑法成为应对现实问题而制定的特定规则的集合，缺乏逻辑上的自洽性和连续性。❷ 这种应急型立法模式往往也会导致构成要件过于精细。以危险驾驶罪的设立与后续修补为例，由于醉驾和飙车等危险驾驶行为致人重伤、死亡的案件频发激起民愤，为了严惩危险驾驶行为，2011 年《中华人民共和国刑法修正案（八）》设置了危险驾驶罪，对危险驾驶罪的构成要件设置得过于精细，只描述了典型常发的两种犯罪行为醉酒驾驶和追逐竞驶的具体形态，缺乏对危险驾驶罪类型特征的抽象提炼，当新型危险驾驶行为出现时，难以囊括进该罪之中。之后校车问题日益频发，超载超速现象突出，导致 2015 年《中华人民共和国刑法修正案（九）》又作出修正，加入了"从事旅客运输和校车业务"与"运载危险化学物品"等方面的危险驾驶行为，过于精细的构成要件使得以后可能出现的新型的危险驾驶行为难以涵盖进

---

❶ 参见［日］西田典之：《日本刑法各论》（第 6 版），王昭武、刘明祥译，法律出版社 2013 年版，第 124 页。

❷ 参见［美］E.博登海默：《法理学：法律哲学与法律方法》，邓正来译，中国政法大学出版社 2004 年版，第 239 页。

来。好景不长，低头族的盲驾和毒驾不时出现，公安部强烈呼吁将毒驾列入危险驾驶行为，以目前的规定难以将盲驾和毒驾解释进危险驾驶行为，随着时间的推移，修改增补是迟早的事情，如果继续通过修正案的形式增加危险驾驶行为，使得危险驾驶行为一直处于不确定的变动之中，就会对未来出现的新型危险驾驶行为疲于应付。如果危险驾驶罪的构成要件不是规定得如此精细，该罪势必不会在设立以后频繁进行修正，影响刑法的稳定性及安定性。

立法者往往为了避免适用上的困难，在构成要件中额外地精细规定，精细化立法虽然在形式上有利于法官具体把握刑法的适用范围，但是过于精细的构成要件还会导致需要表述的内容增加，需要解释的地方增多，不仅难以克服适用上的困难，还会增加适用的难度。刑法规范对构成要件的设定过于精细，对罪状的描述过于具体，主要因为立法者视野狭窄，前瞻性不足，过分关注典型行为的具体形态，忽略对类型特征的提炼与描述，导致精细的构成要件难以将不典型行为、类似行为涵盖进来。在这种思路下制定的刑法规范过于僵化，解释空间和适应性不足需要频繁地修正，导致其体系臃肿，稳定性和安定性不足，影响其指引功能的发挥和刑法典的权威性。不具有稳定性的法律制度只是为了应对一时变故而制定的临时措施。[1] 精细化构成要件是为了实现刑法的明确性，但是却背离了明确性原则人权保护的价值初衷。

---

[1]　参见［美］E.博登海默：《法理学：法律哲学与法律方法》，邓正来译，中国政法大学出版社 2004 年版，第 239 页。

第二节　类型化立法的合理应用

　　类型和概念最大的不同在于，概念可以被定义，类型只能被描述，概念与直观相对立，类型则接近现实性。概念边界是"非此即彼"可以被清晰界定，具有封闭性，比较僵化。我们不能将立法意图寄托于封闭的概念之中，封闭的概念是对刑法适应性最大的否定。类型是"或多或少"可以适应复杂多样的现实，具有开放性和向未来延伸的可能性，边界并不明确，但具有明确的内核。类型可以用于区分可比较的事物，类型存在于立法者和法律形成之前。"类型是与具体事物相适应又超越具体事物的观念的形象"❶，是摒弃掉概念封闭与僵硬的缺陷而形成的新思维方式。类型是规范与事实的连接点、抽象的理念与具体的现象的中间点，是现象的规范及理念的样式，较现象更具有稳定性和可区分性，较理念更直观且具体。❷ 类型不同于抽象的概念，不是非此即彼、界限分明的，而是核心区域清晰，边界明确且可以弹性伸缩；也不同于具体事实，它不是千差万别，形态各异且独一无二，而是可以反复多次作为界定标准来判断事物是否属于该类型。类型是介于抽象概念与具体个案的中间形态。类型是对抽象概念的演绎和细化，通过对各个犯罪类型的描述和把握，通过对各种构成要件的设定和阐释，框定具体的犯罪类型的边界，使犯

---

❶　参见张明楷：《刑事立法的发展方向》，《中国法学》2006 年第 4 期，第 28 页。

❷　参见［德］阿图尔·考夫曼：《法律哲学》（第二版），刘幸义等译，法律出版社2011 年版，第 148 页。

罪的抽象本质具体化、细致化和可感知化。类型同时是对具体个案的归纳和概括，通过对具体个案的观察，抽象提炼出共同的犯罪本质特征，形成犯罪类型的基本轮廓。类型是一个以事物本质特征为核心、边界明确、富有弹性、可以不断调整的动态体系，事物本质特征可以展现出归入其中的事物的标准形态。

　　刑法要成为指导公众行为的"客观可计性"标准，必须明确规定行为惩戒的各项明细，以实现刑法明确性原则。基于类型的种种优势可以得知，唯有类型化立法可以实现这一效果。类型化立法的任务就是将大量彼此不同且极度复杂的生活事实以明确的方式予以归类，将各种行为样态或关系按照事物本质和立法意图归入不同的犯罪类型，用明确易区分的要素加以描述，并确立各自的构成要件与赋予相适应的法律效果。[1]

　　采用类型化立法制定出的刑法规范比立法者"更聪明"，立法者前瞻性不足未预见到的事实，法官可以从刑法规范中解读出来。刑法规范不能是详细具体可以直接适用的行为规则，这样会过于僵化适应性不足，随着社会的发展需要频繁地修正，类型化立法可以改造刑法规范使其变成最基本的犯罪框架与规范前提，不仅提升适应性，而且具有稳定性与安定性。刑事立法的重要任务是描述各种犯罪类型。[2] 刑法规范以其有限的语言和文字来命名无限杂多的事物，因此只能通过类型和修辞等有意模糊的手段进行涵盖。只对比较重要的个别犯罪进行命名，其他的绝大多数

---

[1]　参见［德］卡尔·拉伦茨：《法学方法论》，陈爱娥译，商务印书馆2003年版，第332页。

[2]　参见［德］亚图·考夫曼：《类推与"事物本质"》，吴从周译，台湾学林文化事业有限公司1999年版，第111页。

犯罪只能作类型化处理，然后用一般分类词语对类型进行命名。[1] 类型化是刑事立法不可回避和逾越的方法和思维。刑法规范对社会生活中的犯罪进行类型化命名和处理，并形成具有涵盖性的抽象条文。[2] 类型化立法是立法意图和具体事实的中间点，既能兼顾客观的具体事实，又具有一定的抽象概括能力能反映立法意图的立法模式，其使得客观的具体事实和抽象的立法意图可以集中统一地在构成要件中体现出来。对刑法规范进行类型化改造，既能改良过于抽象的规范内容所造成的明确性不足，又能修正过于精细的规范内容造成的适应性不足。通过类型化的思维方法，立法者从大量具体案件事实中提炼出区别于其他犯罪类型的本质特征，结合相应的立法意图设定构成要件，这样的构成要件不仅能符合刑法明确性要求，又能满足刑法适应性和安定性的需求。类型化立法是介于抽象概念、原则与具体个案、事实之间的"中等抽象程度"，这个抽象程度无法达到绝对明确，但已符合相对明确，犯罪类型的边界具有一定的开放性和含混性，给刑法解释留有空间和腾挪余地，并通过下一步的刑法解释形成一个明确且富有弹性的边界。类型化立法并不是要完全放弃明确性去追求适应性与开放性，实现明确性、限制刑罚权的恣意、谨防司法擅断同样是其价值追求。自《大清新刑律》以来，我国刑法就开始采用类型化的立法模式，并通过构成要件使类型在刑法中固

---

[1] 参见陈坤：《"开放结构"与法律的客观性》，《法制与社会发展》2016 年第 1 期，第 150 页。

[2] 参见姜涛：《当代刑事立法应当遵循明确性原则》，《国家检察官学院学报》2018 年第 2 期，第 73—74 页。

定下来。❶ 1997 年《刑法》比 1979 年《刑法》在类型化立法上取得了巨大的进步，但是在类型化程度和构成要件设定上还存在诸多不足，没能合理把握类型化程度和设定构成要件内容，致使刑事立法出现犯罪类型设置过于粗疏或细密，构成要件过于抽象或精细等问题，应从合理把握类型化程度和合理设定构成要件内容两方面着手提升类型化立法的水平。通过对类型化立法模式的合理应用可以消解刑法明确性与适应性的冲突，使刑法规范在保持适应性的前提下达到最大的明确程度。

一、合理把握类型化程度

犯罪类型不是立法者凭空捏造的，而是基于知识和社会经验形成的"理想类型"。立法者从大量案件事实群提取出能够决定犯罪本质的共性特征，基于刑事政策的考量，兼顾形式正义和实质正义，修正已形成的理想类型，使规范性因素和经验性因素共同影响形成类型化程度合理的犯罪类型。❷ 犯罪类型是立法者基于理想类型的基础而发明的刑法的构造类型。刑事立法类型化是指刑法分则条文对各种犯罪作类型化的描述，这种类型化的描述应当把握好程度，刑法的明确性和适应性要求立法者既不能采用类型化程度过高的粗疏立法模式，也不能采用类型化程度过低的细密立法模式。合理把握类型化程度可以避免出现犯罪类型过于粗疏和细密的问题。合理把握类型程度要求设置犯罪类型依据两

---

❶ 参见赵春玉：《刑事立法的类型化逻辑与路径》，《甘肃政法学院学报》2014 年第 5 期，第 84 页。

❷ 参见赵春玉：《罪刑法定的路径选择与方法保障——以刑法中的类型思维为中心》，《现代法学》2014 年第 3 期，第 125 页。

个标准：第一，需要能提炼出相对具体的类型特征，粗疏的犯罪类型只能提炼出抽象的类型特征，而细密的犯罪类型提炼出的类型特征过于具体；第二，要求具有共同的规范保护目的，粗疏的犯罪类型下的行为规范保护目的不统一，而细密的犯罪类型会出现两个或更多的犯罪类型具有共同的规范保护目的。依据这两个标准可以将类型化程度控制在合理的范围之内。犯罪类型设置合理就不会存在违反明确性原则的困扰。

（一）犯罪类型合理设置的标准

1. 相对具体的类型特征

设置合理的犯罪类型提炼出的类型特征既不能过于具体，也不能过于抽象，而应该是相对具体的。提炼出的类型特征过于具体，证明犯罪类型设置得过于细密，而提炼出的类型特征过于抽象，证明犯罪类型设置得过于粗疏，只有提炼出的类型特征是相对具体的，才表明犯罪类型设置得合理。

立法者通过对归入同一犯罪类型下的各种具体事物进行归纳总结、抽象提炼，得出可以反映该类事物的本质特征，并将其通过概括性的、一般性的刑法语言描述出来，形成类型化立法。"事物的形象总是建立在重要特征的集合之上的"❶，刑法规范由语言描述和表达，需要立法者具有一定的抽象能力。刑法规范只描述事物的外在特征，将具有相同的类型特征但外在特征存在差异的事物进行拆分，使其不能涵盖于同一犯罪类型之中，这就形成了细密的犯罪类型。犯罪类型设置必须对本质特征进行抽象提

---

❶ 参见杜宇：《刑法规范的形成机理——以"类型"建构为视角》，《法商研究》2010年第1期，第141页。

炼，不能仅停留在对外在特征的描述上，最终实现犯罪类型的合理设置。如果只是根据具体事物容易被观察到的外在特征而不是事物的本质特征来设置犯罪类型，那么原本可以归入同一犯罪类型的事物会被割裂开来，分解为若干不同的犯罪类型，这样犯罪类型设置就过于细密。细密的犯罪类型必然建立在本质特征不完整性的逻辑前提下，需要将外在特征归纳在一起，并抽象提炼出本质特征，将具有共同本质特征的犯罪类型整合在一起。相较于直接描述外在特征的细密的犯罪类型，描述本质特征的犯罪类型明显更具有伸缩性和包容性，可以严密刑事法网。

粗疏的犯罪类型描述的类型特征则非常抽象，缺乏必要形式限定，使其具有开放性，涵盖范围宽广，这种抽象的类型特征给刑法解释和适用留有巨大的空间，造成刑法的不明确。比如，以危险方法危害公共安全罪的规定中，并未明确描述该犯罪类型的具体特征，只规定了"其他危险方法"这一高度抽象的特征，并未对行为的形式特征进行正面描述，自然无法提炼出相对具体的类型特征，对该罪的认定主要还是依靠"危害公共安全"这一本质特征，这导致该罪缺乏具体的形式特征，只能对其进行实质判断而缺乏形式上限定，缺乏相对具体的类型特征使得很多危害公共安全行为可以扩张解释进该罪，形成了一个危害公共安全兜底性的口袋罪。[1] 反之，如果犯罪类型具有相对具体的类型特征，就可以通过类型特征界定犯罪，该罪的规定就具有明确性了。比如，盗窃罪具有相对具体的特征就是：违反占有人的意

❶ 参见陈兴良：《口袋罪的法教义学分析：以危险方法危害公共安全罪为例》，《政治与法律》2013 年第 3 期，第 8 页。

思，将他人所占有的财物转移至自己占有的行为。**❶** 又如，故意
杀人罪具有相对具体的类型特征是非法剥夺他人生命，只要行为
会引起他人死亡的结果，就会被认定为故意杀人行为，其相对具
体的类型特征提供了界定根据，因此盗窃罪和故意杀人罪的犯罪
类型设置合理，相对具体的类型特征限定了犯罪行为的范围，使
得犯罪边界明确清晰，一般不会和其他犯罪混淆。抽象的类型特
征使犯罪行为具有开放性，犯罪边界变得模糊，自然就不明确
了。因此，要想设置出类型化程度合适的犯罪类型，必须确保能
够抽象提炼出相对具体的类型特征，既不能是过于具体的外在特
征，又不能是过于抽象的包罗万象的类型特征。

2. 共同的规范保护目的

同一犯罪类型下的生活事实千差万别，立法者将特定的生活
事实归入同一犯罪类型纳入刑法规制，而立法者之所以谴责此类
生活事实，因其必定侵害了某一特定的法益，而将其归入同一犯
罪类型，因其必定具有共同的规范保护目的。依据共同的规范保
护目的构建犯罪类型，也符合刑法明确性原则的基本要求，规范
保护目的可以限制刑法解释的肆意扩张。粗疏的犯罪类型和细密
的犯罪类型有违明确性原则，粗疏犯罪类型主要是因为归属于该
犯罪类型之中的行为并不具有共同的规范保护目的，细密犯罪类
型主要是因为两个或两个以上的犯罪类型具有共同的规范保护目
的。刑法集隐性的规范保护目的与显性的规范语言描述于一体，
刑法是规范保护目的与规范语言表达有机的统一，规范保护目的

---

❶ 参见［日］西田典之：《日本刑法各论》（第三版），刘明祥、王昭武译，中国人
民大学出版社 2007 年版，第 116 页。

属于隐性规定划定文义的射程，规范语言表达属于显性规定决定文本的含义，规范保护目的是规范语言表达的内核，规范语言表达是规范保护目的的外观。❶ 粗疏的犯罪类型主要是规范保护目的不明确，因为涵盖了过多的行为，这些行为的规范保护目的不统一，这样一来规范保护目的就不能明确地用规范语言表达出来，从而造成了不明确。比如，寻衅滋事罪有四种行为类型："随意殴打他人""追逐、拦截、辱骂他人""强拿硬要或者任意损毁、占用公私财物""在公共场所起哄闹事"❷。这四种行为类型的规范保护目的各有不同："随意殴打他人"的规范保护目的是个人的身体安全，"追逐、拦截、辱骂他人"的规范保护目的是个人的行动自由与名誉，"强拿硬要或者任意损毁、占用公私财物"的规范保护目的是公私财产的所有权，"在公共场所起哄闹事"的规范保护目的是在公共场所从事自由活动的安全与顺利。❸ 四种行为类型的规范保护目的完全不同，但却同时纳入寻衅滋事罪这一犯罪类型中进行规制。因此，对寻衅滋事罪规范保护目的的论证明显缺失，对该罪的刑法解释只是总结了其应包含的具有典型意义的行为类型，主要源自于长期的司法经验，而不是从该罪规范保护目的的角度对行为方式进行独立的分析。因为四种行为类型规范保护目的的不统一，导致了该罪规范保护目的导向性的缺乏，不能从规范保护目的中寻求本罪存在的社会意义和司

❶ 参见姜涛：《规范保护目的：学理诠释与解释实践》，《法学评论》2015 年第 5 期，第 107—108 页。
❷ 参见张明楷：《寻衅滋事罪探究》（上篇），《政治与法律》2008 年第 1 期，第 87 页。
❸ 参见张明楷：《寻衅滋事罪探究》（上篇），《政治与法律》2008 年第 1 期，第 87 页。

法逻辑起点，也无法为划分该罪的犯罪边界提供分析的基础。该罪的规范保护目的因为不统一而存在意思缺失或偏离，会导致对行为违法性形式评价的不足，以及对社会危害性实质评价的忽视，无法运用统一的规范保护目的对犯罪行为进行有效涵摄，使该罪具有开放性，并形成一个不明确的口袋罪。❶ 因为寻衅滋事罪的规范保护目的无法统一，犯罪类型设置显然是过于粗疏的，而过于粗疏的犯罪类型导致其不明确。

规范保护目的的同一性是立法者必然的价值追求，如果同一犯罪类型下的行为侵犯的是不同法益，该犯罪类型的内在协调性将失去规范保护目的的指引，构成要件和刑法解释将失去界限和标准。应遵循规范保护目的将粗疏的犯罪类型分解开来，确保每一犯罪类型都有同一的规范保护目的。同一的规范保护目的下具体细分多个犯罪类型的情况同样会造成不明确，因为同一的规范保护目的造成犯罪类型构成要件的高度相似，区分此罪还是彼罪会造成一定的不明确，而且还有可能因为犯罪类型之间的不衔接，遗漏原本应纳入刑法规制的行为。分析和归纳细密犯罪类型的规范保护目的，发现规范保护目的一致的犯罪类型是可以合并在一起的。

（二）粗疏及细密犯罪类型的调整方法

1. 粗疏犯罪类型的调整方法——分解犯罪类型

通过相对具体的类型特征和共同的规范保护目的两个标准，基本可以判断犯罪类型设置的合理程度。如果发现犯罪类型设置

---

❶ 参见童德华：《寻衅滋事罪的建构理性与司法经验》，《暨南学报》（哲学社会科学版）2021 年第 7 期，第 65 页。

得过于粗疏就要考虑将其进行分解，直至达到合理的状态。比如，历史上的流氓罪是典型的粗疏犯罪类型，是个包容性极大的口袋罪，对这种犯罪类型的调整方案就是分解犯罪类型，将流氓罪所归属的行为的规律性进行总结，从中分解出具有典型代表意义的行为，将其独立规范化，设置成新的罪名。❶ 1997 年《刑法》将流氓罪分解为聚众斗殴罪（第 292 条），寻衅滋事罪（第 293 条），聚众淫乱罪和引诱未成年人参加聚众淫乱罪（第 301 条），盗窃、侮辱尸体罪（第 302 条），强制猥亵、侮辱妇女罪以及猥亵儿童罪（第 237 条），等等，使流氓罪的明确程度得到极大的提高。虽然流氓罪这种粗疏犯罪类型的弊端又转移给寻衅滋事罪，由一个大口袋罪转变成了一个小口袋罪，但是寻衅滋事罪较流氓罪在明确性上有很大的进步。至于寻衅滋事罪依旧存在过于粗疏的问题，还可以通过对其犯罪类型的进一步分解提升明确性。

又如，以危险方法危害公共安全罪设置得过于粗疏，已得到了立法者的关注和回应，在《中华人民共和国刑法修正案（十一）》中将妨害公共交通工具安全驾驶行为从中分解出来独立成新的犯罪类型，虽然这并未完全解决以危险方法危害公共安全罪的犯罪类型过于粗疏的问题，但是正在朝着正确的方向努力。在妨害公共交通工具安全驾驶行为未分解出来独立成罪以前，司法实践按照以危险方法危害公共安全罪处罚该行为，有"重刑化"的倾向，主要原因在于缺乏与之相对应的轻罪立法，以及并未对

---

❶ 参见曲新久主编：《共和国六十年法学论争实录·刑法卷》，厦门大学出版社 2010 年版，第 348 页。

该行为"危害公共安全"进行严格的实质判断。这种刻意的忽略是因为此类行为亟待刑法规制,但缺乏与之对应的轻罪立法。将妨害公共交通工具安全驾驶行为独立成罪的意义在于原本由以危险方法危害公共安全罪"重刑化"处理和"形式化"认定的妨害公共交通工具安全驾驶行为,通过分解出来独立成罪实现准确认定和妥当处罚。❶ 妨害公共交通工具安全驾驶行为属于新出现的犯罪现象,这一行为亟待刑法介入。刑法有没有具体对应的立法,处理的方式只能是不对"危害公共安全"进行实质判断,通过扩张解释将其纳入以危险方法危害公共安全罪的规制范围,这种情况的增多,会导致该罪所要规制范围越来越大,形成口袋罪,造成刑法的不明确。而问题的本质就是原本的犯罪类型因为各种新的犯罪行为的加入变得越来越粗疏,粗疏的犯罪类型会造成明确性难以实现。妨害公共交通工具安全驾驶行为对公共安全的影响程度及危险程度差别很大,如果只是造成抽象的危险,而以危险方法危害公共安全罪这种具体危险犯直接定罪是不合理的。因此,当社会上出现引起公众普遍关注的恶性轰动事件,应将其设置为新的犯罪类型来预防此类事件。❷ 针对这种情况处理的方法不是将新出现的犯罪行为强行解释进口袋罪之中,而应将其分解出来独立成罪,这能够有效化解过于粗疏的犯罪类型所带来的刑法明确性危机,使犯罪类型的类型化程度处于合理状态,避免出现过于粗疏的情况。这两种行为分解出来独立成罪同时也

---

❶ 参见詹奇玮、赵秉志:《妨害安全驾驶罪的规范考察与适用探析》,《贵州社会科学》2021年第10期,第96页。

❷ William J. Stuntz, "The Pathological Politics of Criminal Law", *Michigan Law Review*, Vol. 100, p. 505, 507 (2001).

推动了以危险方法危害公共安全罪明确性的提升。

　　2. 细密犯罪类型的调整方法——合并犯罪类型

　　如果发现犯罪类型设置得过于细密，可以将具有共同的规范保护目的的两个或更多的犯罪类型合并成一个犯罪类型。比如，《刑法》分则第二章中规定的重大飞行事故罪，铁路运营安全事故罪，重大责任事故罪，重大劳动安全事故罪，大型群众性活动重大安全事故罪，危险物品肇事罪，教育设施重大安全事故罪，消防责任事故罪，不报、缓报安全事故罪，抽象这些罪名的犯罪本质会发现存在共性：行为人都是具有某种职业或业务要求的特殊主体，负有管理或监督职责，但由于管理过失或监督过失，违反职务上或业务上的注意义务，导致他人伤亡，实施侵害他人的生命和身体健康的行为，造成严重后果或重大伤亡事故，而且这些罪名刑罚档次和刑罚幅度都相同。可以将上述罪名合并为一个业务上过失致死伤罪，就可以涵盖上述所有犯罪行为，规避由于犯罪类型设置过于细密导致的此罪与彼罪认定困难。❶ 这种犯罪类型的设置我们可以借鉴日本刑法，日本刑法将业务上负有注意义务的行为主体由于过失未尽到注意义务而致人伤亡的行为，统一类型化为业务上过失致人死伤罪，并没有根据具体的业务类型而区分成不同的犯罪类型。

　　又如，强迫交易罪，强迫职工劳动罪，非法剥夺公民宗教信仰自由罪与侵犯少数民族风俗习惯罪，暴力干涉婚姻自由罪，破坏集会、游行、示威罪，强迫卖血罪，强迫他人吸毒罪，等等，都相当于旧中国刑法与外国刑法中规定的强制罪，即使用暴力或

---

❶　参见张明楷：《刑事立法的发展方向》，《中国法学》2006 年第 4 期，第 31 页。

者胁迫方法，迫使他人实施没有义务实施的行为，或者阻碍他人行使权利的行为。❶ 商检徇私舞弊罪及动植物检疫徇私舞弊罪的重要特征是国家机关工作人员制作虚假公文、证件，可以合并设置为国家机关工作人员制作虚假公文、证件罪，同时还可以将其他制作虚假公文书的行为纳入刑法规制。❷

例如，《中华人民共和国刑法修正案（六）》增设的背信损害上市公司利益罪和背信运用受托财产罪，立法者权衡增设这两个罪名完全属于应急型立法，处于被动应付的状态，没有仔细考量其适应性，导致犯罪类型设置过于细密，类型化程度不足。旧中国刑法和德日刑法中都有规定背信罪，即为他人或单位处理事务的人，意图为自己或者第三人谋利，或以加害他人或单位为目的，违背其任务，造成他人或单位的财产损失的行为。❸ 我国刑法完全可以借鉴这一犯罪类型的设置，同时它还能有效涵括为亲友非法牟利罪，国有公司、企业、事业单位人员滥用职权罪，徇私舞弊低价折股、出售国有资产罪，对违法票据承兑、付款、保证罪，串通投标罪。❹

再如，劫持船只、汽车罪就是一个细密的犯罪类型，其实可以将船只、汽车这样特别具体的类型特征，进一步抽象为交通工具，将劫持船只、汽车罪与劫持航空器罪合并在一起，形成一个新的犯罪类型：劫持交通工具罪，这个犯罪类型不仅能吸纳劫持航空器的行为，而且还能一并规制劫持电车、火车等其他交通工

---

❶ 参见张明楷：《刑事立法的发展方向》，《中国法学》2006 年第 4 期，第 30 页。

❷ 参见张明楷：《刑事立法的发展方向》，《中国法学》2006 年第 4 期，第 31 页。

❸ 参见张明楷：《刑事立法的发展方向》，《中国法学》2006 年第 4 期，第 29—30 页。

❹ 参见赵春玉：《刑事立法的类型化逻辑与路径》，《甘肃政法学院学报》2014 年第 5 期，第 86 页。

具的行为。这样的犯罪类型设置既不会放纵犯罪，又可以确保刑法的适应性和安定性，避免因为犯罪类型设置过于细密而导致此罪与彼罪之间的界限模糊所产生的不明确。

二、合理设定构成要件内容

类型是通过对具有普遍性、代表性的经验事实抽象概括出构成要件而建构起来的，当新出现的非典型事项需要考察其是否属于该类型，才需要通过总结犯罪类型的构成要件划定界限。类型的构成要件没有对错之分，没有统一的标准筛选哪些构成要件去界定类型才是妥当的。法益和社会危害性是方向性和程度性的指引，比较宏观并不具有客观性，可以运用于具体案例的讨论，但不适合作为构成要件的界定标准。构成要件的界定变成需要经过长期实践经验积累的一种约定，以及就新出现的非典型事项是否能纳入涵盖范围达成一种解决的共识。从这个意义上讲，犯罪类型的构成要件不可能完备和恒久，会伴随着生活类型的发展和演变被淘汰和修正。

犯罪类型无法被定义只能被描述，其涵盖范围主要通过构成要件形式体现出来，构成要件是界定犯罪类型的内涵与外延、显示犯罪轮廓的。构成要件是衔接具体案件事实与犯罪类型的中间形态，可以满足公众了解犯罪类型的需要，法律人也是通过在案件事实与构成要件之间进行比对来确定犯罪类型的。犯罪类型中值得作为犯罪给予刑罚处罚的具有法益侵害与威胁的行为，以构成要件的形式在刑法规范中固定下来。❶ 罪刑法定原则的基本要

---

❶ 参见张明楷：《刑事立法的发展方向》，《中国法学》2006年第4期，第29页。

求就是明确性，即要求刑法尤其是刑法分则条文对具体个罪的构成要件描述达到一定的明确程度，避免使用模糊的语言以限制司法恣意的空间。❶ 构成要件既不能使用高度抽象的概念，又不能作过于具体、详尽的描述，而是应该把握在高度抽象与具体详尽之间相对具体的程度，以达到既易于具体案件的适用，又可以与其他犯罪类型区分开来的效果。构成要件明确才能正常发挥刑法预先告知和指引行为的功能，并限制法官的恣意解释。刑罚越严苛，立法者对构成要件明确程度的要求就越高，明确程度过高会造成刑法的僵化，适应性不足，无法应对不断变化的社会生活。因此刑法的明确应当有其限度，构成要件应抽象概括事物本质和立法意图，既不苛求构成要件的烦琐具体，也不偏执于简单抽象，避免使用模糊的语词，这样可以确保构成要件既不会过于抽象又不会过于精细，形成相对来说既明确又模糊的开放性构成要件，❷ 使刑法的明确性和适应性达到平衡的状态。

（一）抽象概括事物本质和立法意图

构成要件必须抽象概括犯罪类型的事物本质和立法意图。不同的行为能归入同一类型是因为都具有事物本质和立法意图上的一致性。构成要件的内容设定应由事物本质与立法意图共同决定。每种犯罪类型的内核是通过对经验事实的抽象概括，是其区分于其他类型犯罪行为及合法行为的实质标准，构成要件的描述必须将其抽象概括出来。抽象概括犯罪类型的事物本质和立法意

---

❶ 参见姜涛：《法秩序一致性与合宪性解释的实体性论证》，《环球法律评论》2015年第2期，第148页。
❷ 参见刘艳红：《刑法类型化概念与法治国原则之哲理——兼论开放的构成要件之存在根据》，《比较法研究》2003年3期，第34页。

图，并通过构成要件固定的刑法规范既具有明确性，又能很好地适应未来可能发生的非典型事项。犯罪类型对生活事实呈开放态度，只要新出现的非典型事项符合犯罪类型的构成要件，就纳入特定类型之中。❶ 这样一来刑法规范也具有开放性和适应性。

1. 以反映事物本质为中心设定构成要件

一般性与概括性是类型化立法的出发点。相应的具体案例必然是已经存在了，立法者才会将对应的行为纳入刑法规制。刑事立法不能只是详细地将具体案件中的个别事物、个别现象描述到构成要件，而是需要对复杂多样的犯罪事实进行整理、归纳，分析其是否侵犯相同法益，并抽象提炼出这些事物共同的本质特征，将其设定在构成要件之中。事物本质是内在不变的，成为其辨认特征的固有属性，是该类事物会重复出现、普遍存在的特有内容，并不是个别或偶尔出现的情况。刑法对犯罪行为的规定以构成要件的形式呈现，构成要件正是通过反映某一犯罪类型的本质特征实现其定型化机能。刑法规范的一般性决定了立法者应对该犯罪类型所有行为的本质特征进行提炼，抽象出具有一般性的本质特征，并用恰当的语言和立法技术在构成要件中将行为本质特征定型化。❷ 每一种犯罪类型都有其构成要素，构成要素是从犯罪类型中提取出来的并决定着犯罪类型的特征。❸ 构成要件的意义并不是简单地对犯罪类型中的具体事实作总结和归纳，而是

❶ 参见李军：《兜底条款中同质性解释规则的适用困境与目的解释之补足》，《环球法律评论》2019 年第 4 期，第 37 页。
❷ 参见梁根林：《刑事政策：立场与范畴》，法律出版社 2005 年版，第 252 页。
❸ 参见陈兴良、周光权：《刑法学的现代展开 II》，中国人民大学出版社 2015 年版，第 195 页。

提取具体事实中具有法律意义的构成要素，并选择那些能反映事物本质的共性要素。构成要件是犯罪类型的逻辑先导及方向指示，❶是具体事实与刑法规范之间的连接点，是具体事实上升为刑法规范、形式差异性走向本质一致性的过程。

为了对具体生活事实进行法律评价，必须在以抽象方式规定的构成要件中反映出事物本质，才能使规范事实与现实联系起来。❷只有提炼出的事物本质并规范化描述出来形成的构成要件，才能涵盖各种形态各异但本质特征相同的犯罪事实，架起事实与规范互通的桥梁。当构成要件描述类型时会出现不同等级的要素，本质要素是犯罪类型中所有行为都必须具备的要素，也是归入该类型的必要条件，其他要素都属于非必要条件。不同等级的与非必要性的要素的存在决定了构成要件处于开放的状态，而开放的构成要件决定了判断是否应归入同一犯罪类型还要回溯到意义核心，回溯到事物本质，回溯到犯罪类型背后的立法意图。外部特征完全相同并不一定能归入同一类型，本质要素相同才可以归入同一犯罪类型，形式相同实质相异的事物不能归入同一犯罪类型。以反映事物本质为中心的构成要件具有类型指向性，对其准确把握才能形成类型化的具体标准。构成要件是具体事实类型化后的本质特征，每一个构成要件都描述一个犯罪类型。❸立法者对类似行为进行归纳、总结，提炼出具有共性的事物本质作为构成要件，这是刑法规范与具体事实之间建立类型化联系的过

---

❶ 参见［日］泷川幸辰：《犯罪论序说》，王泰译，法律出版社 2005 年版，第 5 页。

❷ 参见［德］亚图·考夫曼：《类推与"事物本质"——兼论类型理论》，吴从周译，台湾学林文化事业有限公司 1999 年版，第 23 页。

❸ 参见［德］恩斯特·贝林：《构成要件理论》，王安异译，中国人民公安大学出版社 2006 年版，第 5 页。

程，在这个过程中用类型思维指导刑事立法，就是类型化立法，设定反映事物本质的构成要件是类型化立法的关键环节。

概念思维要求构成要件必须将事物形式上的特征全部描述出来，通过对照是否符合这些形式上的特征来判断是否应归入该犯罪类型。而类型思维要求构成要件从事物本质出发描述构成要件，其形式边界的外延具有弹性，是可以依据立法意图、价值判断进行调整的。概念思维指导下设定的构成要件需要穷尽事物所有的充要特征，必须要涵盖所有的要素。但由于其对充要性的过度追求，导致构成要件很可能包含一些形式要素，使得涵摄的具体事实单一，一些新的犯罪现象只能被排除在构成要件之外，无法被其包含。为了在概念思维下保持适应性，高度抽象的构成要件试图囊括所有同类事物，但是构成要件越抽象涵盖范围越广泛，外延越宽内涵越少，往往会遗漏个别具有法律意义的本质特征，贬损其定型功能。类型思维不同于概念思维，既是对具体事实的进一步抽象，又是对抽象概念的进一步演绎。❶ 类型思维兼具开放性、具体性与过渡性的特征，形成更好地解决刑法难题的中间思维和混合思维。❷ 类型思维指导下设定的构成要件是对事物本质的规范表述，只把握本质要素舍弃掉形式要素使其保持开放性，使其可以应对复杂多变的生活事实，保持刑法的安定性。具有共同事物本质的生活事实应归属于同一犯罪类型，即使其存在外在形式上的差异，也不妨碍归入同一犯罪类型之中。类型化

---

❶ 参见杜宇：《再论刑法上之"类型化"思维——一种基于"方法论"的扩展性思考》，《法制与社会发展》2005 年第 6 期，第 107 页。

❷ 参见马荣春：《刑法类型化思维的概念与边界》，《政治与法律》2014 年第 1 期，第 109 页。

立法中的构成要件描述事物本质，为了将不同形态的具体生活事实归入犯罪类型，形成一个开放结构，难逃明确性原则的诘问。

2. 以实现立法意图为核心设定构成要件

立法者提炼各种犯罪类型的独特个性设定构成要件时，会融入立法意图。描述构成要件时，总是维持其与立法意图间的联系，所有被考量要纳入构成要件的特征都取向于立法意图。所有构成要件都要求公众实施一定的行为或禁止实施一定的行为，构成要件在描述犯罪类型时体现立法意图，也就是立法者对行为的价值判断和价值追求。立法者通过构成要件描述这些行为并惩罚它们，就代表了具有谴责这些行为的立法意图。[1] 立法者为了保护个人财产权，将侵害他人财物的行为，依据事物本质的不同设定为不同的犯罪类型，类似盗窃罪、敲诈勒索罪等，将保护个人财产权的立法意图通过构成要件反映出来，比如盗窃罪的构成要件之一"窃取他人占有的财物"、敲诈勒索罪构成要件之一"迫使被害人交出财物"，还规定了相应的刑罚后果，谴责侵害了他人财物权的行为。构成要件的设定需要将立法意图融入其中，伤害罪的立法意图是保护身体健康权，比如伤害罪的构成要件之一"有损害他人身体的行为"，伤害罪的构成要件的描述契合了这个立法意图，谴责侵犯他人身体健康的行为，也规定了相应的刑罚后果，从而使立法者的立法意图得以实现。

刑事立法应以实现立法意图为核心描述构成要件，构成要件符合立法意图更有利于刑法明确性的实现。有限的构成要件描述

---

[1] Claus Roxin, *Offene Tatbestände und Rechtspflichtmerkmale*, Walterde Gruyter & Co., 1970, p. 171.

和无限的事态之间，不可能是一一对应的关系。语言的模糊性无法消除，模糊性使语言具有伸缩性与融通性，虽然语言不可避免地存在模糊之处，但可以结合语言环境并借助一起组合使用的其他语言来明确其含义。可根据立法意图的需要赋予构成要件以必要程度的明确性，使其可以有效适用。构成要件的明确程度随着立法意图的不同而变化，我们通常应当选择最能实现立法意图的详略程度，构成要件过于详细或过于简洁，都可能影响立法意图的实现。为了更好地实现立法意图，构成要件的设定不仅应注重详略程度，还需要注重语言具体表述。例如侵占罪中"代为保管"的规定偏离了立法意图导致不明确。侵占罪的犯罪对象是自己占有的他人财物，而盗窃罪的犯罪对象一定是他人占有的财物，而不可能是自己占有的财物。如果侵占罪的对象也包括了盗窃罪的对象，就是说行为人占有他人占有的财物，就构成侵占罪和盗窃罪的交叉重合。如果侵占罪不能包括除盗窃罪对象以外的财物，也就是行为人自己占有的财物，那么就会出现法律漏洞。侵占罪的立法意图就是保护行为人自己占有他人财物的所有权，和盗窃罪一起形成一个全方位无死角且无交叉重合的财产保护法网。因此，"自己占有"相较于"代为保管"更能体现立法意图，更符合明确性的要求。

通过对立法意图的把握可以限制法官的权力，从"同案同判"到"类案同判"要求我们相同种类的案件相同判决，不同种类的案件不同判决，相同和不同的界限不可能通过立法直接划清，而立法意图恰恰可以提供一个视角进行划分。只要能从构成要件中清楚推断出立法意图，法官就可以根据立法意图，了解立法所欲真正制裁的行为是什么，设定这一构成要件所要实现的法律效果，也就是说，立法意图为相同与不同的界限提供了划分视角。立法意图提供视角的同时也限制了刑法解释的任意扩张，充分保障了刑法的明确性。因此，对构成要件类型的描述，需要以实现立法意图为目的。

（二）内容设定要详略得当

刑法的一般性决定了刑法规范应从复杂多样的犯罪现象抽象出一般共性，舍弃掉不代表事物本质的特殊的形式特征。刑法的一般性代表其构成要件都是针对一般人、一般行为设定的，而不是针对特定的人以及特殊行为设定的。构成要件的普适性才能保障刑法规范的可适用性，进而很好地发挥其指引功能。如果将并非反映事物本质特征的要素设定到构成要件之中，就会限缩该犯罪类型的适用范围，会导致本应纳入其中的行为无法为刑法所规制。类型化立法要求构成要件的设置必须舍弃与事物本质特征无关的形式特征，从经验性材料中有所侧重地选择出最核心的、最能代表本质特征的要素，从具体现象的多样性和复杂性中提炼出具有一定抽象程度的事物本质。

刑法的发展过程是技术因素与权力因素相互结合、相互促进的动态过程，因为具有较强的技术性，刑法不宜规定得过于详细。❶ 构成要件应当避免作细微差别的描述，比如徇私枉法罪中徇私的动机就不需要描述在构成要件中，徇私枉法罪中最核心的犯罪本质是故意不追诉有罪的人、故意追诉无罪的人，或者故意重罪轻判、故意轻罪重判，侵犯了国家司法机关的正常活动，至

---

❶ 参见钟再根、余向阳、童道才：《罪刑法定与刑事自由裁量权》，《河北法学》1998 年第 4 期，第 39 页。

于徇私动机就是细微的无关紧要的特征，不需要在构成要件中描述。强制猥亵、侮辱罪中的强制猥亵侵害的是他人的性自主权，至于猥亵的对象是妇女、儿童还是成年男性只是细微的差别，没必要描述在构成要件中，直接将构成要件类型化地描述为"以暴力、胁迫或者其他方法强制猥亵他人"即可。

如果构成要件的内容过于详细具体，就会出现法律漏洞。并且，构成要件描述得过于客观具体，会倾向于客观具体化的案件事实。而立法者抽象概括能力不足，将行为特征简单复刻到构成要件上，限缩犯罪类型所涵摄的范围，会提高入罪门槛。立法者过分担心抽象的刑法规范会给法官理解和适用带来困难，实际上刑法只有以简短的文字描述构成要件，才能发挥其指引功能和提高可适用性，因为构成要件的内容越多，需要解释的地方就越多，适用时引起的争议也就越多，公众也将更加无所适从，反而增加了司法实践中适用和取证的难度。当出现新型行为或非典型行为时，法官难以通过刑法解释将其归入同一犯罪类型之中，使得本应入罪的行为被排除在外，使刑法变得僵硬，适应性不足。这样就只能因行为模式的简单改变而频繁反复修订刑法，那么过于精细的构成要件描述所带来的危害会远大于法官类推适用带来的危害，刑法的安定性和稳定性将无法保障。相反，构成要件具有一定抽象概括能力，有利于减少罪名，并使应受刑法处罚的行为都能涵盖在刑法规范之内，减少法律漏洞。

构成要件的描述过于抽象概括，将犯罪类型的特征完全抛弃或过多舍弃，核心内涵不固定，入罪边界模糊，导致各种相关行为都可以被解释进该构成要件作为犯罪处理。立法者通过抽象的构成要件逃避自己的决定，将刑罚权交由法官来斟酌，无法从事实上提供刑法的安定性。❶ 这超出了国民可预测的范围，会导致入罪门槛偏低、刑罚权的滥用，比如最典型的空白罪状没有对该类型犯罪的行为特征进行描述，而是将全部或部分内容寄诸于其他法律、法规加以填充，这种严重不明确的构成要件在司法实践中难以被理解和适用。❷

总体来说，构成要件的描述不能过于详细、具体，也不能过于简洁、抽象，前者缺乏适用性和弹性，难以应对社会急剧的变迁，造成刑法规范供应性不足，而后者过于模糊造成司法擅断，严重冲击刑法明确性原则，应寻求两者之间的平衡，在适应性和明确性中找到一个详略得当的平衡点，在保障刑法适应性的基础上达到最大程度的明确性。刑法明确性的核心是让公众能预测自己的行动范围，需要借助构成要件来理解犯罪类型所涵盖的范围，因此要求构成要件的设定必须尽可能明确表述各要素，明确表述不等于详细表述，针对不同的犯罪类型，构成要件设定的详略程度要求并不一致。构成要件是采用简洁模式还是详细模式取决于公众对该犯罪类型认识程度及形成共识的具体情况，总结出的一般规律是，自然犯的构成要件应设定得相对简洁，法定犯的构成要件应设定得相对详细。

1. 自然犯采用简洁模式

法律最终依靠的是经验，而不是逻辑，构成要件是对具体事物的归纳与提炼，公众借助社会的一般观念去理解构成要件的含义，构成要件与一般社会观念差异太大会使公众丧失预见可能

---

❶ 参见［德］汉斯·海里希·耶塞克：《为德意志联邦共和国刑法典序》，载《德国刑法典》，徐久生、庄敬华译，中国方正出版社 2004 年版，第 9 页。
❷ 参见张建军：《论空白罪状的明确性》，《法学》2012 年第 5 期，第 139 页。

性，不利于发挥刑法的指引作用。简洁模式往往适用于众所周知的犯罪类型的构成要件，其内容相对简练、概括，很难从构成要件内容获取较多信息，一般社会观念可以作为理解该类构成要件的基础标准，对该类构成要件需要借助一般社会观念进行理解。

自然犯规制方式不只刑法一种，还有其他规则方式，比如宗教规范、伦理道德及自身的内心确认，这些不同的规制路径在行为指引方向上和刑法是重合或一致的。公众对自然犯的认识渠道不只刑法一个，可能同时有来自社会的其他多种规范都会指引公众不实施这些犯罪行为。公众对犯罪的认识程度与历史经验密切相关，自然犯是违反社会伦理的犯罪，因为社会伦理相对稳定未发生大的变化，经过漫长的历史积累了丰富的经验，已对其中绝大部分的传统行为进行了价值评价，只有个别随着科技进步和社会发展出现的新型行为需要对其价值评价并判断是否应入罪。自然犯的行为方式和行为样态众所周知，公众可以通过简单罪状对其达成共识，不需要专门描述其特征。这些自然犯只能是那些犯罪类型形成历史较长的、伦理谴责性较强的传统类型的犯罪，比如故意杀人罪、故意伤害罪、侮辱罪、盗窃罪、诈骗罪等。❶

自然犯一直存在于数千年的刑法史中，刑法只是通过书面的形式规范确认其违法性，其规制方式不只是刑法，还有其他社会规范。公众对这些传统类型的自然犯的认识渠道更广、认识程度更深，公众已经清楚认识到这些罪名中典型犯罪行为。传统的自然犯存续时间长及公众认识程度深，在公众内心已形成共识。对

---

❶ 参见陈兴良主编：《刑法各论的一般理论》，中国人民大学出版社 2007 年版，第 138 页。

于公众已十分熟悉的传统自然犯，构成要件无须对本质特征作详细描述，只需要对犯罪类型作确认式的规定，类似"故意杀人的""故意伤害他人身体的"这样简洁的构成要件即可发挥行为指引的作用，公众也能有效预测自己的行动范围并保持克制的状态，无须细密、具体的描述构成要件就已达到了刑法明确性的要求。

由于简洁模式简练性的优点，各主要国家的刑事立法不放弃简洁模式的使用，但为了达到明确性的要求，又注意控制简洁模式的使用。各国刑法典对自然犯的描述都比较简洁，显示出极佳的安定性与稳定性。比如，德国刑法采用简洁模式的都是自然犯，主要有过失杀人、轻伤害、伤害致死、过失伤害致死、堕胎、侮辱、毁损死者名誉等犯罪。❶ 而且现行《德国刑法典》与 1781 年《德国刑法典》相比，杀人罪、伤害罪、暴行罪、强奸罪、抢劫罪、诈骗罪、盗窃罪、侵入住宅罪、毁坏财物罪、伪证罪、伪造货币罪等自然犯的规定几乎没有变化或没有实质性变化。法国、意大利、瑞士等国的刑法简洁模式也主要是针对一些已在公众中形成共识的自然犯所使用，法定犯则不能使用简洁模式。❷ 二战以后，日本刑法对自然犯的构成要件也没有任何修改。原因在于自然犯采用的简洁模式具有很强的适应性，可以适应不断变化的社会生活。

自然犯采用简洁模式有利于涵盖新的犯罪现象，新出现的犯

---

❶ 参见陈兴良主编：《刑法各论的一般理论》，中国人民大学出版社 2007 年版，第 138 页。

❷ 参见陈兴良主编：《刑法各论的一般理论》，中国人民大学出版社 2007 年版，第 138 页。

罪现象并不当然需要设置新的犯罪类型，比如故意使特定的人感染新型病毒，属于传统的故意伤害罪。犯罪现象虽然是新的，但由于自然犯采用简洁模式可以涵盖诸多新的犯罪现象，无须设置新的犯罪类型。如果规定得过于详细反而容易形成法律漏洞，需要反复修改影响刑法的安定性。自然犯的构成要件应避免过于详尽的描述，明确并不等于具体，具体也不等于正义。刑法明确性并不是仅指文义应具体详尽，立法者应根据生活事实的复杂性及个案适用的妥当性，适当运用不确定法律概念或概括条款进行规定。❶ 构成要件采用合理的抽象程度描述，使其有一个明确的核心地带和具有弹性的边缘地带，这样即使出现了新的犯罪现象，经过解释就可以将其涵摄在构成要件之中了。抽象性、一般性的描述在构成要件中比比皆是，因为犯罪现象随时以不同的形状和不同的面貌呈现，如果没有伸缩性的概念，就没有刑法解释的空间，无法实现正义。法律的形成不能缺少抽象性、一般性及概括性，否则法律就不能实现类案同判，不能同等地对待同类行为，也不能实现正义了。如果在法律发现的过程中不能保证引入社会生活中不断变化的事物的独有性及特殊性，法律对任何事项都作出详细的规定，那么法律演绎出来的正义将是机械化的正义，而不是人性化的正义。❷ 自然犯的构成要件可以非常简洁地描述犯罪行为的性质，并不限定其行为方式、方法、手段等。自然犯这种简洁模式的构成要件能保证刑法的安定性和稳定性，同时也符合刑法明确性的要求。

---

❶ 参见台湾地区司法机构"大法官"解释释字第432、521号。

❷ 参见［德］考夫曼：《法律哲学》，刘幸义等译，法律出版社2004年版，第184页。

2. 法定犯采用详细模式

法定犯较少受到社会伦理道德及公众自身内心信念确信的规制，仅违反了刑法规范作为犯罪处罚才受到非难。[1] 法定犯在19世纪中叶大量出现，具有较强的时代特征，主要与经济活动和社会管理密切相关，会随着时代的变迁不断变化，比如投机倒把罪在计划经济的时代诞生，而到了市场经济的时代就被废除。法定犯诞生较晚，公众难以通过其他渠道预测自身行为，对相关行为的性质尚未形成共识。法定犯能够被政府填入任何东西，随着时代的变迁不断变化，公众尚未形成共识就已经发生变化了。

部分法定犯的构成要件存在过于抽象或过于具体的问题。法定犯其行为类型和行为方式往往具有行业性和专业性，只能使用科学语言和专业语言达成共识，公众必须借助专业知识和专业查询获取行为指引的可能性。[2] 为了达到相同的行为指引的效果，法定犯的构成要件应设定得相对自然犯更详细一些。法定犯的形成历史较短、伦理谴责性较弱、构成要件易变等特殊性，决定了其不易为公众所理解，难以形成共识，因此应杜绝使用简单罪状。[3] 但是在我国刑法分则中，还是有一些法定犯采用了简单罪状，比如颠覆国家政权罪，投敌叛变罪，武装叛乱、暴乱罪，为境外的机构、组织、人员窃取、刺探、收买、非法提供国家秘密、情报罪，煽动民族仇恨、民族歧视罪，组织、利用会道门、

---

[1] 参见［日］野村稔：《刑法总论》，全理其、何力译，法律出版社2001年版，第81页。

[2] 参见高巍：《重构罪刑法定原则》，《中国社会科学》2020年第3期，第141页。

[3] 参见陈兴良主编：《刑法各论的一般理论》，中国人民大学出版社2007年版，第138页。

邪教组织、利用迷信破坏法律实施罪，等等。这些犯罪使用简洁模式既不利于国家根本制度的保护，也不利于人权的保护。❶

为了让公众能预测自身行为的法律后果，法定犯不能采用自然犯构成要件的那种简洁模式，简洁模式可能会缺乏明确性，留给刑法解释的空间太大，造成很多社会生活中合理行为都有被解释进简洁的构成要件，或被判定为犯罪行为的风险，限制公众行动自由，不利于社会经济的发展。因此法定犯不宜采用简洁模式，如果想要达到与自然犯同等的行为指引效果，需要对其行为主体、行为对象、行为方法与手段等构成要件要素作较自然犯更详细的描述。但是法定犯的构成要件也不能过于具体，否则会造成适应性不足，影响法的安定性。对于法定犯的构成要件，相对于具体描述来讲，抽象描述会带来更大的危害，导致公众无法获取行为指引的可能性。法定犯应尽可能避免由于应急型立法带来前瞻性、适应性不足的过于具体的立法，更应该避免缺乏构成要件特征的高度抽象的立法。

法定犯的性质决定必须采用详细模式立法。详细模式主要有两种方法：列举法和例示法。列举法是构成要件对犯罪行为的方式、方法、手段作详细的描述，并且没有设置任何避免遗漏的兜底条款，这种立法方式非常详细，但由于太过于具体化，又不允许法官超出列举的情形进行扩张适用，导致过于机械僵硬，适应性不足，缺乏弹性与张力，容易与生活脱节，导致刑法的频繁修改。比如违规制造、销售枪支罪，危险驾驶罪，欺诈发行证券

---

❶ 参见陈兴良主编：《刑法各论的一般理论》，中国人民大学出版社 2007 年版，第138—139 页。

罪，票据诈骗罪，信用卡诈骗罪，保险诈骗罪，逃税罪，等等。简洁模式的概括规定和详细模式的列举法两者割裂了普遍性和特殊性之间的关系，仅偏重于其中之一。而例式法是以上两种方式的中间道路，例示法是构成要件既通过概括性条款对犯罪类型的构成要件进行一般的、相对抽象的描述，又对犯罪行为的方式、方法、手段作详细的列举性条款，只是这种列举只描述该犯罪类型的典型常发行为，并用兜底条款囊括其他非典型行为防止列举描述中出现遗漏。例示法中的概括性规定描述了事物本质和立法意图，具有开放性，并未设置明确的范围边界，其范围取决于事物本质。❶ 而列举性条款具象了概括性规定，通过同类解释界定构成要件的边界，为法官适用指明了方向，便于公众理解和预见风险，同时也预留了弹性空间，平衡地保障了刑法的明确性和适应性。比如，操纵证券、期货市场罪，洗钱罪，贷款诈骗罪，信用证诈骗罪，合同诈骗罪，等等。列举法设置各项规定相近且具有封闭性，保证了刑法的安定性，但是比较僵硬、灵活性不足，容易与社会脱节，而例示法在保证刑法的安定性的同时也能保证刑法的适应性。

法定犯宜采用例示法描述构成要件，例示法是概括性条款和列举性条款相结合的方式，以概括性条款来清晰显示事物本质与立法意图，并以列举性条款进一步作为具体化的参照标准，能最大程度消减构成要件不明确之处。立法者应处理好事物之间的一致性与差异性的关系，概括性条款对事物本质和立法意图作概括

---

❶ 参见周少华：《刑法之适应性——刑事法治的实践逻辑》，法律出版社 2012 年版，第 131 页。

性描述，根据事物本质特征应作一致性的描述，而列举性条款根据行为外在形式不同作差异性的描述，这样才能将外在形式不同但具有相同类型特征的事物归入同一犯罪类型。概括性规定既是对抽象概念和原则的具体化，又是对具体生活事实和个案进行的归纳提炼，形成可反复适用的、稳定的并具有一定弹性的操作性规则，增加刑法的安定性。列举性条款例示性地指明犯罪类型中蕴含的典型行为、通常事项，需要对相关的典型行为或通常事项进行强相似且充分的列举，才能保证列举式的规定与将来可能出现的行为之间形成充足的比较点。❶列举性条款具有示范作用、类推论证作用、反证作用与判决导向作用，同类事物之间应当具有一定的可比较性，才能在同类解释约束下谨防司法擅断。概括性条款具有开放性，而列举性条款用于比较当下的行为和列举的行为是否存在同质性，再加上兜底条款允许法官在犯罪类型的边界内对非典型情形、非通常事项比照典型情形和通常事项进行推论和法律发现，为开放的概括性条款划定一个明确且富有弹性的边界，形成了法定犯内涵清晰、边界明确、适应性强的构成要件。例示法因为存在兜底条款的规定更能适应不断变化的社会生活，这里的"其他方法"应是举例行为的同类行为。法官适用兜底条款，必须将现实案例与举例行为相比较，判断出现实案例是举例行为的类似行为才能适用。因此，兜底条款的立法和解释并不是恣意的，必须受约束，符合明确性要求。立法者描述列举的事项必须充分、详尽，列举的事项之间应具有较强的类似性，

---

❶ 参见杜宇：《再论刑法上之"类型化"思维——一种基于"方法论"的扩展性思考》，《法制与社会发展》2005 年第 6 期，第 100 页。

形成充足的比较点，法官对兜底条款的适用必须遵循同类解释原则。如果《刑法》第198条保险诈骗罪在列举了五种保险诈骗行为之后，设有"以其他方法进行保险诈骗活动"的规定，被保险人自伤自残骗取保险金、恶意重复保险、隐瞒保险危险的行为就可以作为前五项的同类行为解释进保险诈骗罪了。❶

　　法定犯的构成要件不能放弃对犯罪类型特征进行概括性描述，概括性规定是从复杂多变的生活事实中抽象出适用该犯罪类型所有案件的准则，以规范保护目的为指引对犯罪类型进行构建，不能因为其具有流变性而将之弃之不用。如果不进行类型特征的描述而只给该犯罪类型一个罪名，这种方式使构成要件的适用获得较大的弹性，但用于法定犯极易违背明确性原则。同样，法定犯的构成要件也不可能详细地描述犯罪类型，这样会造成僵化与实际生活脱节，只能在二者中间寻求一个合适方式，将兜底条款和列举法进行有机结合，例示性地描述犯罪类型。这样才能既保障刑法的明确性，又能应对新出现的犯罪现象，还可以通过刑法解释将与列举行为类似的行为作出同样的处理，而要求只有类似行为才可以经过刑法解释纳入兜底条款，可以限制法官的恣意。以危险驾驶罪为例，构成要件仅罗列了醉酒驾车、追逐竞驶等四种危险驾驶的行为方式，对危险驾驶行为缺乏本质特征的归纳、提炼及概括性的描述，只是具体行为的罗列，比如追逐竞驶、醉酒驾车，这些都不能替代危险驾驶的罪质评价，再加上危险驾驶罪未设有"其他危险驾驶行为"的兜底条款，低头族的盲驾和毒驾就不能作为第二项醉酒驾驶的同类行为解释进危

---

❶　参见张明楷：《刑事立法的发展方向》，《中国法学》2006年第4期，第32—33页。

险驾驶罪了。

　　自然犯与法定犯之间的界限是不断变化的，一些法定犯随着经济发展和社会转型而不具有社会危害性被废除了，还有一些随着时间的推移被自然犯化。当公众对法定犯认识和了解的途径越来越多，形成了普遍共识，自然犯和法定犯构成要件的描述模式也可以随之改变，关键是刑法的可预见性能实现。

本章小结

　　本章主要从犯罪类型和构成要件两个维度分类分别归纳出刑法不明确的两种类型。其中，根据犯罪类型的类型化程度设定不合理，归纳出两种类型：犯罪类型过于粗疏、犯罪类型过于细密；根据构成要件的本质特征提炼不合理，归纳出两种类型：构成要件过于抽象、构成要件过于精细。笔者进一步分析了每种不明确类型所导致的问题，提出了立法明确路径——类型化立法的合理应用，类型化立法是介于抽象概念、原则与具体个案、事实之间的"中等抽象程度"，是既能兼顾客观的具体事实，又具有一定的抽象概括能力的立法模式，在确保明确性的基础上能保证刑法的适应性。类型化立法首先必须合理设置犯罪类型，合理把握类型化的程度，避免犯罪类型设置得过于粗疏或细密，合理设置犯罪类型的标准是必须具有相对具体的类型特征和共同的法益保护目的，根据该标准进行判断，对犯罪类型过于粗疏应进行分解，对犯罪类型过于细密应进行合并；其次必须合理设定构成要件内容，形成犯罪轮廓和框架，构成要件要能抽象概括事物本质和立法意图，以反映事物本质为中心、以实现立法意图为核心设定构成要件，在能满足公众的可预见性和达成共识的基础上，构成要件的内容设定详略得当，自然犯应采用简洁模式，法定犯应采用详细模式。

第五章

司法明确路径：弹性边界的建构

　　因为语言的模糊性、法律的一般性造成刑法的不明确，或者社会变迁带来新问题、新情况，需要通过刑法解释在类型化立法建立的基本犯罪框架下划定具体边界。首先基于刑法的明确性要求确保边界足够清晰，在法教义学体系下，在遵循罪刑法定原则前提下，通过刑法解释构建一个清晰的边界。其次基于刑法的适应性要求确保边界富有弹性，以适应社会的急剧变迁，保障刑法的安定性。清晰且富有弹性的边界可以通过刑法解释实现，主要分为两步：第一步，通过形式性解释划分出弹性空间；第二步，在弹性空间里通过实质性解释划定弹性边界。弹性边界不仅可以消解刑法明确性与语言模糊性、法律一般性、理性有限性的冲突，还可以进一步消解刑法明确性与适应性的冲突，边界的弹性可以使刑法保持适应性。

　　形式性解释和实质性解释的分类刚好契合了形

式理性和实质理性的界分。依托于形式逻辑上的思维形态是形式理性的表现特征，立足于法益保护、权利保障、人文关怀的思维形态彰显了实质理性的内在诉求。❶ 在确保罪刑法定原则的诉求下，刑法解释应多采用形式性解释，主张刑法文本的含义，确保刑法的一般性、安定性、可预测性等价值实现；而在关注人们内在需求、满足政治需要、实现和谐的社会秩序的诉求下，刑法解释多采用实质性解释，注重刑法化解社会矛盾的效果，追求更为理想可适应时代发展的价值。形式性解释针对文本语言含义展开，展现了克制主义解释思维形态，既是对罪刑法定原则的捍卫，又是对法治秩序的追求。而实质性解释矫正形式性解释适用得出的荒谬结论，纠正弹性空间中错误和偏颇的选项，获得妥当性结论。

刑法解释存在克制与能动两种解释姿态。克制主义是形式性解释秉承的意识形态，克制有两层含义：一是奉行规则主义，对刑法条文的解释应尽量遵守文本原意，不作扩张和限缩解释。二是在恪守文本原意的基础上对刑法规范进行创造，要求法官解释刑法而不是变造法律，认同法律而不是修订法律。❷ 克制也就是保证刑法的安定性及可预测性，刑法解释应优先采用形式性解释方法，形式性解释会得出众多的选项，形成一个弹性空间，只有弹性空间中有荒谬的结论，才能采用实质性解释在弹性空间中排除荒谬的结论，辅之较强的论证理由得出一个可接受的含义，并

❶ 参见杨铜铜：《论法律解释规则》，《法律科学》（西北政法大学学报）2019年第3期，第24页。
❷ 参见［美］朱迪斯·N.施克莱：《守法主义：法、道德和政治审判》，彭亚楠译，中国政法大学出版社2005年版，第3页。

形成弹性边界。实质性解释属于能动创造性解释，其法哲学基础是能动主义，因具有较强的说理性会被过度适用与创造，存在着张扬解释者能动与恣意的风险，直接威胁了刑法的安定性，必须以形式性解释加以限制，要求实质性解释的适用应遵循由形式向实质的论证过程，不能突破形式性解释直接适用实质性解释。实质性解释能够有效地解决形式性解释适用出现的相互冲突或不一致的问题，通过适当权衡来确定最合理的含义。

克制性下能动成为构建弹性边界的思维方向，先适用形式性解释后采用实质性解释已成为当前刑事司法实践的逻辑前提。在依照认知逻辑与客观规律的基础上，适用形式性解释与实质性解释的顺序是针对当前社会经济发展的情况对罪刑法定原则的现实演绎，在遵循罪刑法定原则的前提下，将刑法的内在逻辑和社会情理价值相结合进行解释，达到对刑法基本语义的准确把握。在运用刑法解释明确刑法的过程中，不能先适用实质性解释，首先认识规律是先形式后实质，如果不先经过形式性解释，而直接趋向实质性解释，会导致刑法不安定，走向刑罚权被滥用、自由裁量和价值判断泛滥的无序状态，直接冲击罪刑法定原则，存在侵犯人权的风险。实质性解释本质是一种价值判断，价值判断的任意性影响法律判断的稳定性，直接冲击了刑法文本的明确性。❶价值判断不可避免，关键是确保它在形式性解释之后进行，也就是在弹性空间中进行。因此，必须对实质性解释加以规制，将其纳入刑法解释阶层递进的轨道；必须先形式性解释后实质性解释，

---

❶　参见邓子滨：《中国实质刑法观批判》（第二版），法律出版社 2017 年版，第 67—68 页。

不能让实质性解释的地位过于前置或凸显。弹性边界的构建过程正是采用了先形式性解释后实质性解释的方法，这一适用位序的排列，既可以有效约束解释者任意解释，又可以充分发挥两者的优势，在确保罪刑法定原则的基础上更好地适应急剧变化的社会，满足人们的迫切需求、社会的急迫需要，实现和谐的社会秩序。

第一节　形式性解释划分弹性空间

形式性解释就是语言学解释，主要包含文义解释和体系解释两种解释方法，将目光集中于刑法文本上，注重文本含义的探讨，是根据刑法进行解释，维护刑法文本权威，展现刑法的形式性意义，确保刑法稳定性、可预测性等价值。形式性解释的特征契合了传统法律解释学的基本理念，传统解释学以理性主义为核心，坚守价值中立的立场，认为解释者和刑法文本都具有理性，追求刑法解释的明确性和客观性，解释者应摒弃自己的价值判断，将自己完全客观化，从立法意图和刑法典的体系结构去探寻刑法的客观意义，得出客观的、明确的解释结果。❶ 形式性解释较为明确，可以划分出相对确定的弹性空间。形式性解释采用文本主义进路，强调从刑法规范的语言文字，从规范所处的位置、规范之间的关系等角度发现文义界限。❷ 形式性解释应该是根据

---

❶　参见李亚东：《论法律解释的语言学规则》，载陈金钊主编：《法律方法》（第17卷），山东人民出版社2015年版，第113页。

❷　参见杨铜铜：《论法律解释规则》，《法律科学》（西北政法大学学报）2019年第3期，第24页。

形式正义、形式逻辑或形式法治原理得出结论的解释方法，❶ 排除了类推解释，得出的结论包括平义解释和扩张解释。❷ 形式性解释实质是为了解决文本含义，形式性解释遵守的解释规则较为简单、明确，具有可操作性，侧重于文本含义的探讨。在文义解释和体系解释相互补充和配合下，形式性解释确定弹性空间，首先，从字、词入手，考量词语，分析用字，针对刑法文本展开文义解释确定底限范围；其次，剖析句子的结构、位置、含义与刑法条文之间的关系，把握刑法的内在逻辑，根据句子所处的位置、上下文及条文之间的逻辑关系进行体系解释排除不协调的部分。

一、弹性空间存在的理论依据

语言模糊性和法律一般性导致刑法规范本身在意义上的弹性与诸多规定的概括性，无论是规范性构成要件要素还是记述性构成要素，都存在"可能文义"波动范围的弹性空间。区别在于，规范构成要件要素比记述性构成要素距离绝对明确的概念更远一些。这是由刑法规范所使用语言的基本特征决定的。弹性空间是一个意义的综合体，是一个区间概念和集合概念，是一个极富弹性的范畴，是一个含有相当之变化可能性的、在一定程度上可以自由伸缩的意义区间，始终具备或多或少的意义变化的可能，包含着文义可能的各种细微差别，外在界限变动不居。❸ 经常使用

---

❶ 参见吴林生：《实质法治观与刑法实质解释论》，《国家检察官学院学报》2015 年第 5 期，第 56—57 页。

❷ 参见马荣春：《"同时符合说"：刑法解释甄别的新尝试》，《中国刑事法杂志》2019 年第 6 期，第 64 页。

❸ 参见杜宇：《刑法上之"类推禁止"如何可能？——一个方法论上的悬疑》，《中外法学》2006 年第 4 期，第 409—410 页。

的日常语言与科学语言和专业语言不同，是具有弹性的表述方式，其概念的外延不明确，在"可能文义"波动范围内摇摆不定，当情况、对象、语言的逻辑，在句中的位置以及强调的部分不同，解读的意义也会不同。❶ 刑法规范中的原则性、抽象性和概括性规定较一般的规范构成要件有更大的弹性空间，它常常被认为是刑法的不明确，以及概念的模糊性，恰恰可以被刑法开放性利用，保障了刑法适应性。正是这种弹性空间使得过去制定的法条能够通过不断更新的目的解释而适用于当下。❷ 能够用以前制定的刑法规范处理当前的实际问题，那么对刑法规范的解释必然包含着历史和现实的沟通，使刑法规范随着社会的进步丰富自身的内容。❸

弹性空间符合形式性解释的要求，具备形式合法性的要求。弹性空间不能说明哪种刑法解释是明确恰当的，只是划分出一个语言学意义上被允许的空间。弹性空间里的刑法解释选项，是经过形式性解释初步筛选，在可能文义的范围内且具有可预测性。弹性空间存在于开放结构的边缘地带，为刑法规范填充新的实体内容、为法官进行新的论证和补充提供了可能。所有实质性解释都必须以弹性空间为基础，受到刑法规范中法律概念的语义限制，在弹性空间内确定最恰当的解释结果，将实质性解释限定于弹性空间之中有利于保障刑法可预测性的实现。

任何一个犯罪类型的文义辐射范围都存在肯定空间、弹性空

---

❶ 参见［德］卡尔·拉伦茨：《法学方法论》，陈爱娥译，商务印书馆 2003 年版，第 193 页。

❷ 参见劳东燕：《能动司法与功能主义的刑法解释论》，《法学家》2016 期 6 期，第 22 页。

❸ 参见冯军：《刑法教义学的立场和方法》，《中外法学》2014 年第 1 期，第 184 页。

间和否定空间。肯定空间就是肯定属于该类型之对象领域的事实集合，而否定空间是肯定不属于该类型之对象领域的事实集合。❶ 肯定空间是文义辐射的核心区域，是从刑法规范中解读出通常意义或专业意义。否定空间是文义完全辐射不到的区域，当对象完全处于文义表述的语义的对立面时，完全落入对立面的核心意义范围，可将其排除在可能语义之外。部分刑法规范规定得过于模糊和抽象，文义会形成一个"开放结构"，不能清晰地界定辐射范围，但至少可以划分出否定空间，将某些事物排除出这个范围之外。例如："非法经营行为"是个开放的概念，语义虽然不能告诉我们哪些行为属于非法经营行为，但是至少可以把"非经营性行为"，比如社会公益活动排除在这个概念之外。在这个两个空间里，刑法明确性是可以确保的。肯定空间的入罪和否定空间的出罪毫无争议。多数普通案件存在于肯定空间或否定空间，能够通过发现法律规范的核心意义而进行裁判。但是疑难案件恰恰都聚集在肯定空间与否定空间之间的弹性空间，弹性空间超出了核心意义范围但尚未落入对立范畴的核心意义范围，也就是超出了肯定空间但尚未落入否定空间，是被"可能文义"所辐射的外围区域，是对边缘和不常见意义的阐释，但也纳入公众可预测范畴之内，比如：放飞笼中鸟、使鱼池的鱼游失、将钻戒扔入大海、低价抛售他人股票，这些不属于故意毁坏财物的文义辐射范围的核心区域，因为不符合"毁灭"和"损坏"财物的形式和实质特征，但它们属于"毁灭"和"损坏"边缘和不常见意义的阐释，而且公众将这些行为纳入故意毁坏财物范畴之

---

❶　参见雷磊：《法律概念是重要的吗》，《法学研究》2017 年第 4 期，第 90 页。

内完全可以预测。弹性空间里的疑难案件需要构建清晰且富有弹性的边界才能得出最终裁判结论。弹性空间经常意味着某种法律变革或者修改的前奏，刑法规范的演进通常是从弹性空间中发生的，也就是弹性空间的发轫效果。

二、文义解释确定底限范围

文义解释是一种以刑法文本为导向的解释方法，是按照刑法用语的基本含义确定刑法以及事实的法律意义，充分体现了对立法者和刑法文本的尊重。文义解释对语言进行分析，以便理解和阐明刑法规范的内容和含义，文义解释主要针对刑法条文进行剖析，语言是文义解释的具体指向对象，旨在对语言的含义作解释。文义解释将语义学意义上的范围与语用学意义上的范围相结合，两者相互限制、相互补充确定底限范围。❶ 底限范围是指文义最远的边界构成了不可逾越且有必要加以限定的范围，形成一个特定的刑法语词空间，在该范围内才可以保证刑法解释的合法性，才可能在实践中被认为是正确的刑法解释结论，才有资格成为刑法适用中的最终结论。

（一）文义解释的界限意义

刑法解释合宪的标准就是刑法作出合乎罪刑法定原则的解释，罪刑法定原则被认为是法治在刑法中的集中体现。❷ 罪刑法定原则就是通过文义解释确定的底限范围来制约刑罚权。法律主

---

❶ 参见杜宇：《基于类型思维的刑法解释的实践功能》，《中外法学》2016 年第 5 期，第 1242 页。

❷ 参见苏永生：《刑法解释的限度到底是什么——由一个司法解释引发的思考》，《河南大学学报》（社会科学版）2014 年第 1 期，第 73 页。

义（成文法主义）是罪刑法定原则的首要原则，即不能作出超出刑法文本含义范围的刑法解释，不能超出文义解释确定的底限范围。超出底线范围就不符合罪刑法定原则的要求，使刑法运用极端不安定，且带来了最大的不法，同时也不符合合宪性解释的要求。文义解释确定的底限范围是合宪性解释的集中表现，合宪性解释通过文义解释确定的底限范围来实现自己。

文义解释确定底限范围是对立法权威的服从和尊重，是尽量对立法机关制定的刑法采用适用的态度，集中体现了形式正当性的理念，突出强调法官应克制自由裁量权的行使。底限范围体现了立法者对法官的授权限度，文义解释不是单纯从刑法文本进行解释，而是重在确定有拘束力的刑法含义。文义解释确定的底限范围可以从根本上约束法官的恣意裁判，避免机械司法或法官造法，既不能坚持文义解释的绝对性，只讲文义，不适用其他刑法解释方法，也不能过于灵活，直接超越底限范围进行法律续造。刑法是通过语言表述出来的，语言传达了刑法规范的含义，同时保障了刑法的可预测性，这意味着，只有语言才能为刑法解释划定严格的界限，刑法文本中语词的意义被尊为解释的边界，任何超出底限范围的刑法解释都进入刑法修正和续造的领域，是对刑法权威和刑事法治的破坏，撕裂了刑事立法对刑事司法的界限功能，是司法权对立法权的僭越。因为刑法法益保护的广泛性和制裁手段的严厉性，使刑法解释具有特殊性，也是区别于其他法律解释最重要的特征，即严格禁止法律的修正和续造，因此底限范围被赋予非常重要的界限意义。

文义解释确定底限范围是刑事法治对安定性和可预测性的追求决定的，要契合刑法的安定性和可预测性，刑法解释必须基本符合公众的"期待可能性"，必须寻求对刑法规范基础性要素即刑法概念的共识性理解，否则会使刑法的可预测性功能丧失殆尽。文义解释确定的底限范围正是建立在法律共同体语言习惯之上，法官应根据公众的语言习惯理解和解释法律，以法律共同体所理解的一般含义为准，要能够满足刑法解释"共识正当性"的要求。❶

文义解释确定的底限范围限制刑事政策对刑法明确性可能产生的负面影响，在我国刑事政策是凌驾于刑法之上的基本理念，虽然刑法规定了自身效力的优越性，但很多刑法理论认为刑事政策具有优势地位，刑事政策是刑法的灵魂，刑法是根据刑事政策制定的，刑法沦为刑事政策的附庸。而刑法与刑事政策的不同在于刑法因为安定性不能随时改变，而刑事政策却可以与时俱进。刑法的明确性应该确立的信念是刑法至上，刑事政策只是起到辅助指引的作用。文义解释确定的底限范围可以起到防止刑事政策改变或替代刑法的作用，摆正刑法与刑事政策的关系。

（二）文义解释的优先性

文义解释是刑法解释中最重要的方法，刑事司法中 80% 的典型案件能够直接适用文义解释即可得出恰当结论，只有出现疑难案件时，文义解释得出的结论才会出现争议，也只有在这个时候才会遇到刑法不明确的问题，这时需要借助其他刑法解释方法进一步明确刑法规范的含义，这意味着疑难案件需要多种刑法解释方法的实践整合，使刑法的部分和整体之间相互兼容和协调。❷

---

❶ 参见张志铭：《法律解释操作分析》，中国政法大学出版社 1998 年版，第 101 页。
❷ 参见陈金钊：《法律解释规则及其运用研究（中）——法律解释规则及其分类》，《政法论丛》2013 年第 4 期，第 74 页。

在各种法律解释方法中，文义解释具有优先适用的地位，首先确定刑法规范涵摄的范围，从刑法规范的文义出发能够获得最接近立法本意的解释结果。❶ 阿列克西提出了论证负担规则，即文义解释比其他解释具有优位，其他解释只能在提出合理的理由说明才能够被赋予优位。❷ 文义优先是重要的法律解释规则，必须严格在论证负担规则下进行。文义解释的价值取向是维护刑法的明确性、可预测性和安定性，排除刑法解释主体个性倾向。这些价值使得文义解释相比于其他解释具有效力上的初步优先地位，只有通过有力的论证才能排除文义解释的适用。也就是说，文义解释在各种解释方法适用上具有绝对的优先性，而在各种解释方法权衡之间具有初步优先性。所以，在弹性边界的构建过程中，不是需要通过文义解释得出唯一的结论，而是需要其确定底限范围，因为具有优先性决定了文义解释必然是第一步，但是底限范围内的众多选项必然会被其他解释方法否定掉，也就是说，文义解释只是具有初步优先性，其他解释方法可以对其矫正和修正。因此，文义解释的优先性是相对的，在确定底限范围时文义解释才具有优先性，其他解释方法的结论超出底限范围时，文义解释的优先性可以排除其他解释方法的结论。这并不意味着在底限范围内，文义解释的结论必然优先于其他解释方法的结论，当底限范围确定完成时，文义解释的优先性就随即丧失了。

---

❶ 参见孙光宁：《法律规范的意义边缘及其解释方法——以指导性案例6号为例》，《法制与社会发展》2013年第4期，第59页。

❷ 参见［德］罗伯特·阿列克西：《法律论证理论》，舒国滢译，中国法制出版社2002年版，第307—308页。

（三）确定底限范围的具体路径

文义解释是刑法解释的出发点，其表现形式是通过阐释刑法语词的基本意义来说明刑法事实的法律意义。文义解释确定底限范围就是刑法用语的"可能文义"范围，划出刑法解释活动的最大回旋余地。文义界限因语言意义本身的规范性和客观性而存在，构成了罪刑法定原则与文义解释的重要中介。文义界限确定底限范围如何具体实现？主要应从规范性、对象关联性、主体间性三个向度确定文义界限。❶ 首先，因为刑法规范语言具有规范性，文义界限可以通过语言规则来确定一个大致的底限范围。刑法规范中的语言内含自身的规则体系，并通过习惯的方式实现语言意义规范性的效力。刑法语言的规范性主要体现在以下几个方面：第一，刑法规范语言抽象概括事物的本质，确保描述语言与事物的本质是一致的；第二，刑法规范语言的概念之间存在内在关联，根据内在关系可以确定推论结构，为语言规则提供重要的支持；第三，刑法规范语言有规则导向性，行为人可以依照规则的导向去判断行为的性质，并规制自己的行为。日常语言进入刑法文本后会产生规范意义，应该根据"语义溢出"原理确定底限范围，先进行语素分析正确把握刑法语词的本义，确定刑法语词的日常意义，再结合语词所在的刑法条文，及相关的刑法条文确定刑法语词的规范意义，考察除本义以外的基本义、引申义、比喻义，最终，基本义、引申义、比喻义等多个义项组合形成该语词大致的底限范围。❷ 其次，因为刑法规范语言具有对象关联

---

❶ 参见雷磊：《法律方法、法的安定性与法治》，《法学家》2015 年第 4 期，第 13 页。

❷ 参见王政勋：《刑法解释的语言论研究》，商务印书馆 2016 年版，第 229—239 页。

和主体间的客观性，语言规则遵从经验法则和理性商谈规则，通过理性商谈实践来补充修正并最后确定底限范围。对象关联性是指刑法规范语言能准确地指涉对象和事实，并能清晰地与其他的对象和事实区分开来。不同社会图景下互异的主体必然分享一些背景式的信念，我们生活在同一个国家，有共同语言、共同情感、共同伦理，这些背景式的信念为语言规则的主体间性提供稳定的支持，刑法规范语言在对准确对象指涉的不断追求过程中，通过商谈实践消弭不同主体间认识差异，最终达成共识。文义解释应从法律共同体的语言习惯中获得含义，这种习惯位序的确定需要经过理论的论证，强调刑法的规范作用，在司法实践的具体适用中具体问题具体分析，并进行补充和修正才能最后确定。

语言规则可以确定概念和类型具体的含义和外延，根据具体的语境界定语言所涵摄的行为方式。借助这些规则仅凭借经验即可划分出"肯定空间"和"否定空间"，在这两个空间中存在清晰的语言规则，可以得出清晰的结论，而在弹性空间中，语言规则变得不清晰，不能仅凭经验直接确认结果，还需要结合其他论据进行确证。刑法教义学本身的稳定性可以确保语言规则运用过程中的规范性，也就是刑法解释和论证活动的规范性。语言规则会随着语言的变迁而修正，并保持刑法的适应性。

文义解释应界定为依据文本字面的通常含义对刑法规范进行阐释和说明，通常含义是指刑法文本所使用的语词的含义是一般人通常理解、接受的含义。立法者制定刑法规范的意图是指引公众行为，希望公众都能懂得其含义，遵守其规则，以达到维持社会秩序的功效。通常含义既不局限于直接的字面含义，也不是脱离具体语境的特定含义，它必须是公众所达成共识的含义。文义解释确定的底限范围将肯定空间和弹性空间包含在其中，如果文义解释从被解释项到解释项发生了"由属到种"的逻辑演进，就属于肯定空间的范围，如果文义解释从被解释项到解释项发生了"由种到属"的逻辑演进，则属于弹性空间的范围。不论人们赋予文义解释之外的其他解释方法多么重要的地位，这些方法得出的结果都必须在文义解释确定的底限范围之内，文义解释在底限范围内给出了多个选项，其他解释方法只能在这些选项中进行选择，不能超出底限范围内的选项进行新的创造。❶ 文义解释的主要功能在于确定底限范围，控制解释边界，在底限范围内维护解释结论的安定性。刑法解释和刑法的续造之间的区别在于是否属于文义解释确定的底线范围，坚持刑法解释不能突破罪刑法定原则，必然要求解释结论在文义解释确定的底限范围内。

三、体系解释排除不协调的部分

所有的法律规范都处于特定的体系之中，结合整个体系的"语境"可以将与体系不协调的部分排除，这就是体系解释的精髓。体系解释要求在整个法律体系的背景下对解释对象进行情境化的理解，而不是单独对其考察。❷ 体系解释中的体系是刑法与其他法律之间以及刑法的篇、章、条、款、项之间的内容关系，也就是说体系解释中的体系既包括内部体系也包括外部体系。体系解释的任务既包括保持上下文的文义脉络协调，也包括实现法

---

❶ 参见苏永生：《法益保护理论中国化之反思与重构》，《政法论坛》2019 年第 1 期，第 71 页。

❷ 参见［德］N. 霍恩：《法律科学与法哲学导论》，罗莉译，法律出版社 2005 年版，第 134 页。

秩序的统一。❶ 体系解释的出发点是避免矛盾与赘言，具备完整性及秩序性。❷ 其偏重于形式的指涉，核心内容是规范之间在逻辑上的无矛盾性。❸ 在确定弹性空间的范围时，还应当将刑法规范置于整个刑法体系之中，通过相关规范的比照进一步遵循规范之间的逻辑性，主要审查刑法规范之间是否存在逻辑上的矛盾，是否导致某些法条成为多余，或导致形成不必要的刑法漏洞，并排除文义解释确定的底限范围中不协调的部分。体系解释强调对刑法文本的理解应着眼于整个刑法框架乃至于整个法秩序框架中展开，要求刑法内部价值评价一致性，进而实现与法秩序的融合性。❹ 体系解释可以对刑法解释进行边界控制，将底限范围控制在合理的界限之内，并形成弹性空间。

（一）排除刑法内部体系不协调的部分

在文义解释确定的底限范围基础上，首先需要考虑所处的内部体系，应排除会引发法条内部、法条之间的矛盾的部分，使刑法法条内部、不同法条之间协调。我国《刑法》条文有 452 个，其中有 240 多个条文存在多个款项，多个款项同属一个条文，这个条文本身形成一个内部体系，对语词或款项的解释应置于其所在条文的内部体系中加以理解，不可以单独将语词和款项从条文

---

❶ 参见王彬：《体系解释的反思与重构》，《内蒙古社会科学》（汉文版）2009 年第 1 期，第 66 页。

❷ 参见［德］英格博格·普珀：《法学思维小学堂——法律人的 6 堂思维训练课》，蔡圣伟译，北京大学出版社 2011 年版，第 56 页。

❸ 参见劳东燕：《功能主义刑法解释的体系性控制》，《清华法学》2020 年第 2 期，第 31 页。

❹ 参见杨铜铜：《论不确定法律概念的体系解释——以"北雁云依案"为素材》，《法学》2018 年第 6 期，第 131 页。

中抽出来理解，并且对条文中任何款项的解释不可以同其他款项相矛盾。因此，为了避免同一条文中不同款项之间出现矛盾与冲突的情况，应将款项置于条文之中进行体系性的把握，使整个条文内容协调统一。刑法条文是依据种属关系编排在章节之中的，刑法的章节是依据逻辑关系编排的，每个章节是有机统一的整体，形成一个体系，对章节中的条文进行解读不能违背章节的整体性规制功能，要接受章节整体规范意旨的制约，要与所处章节的整体意旨保持一致性，与章节其他条文保持协调。刑法是一门独立的法律，因规制内容的特定性、制裁手段的严厉性、法益保护的广泛性、处罚范围的不完整性、部分法律的补充性、其他法律的保障性等特征，使其具有自身的价值和属性。[1] 刑法本身就是一个排列有序、逻辑严密的体系，对刑法条文进行解释必须进行体系性的考量，放在整个刑法典体系中进行解读和考量，并在刑法典的这个体系内保持协调、避免矛盾、减少对立，不能割裂刑法体系的整体性和系统性。

1. 排除刑法法条内部不协调的部分

为了避免内部矛盾，使刑法法条内部协调，刑法解释应遵守以下两个规则。第一，同一律解释规则：同一法条的同一语词，应作相同的理解。主要存在两种典型的情形：其一，同一法条中的同一概念，针对不同的行为对象不能作相异的界定。[2] 例如，强制猥亵罪中的"猥亵"，猥亵对象包括女童和男童，针对女童

---

[1] 参见高维俭、王东海：《刑法体系解释层次论——兼以"赵春华案"为实践检验样本》，《现代法学》2019年第5期，第40页。

[2] 参见劳东燕：《功能主义刑法解释的体系性控制》，《清华法学》2020年第2期，第37页。

和男童猥亵的范围应是一致的。性交处于猥亵这一语词的模糊地带，猥亵的范围是否应包含性交呢？假如犯罪对象是女童，强迫女童发生性交行为构成强奸罪，所以猥亵的范围应界定为除性交行为以外的涉性行为。假如对象为男童时，猥亵的范围如不包含性交行为，且已知男童不可能成为强奸罪的对象，则强迫男童发生性交的行为既不能构成强奸罪也不能构成猥亵儿童罪，这就会造成对男童的普通的强制猥亵行为构成猥亵儿童罪，而对强制性交行为不予处罚的情形，这显然不符合"举轻以明重"的原则，在逻辑上也有明显的矛盾。根据上述同一律规则，必须将性交纳入猥亵的范围才能使这一法条合乎逻辑的融贯性。其二，同一法条中两次以上适用特定概念，应考虑作相同理解。❶ 比如，交通肇事罪中的"肇事后逃逸"与"因逃逸致人死亡"，这两处都使用了"逃逸"的概念，逃逸可以作逃跑和不救助两种理解，刑事司法中一般将"肇事后逃逸"中"逃逸"理解为逃跑，将"因逃逸致人死亡"中的"逃逸"理解为不救助，这显然不符合同一律，造成刑法体系的不协调、不融贯，这两处"逃逸"应作同一理解。"肇事后逃逸"中的"逃逸"理解为逃跑，也就意味着肇事后逃避刑事追究的情形属于加重情形，这显然与刑法的自首规定相冲突。一般情况下，行为人在犯罪之后都不可能主动接受法律追究，对行为人主动接受法律追究不具备期待可能性，因此自首的行为人是可以在刑罚适用上获得实质的优待。将"肇事后逃逸"中"逃逸"理解为逃避法律责任而逃跑，行为人在

---

❶　参见劳东燕：《功能主义刑法解释的体系性控制》，《清华法学》2020 年第 2 期，第 37 页。

肇事后留在现场履行救助义务，主动接受处理也无法成立自首。[1] 这样的结论限制了自首制度的适用。[2] 比交通肇事更严重的罪刑，行为人在犯罪后逃跑不会加重罪行，反而罪刑更轻的交通肇事罪逃跑就加重处罚，这是完全没有道理的。况且肇事后的逃跑行为，并非影响不法的因素，不可能提升行为的不法程度，适用加重法定刑有违罪刑相适应原则的价值和逻辑。如果将"因逃逸致人死亡"中的"逃逸"也同样理解为逃跑，那么行为人在肇事后慌不择路又发生一次交通事故或者发生新的公共危险造成他人死亡，归入"因逃逸致人死亡"评价，会导致交通肇事罪与其他危害公共安全类犯罪不协调。显然立法者这样的设定不是为了惩罚肇事者的逃跑行为，而是为了防止肇事者因为不救助导致既有法益的被侵害程度进一步加剧。因此，"肇事后逃逸"与"因逃逸致人死亡"中的"逃逸"应遵循同一律规则，其内涵应均为不救助，与刑法体系不协调的"逃跑"含义应被排除，才能合乎逻辑融贯性的要求。

第二，同质性解释规则：对于同一犯罪类型中构成并列关系的款项规定，提炼出共同的实质内涵，并根据实质内涵确定各个款项的含义及范围，充分考虑行为类型的同质性、行为的危险性质同质性、行为的法益侵害性质的同质性及行为手段强制的同质性。[3] 文义解释确定的底限范围中未遵守上述规则的部分应予以排除。这一规则主要针对兜底条款的适用，提炼出并列条款的实

---

[1] 参见劳东燕：《交通肇事逃逸的相关问题研究》，《法学》2013 年第 6 期，第 7 页。

[2] 参见张明楷：《论交通肇事罪的自首》，《清华法学》2010 年第 3 期，第 29 页。

[3] 参见高维俭、王东海：《刑法体系解释层次论——兼以"赵春华案"为实践检验样本》，《现代法学》2019 年第 3 期，第 42 页。

质内涵并作同质性比对后才可适用，可以有限限缩兜底条款的适用范围，起到使兜底条款更加明确的效果。比如，破坏生产经营罪中的"以其他方法破坏生产经营的"的规定，仅适用于"毁坏机器、残害耕畜"的同质性行为。刑事司法中将通过反向炒信而妨害他人经营的行为认定为破坏生产罪是否合理？应先分析"毁坏机器、残害耕畜"的实质内涵，有学者认为是毁坏、残害等物理性毁损生产资料和生活资料，这样理解破坏生产经营罪与故意毁坏财物罪完全竞合，导致破坏生产罪完全多余，显然不协调。机器和耕畜是生产工具，破坏生产工具只是表象，实质内涵是通过破坏生产工具达到妨害生产经营的效果，应将"毁坏机器、残害耕畜"的实质内涵理解为妨害生产经营行为。因此，对"以其他方法破坏生产经营的"的界定需要从实质上有无妨害生产经营的角度进行。又如，抢劫罪是指以暴力、胁迫或者其他方法抢劫公私财物的行为。这里的"其他方法"要求与抢劫罪的实质内涵具有同质性，而抢劫罪的实质内涵是使被害人处于不知反抗或不能反抗状态而取得财物，因此对"其他方法"的判断应依据该实质内涵去判断。用酒灌醉、用药麻醉等方法使被害人丧失知觉后并将财物当场窃取，判断这种行为是否属于"其他方法"，就是看这些行为是否使被害人处于不知反抗或不能反抗的状态下取得财物的，这行为显然应属于抢劫罪中的"其他方法"。再如，以危险方法危害公共安全罪中"其他危险方法"也应适用同质性解释规则，"其他危险方法"应该具有与放火、决水、爆炸、投毒等方法同样的实质内涵。这个实质内涵就是能够

造成不特定多数人死伤或公私财产重大损失的危险方法。❶ 盗窃
窨井盖的行为，是否属于"其他危险方法"在实践中存在争议，
是因为对其实质内涵理解有偏差，这里"危险"指的是方法的
危险性而不是结果的危险性，❷ 盗窃窨井盖仅对公共安全造成结
果意义上的危险，这个行为方法本身并不具备与放火、决水、爆
炸、投毒等方法同等的危险性及共同的实质内涵，不构成以危险
方法危害公共安全罪。

　　2. 排除不同刑法法条之间不协调的部分

　　除了同一刑法法条内部要保持协调以外，不同的刑法法条之
间也需要避免矛盾与冲突，保持协调统一。刑法是由各个法条所
构成的，它们相互结合形成一个完整的刑法，只有从整体刑法的
视角，才能获悉具体法条的意义。不同的刑法法条使用相同的概
念，在规范保护目的相同的情况下，一般应作相同的理解。不同
刑法法条的协调应注重逻辑的融贯性，解释结论可能会导致罪刑
不相适应、造成部分罪名虚置以及引发法条之间的矛盾与冲突，
这些都属于不协调部分，应予以排除。比如，破坏计算机信息系
统罪的第 2 款中的"数据和应用程序"的范围界定，是计算机信
息系统里所有的数据及应用程序，还是危及计算机信息系统安全
运行的数据及应用程序，该项罪名第 1、3 款有明确的"造成计
算机信息系统不能正常运行"与"影响计算机系统正常运行"
的表述，针对的都是影响计算机信息系统正常运行的行为，而第
2 款没有这种表述，故第 2 款的规范保护目的应界定为保护数据

---

❶　参见高铭暄主编：《中国刑法学》，中国人民大学出版社 1989 年版，第 377 页。
❷　参见陈兴良：《口袋罪的法教义学分析：以危险方法危害公共安全罪为例》，《政
　　治与法律》2013 年第 3 期，第 11 页。

与应用程序本身的安全，而不是维护计算机系统的正常运行，且数据与应用程序有区别于计算机系统的独立法益受到刑法保护。非法获取计算机信息系统数据罪中非法获取数据即为犯罪行为，而破坏计算机信息系统罪中对数据及应用程序"进行删除、修改、增加的操作"的社会危害性较前者更高一些，根据举轻以明重的原则应当构成犯罪。因此，为了保持破坏计算机信息系统罪第 2 款与第 1、3 款之间、与非法获取计算机信息系统数据罪之间的逻辑融贯性，对"数据和应用程序"的范围界定，应排除危及计算机信息系统安全运行的数据及应用程序这部分不协调的内容，而危及信息系统运行的数据和应用程序应纳入破坏计算机信息系统罪第 1 款进行刑法规制。再如，侵犯著作权罪的第 1 款中的"复制发行"，既可以理解为复制或发行，也可以理解为复制和发行。如果按第一种理解，"复制发行"指单纯的复制行为或单纯的发行行为，即单纯的发行即构成侵犯著作权罪，发行本质上就是销售行为，如果单纯的发行就构成侵犯著作权罪，销售侵权复制品罪就成为多余的罪名被虚置，而且销售侵权复制品罪的法定刑轻于侵犯著作权罪，将发行行为认定为侵犯著作权罪，就拔高了对其的不法评价。单纯的复制行为因为未将产品推向市场，不法程度低于单纯的发行行为，如果也认定为构成侵犯著作权罪，显然不符合罪刑相适应。因此，应将"复制发行"理解为复制和发行才能合乎体系的融贯性。

（二）排除刑法外部体系不协调的部分

在文义解释确定的底限范围基础上，还需要考虑所处的外部体系，应排除会引发刑法与宪法及其他部门法之间的冲突和矛盾的部分，使刑法和外部的不同法律之间协调。体系解释不只是刑法的内部协调融贯，还需要实现刑法与其他部门法的协调融贯，以实现法秩序的协调统一。在整个法律体系中刑法与其说是一部特别的法，不如说是其他部门法的制裁方式。❶ 在由根本法、部门法和保障法组成的法律体系中，刑法属于保障法。❷ 刑法的保障性决定了其不能不关注与其他法律的协调适用问题。刑法是法律体系的关键节点，与其他的法律共同构成法律体系。所有的法律形成一个内在关联的统一体，体系解释要将刑法放在这个统一体中考察。❸ 刑法是整个法律体系中的一个门类，必须在整个法律体系的框架中对其适用，必须在整个法律体系中验证刑法解释的协调性。刑法条文的解释不能脱离整体性的法律体系，尤其需要借助宪法、民法、行政法的规定，必须秉承法秩序统一性的理念，充分考量其与这些法律之间的法秩序统一性问题和体系性协调问题，一定要着眼于整个法律体系全局进行体系性思考。❹ 刑法解释必须符合宪法的原则和精神，保障宪法规定的基本权利，也不能和民法、行政法等部门法产生逻辑上的矛盾，刑法不可能独自适用，而是要在整个法秩序中适用，所以不可能就刑法论刑法，要保持刑法与整个法秩序的协调统一。❺ 体系解释需要排除文义解释确定的底限范围中会引发法条之间的矛盾和对立的部

❶ 参见［法］卢梭：《社会契约论》，何兆武译，商务印书馆1980年版，第73页。

❷ 参见张明楷：《刑法在法律体系中的地位——兼论刑法的补充性与法律体系的概念》，《法学研究》1994年第6期，第55—56页。

❸ 参见［德］齐佩利乌斯：《法学方法论》，金振豹译，法律出版社2010年版，第61页。

❹ 参见曲新久：《刑法解释的若干问题》，《国家检察官学院学报》2014年第1期，第167页。

❺ 参见高维俭、王东海：《刑法体系解释层次论——兼以"赵春华案"为实践检验样本》，《现代法学》2019年第3期，第39页。

分，保持法秩序的融贯性，融贯性既包括刑法体系内部无逻辑矛盾，又包括刑法与宪法及各部门法之间相互证立与支持。融贯性包含两个层次：第一个层次要求刑法体系内部逻辑自洽、协调统一，不存在明显的矛盾与冲突；第二个层次要求刑法与宪法及各部门法之间建立评价上的积极关联，对同一行为的评价保持一致。体系解释的根据从来就不是刑法的某一条文，而是作为评价统一体的法律制度，因为解读任何刑法规范都必须置于具有内在一致性的整个法律体系中。刑法规范不是独立存在的，法律秩序也不是由像沙滩上互不连接的散沙一样的具体规范所组成的。❶文义解释确定的底限范围应置于整个法秩序体系中进行验证，会引发刑法与其他法律之间的矛盾和不协调的部分也需要予以排除，通过刑法规范之间的借鉴和参考能为确定弹性空间的范围提供正当理由。

1. 排除刑法与其他部门法不协调的部分

刑法与其他部门法需要衔接的主要有两种情况：第一种是需要借助其他部门法的规定来判断构成要件要素是否该当；第二种是以违反其他部门法的规定为前置性条件来判断是否符合构成要件。处理好刑法与其他部门法的协调问题主要应该注意两个问题：第一，刑法与部门法所保护的法益是上位法宪法所创设，具有共同性，刑法与部门法都有保护该法益的规定，但由于行为的社会危害性大小不同，对其保护的力度也不同，应形成阶梯式法益保护模式，注重刑法与部门法内在的衔接与递进。刑法往往保

---

❶ 参见［德］伯恩·魏德士：《法理学》，丁小春、吴越译，法律出版社 2003 年版，第 68 页。

护较高位阶部分，其他部门法则保护较低位阶部分，这种情况主要集中在危害公共安全和伪劣商品领域。两者在规范保护目的具体指向上有差异，从而导致刑法与其他部门法对相同的概念作不同的界定。比如，枪支的概念，涉枪类罪刑规范对枪支的管理是为了维护公共安全，而涉枪类行政规范对枪支的管理是为了维护社会治安，二者基于规范保护目的具体指向的差别对枪支具体范围的界定应有所区别。假如对刑法与行政法中的枪支概念作相同的理解，则相关行为的不法程度无法与涉枪类罪名严厉的法定刑相适应。刑法中涉枪罪名中枪支范围的界定，应不同于行政法中枪支范围的界定，即需要区分刑法与行政法中对枪支范围认定的标准。❶ 如果要危及他人的生命与健康，必须是具备可引起轻伤以上结果的性能的枪形物，对枪形物本身的杀伤力作分级性处理，为刑法中枪支范围作出更为科学的界定，这样就可以将杀伤力不强的玩具枪、仿真枪排除出刑法中枪支的范围，又能将其纳入行政法对枪支的管理，限缩了刑法中涉枪犯罪的处罚范围，避免了涉枪领域的过度犯罪化。借助体系解释排除刑法与行政法之间不协调的部分，对非法持有枪支罪中"枪支"的范围进行必要的限缩，实现处罚范围的合理化，以避免赵春华案这种过度犯罪化的情况再次出现。

第二，刑法与其他部门法所保护的共同法益是由其他部门创设的，刑法是对相应法益作补充性保护。在这种情况中，刑法与其他部门法的关系不是对同类行为分段式规制，而是确保部门法

---

❶ 参见劳东燕：《法条主义与刑法解释中的实质判断——以赵春华持枪案为例的分析》，《华东政法大学学报》2017 年第 6 期，第 24 页。

创设的法益能够得到有效的保护，刑法扮演了保障法的角色。这种情形下，对同类概念范围界定应保持与部门法中前置性规定一致。比如，侵犯著作权罪中的"复制发行"应按照《中华人民共和国著作权法》（以下简称《著作权法》）的界定来理解。《著作权法》对复制权和发行权有专门的定义，又另外规定了放映权、出租权、表演权、展览权、广播权与信息网络传播权，这表明复制发行并不包括放映权、出租权、表演权、展览权、广播权与信息网络传播权。但是"两高"通过多个司法解释逐步将信息网络传播的行为，通过广告、征订等方式推销侵权产品的行为，通过信息网络传播、出租、展销、总发行、批发、零售等活动，纳入《刑法》第217条中"复制发行"的范畴。司法解释不当扩张侵犯著作权罪中复制发行的范围，打乱了著作权法中各项权利的内在逻辑关系，将信息网络传播权、出租权、展览权纳入刑法保护范畴，显然违背了体系融贯性的要求，这种扩张解释的结果属于刑法与著作权法不协调的部分，应予以排除。

2. 排除刑法与宪法不协调的部分

宪法主要被用于保障公民基本人权，防止通过实质性解释肆意扩张刑法的边界，危及法治国的根本。基于"不明确即无效"的理论，在许多国家设置违宪审查机制，将不明确的刑法认定为无效或建议立法机关进行修正，比如美国、德国、法国、韩国、日本都设置了违宪审查机制，并有具体的刑罚法规因为不明确而被宣布无效的案例。❶ 我国尚未设置违宪审查机制，但依然可以

---

❶　参见张建军：《刑法中不明确概念类型化研究》，法律出版社2016年版，第317—324页。

通过排除刑法与宪法不协调的部分，发挥宪法限制实质性解释的功能。刑罚手段的运用必须受到宪法的限制，宪法在构建弹性空间上发挥合宪性控制的功能。弹性空间本质上就是自由裁量空间，需要进行合宪性制约，这种制约主要为了保障宪法中规定的公民的基本自由与权利。假如刑法为了保护某种法益妨碍了公民某项基本权利的行使，那么对相关法条的解释，应以不危及公民基本权利的行使为前提，将这种妨碍尽量控制在公民可接受的程度和范围内，对弹性空间中影响公民权利行使的部分进行必要的限缩。例如，传播淫秽物品罪、组织淫秽表演罪与组织播放淫秽音像制品罪、聚众淫乱罪等罪名，刑法基于保护社会道德风尚及公民身心健康设置了上述犯罪类型，但是性自由也是公民个人的基本权利，属于个人自决的范畴，刑法对成年人之间自愿提供性服务及发生性行为的规制影响了公民自由行使性权利。基于法律保留原则，在私人领域对其进行刑法规制的理由并不充分，更不宜作为犯罪处理。对该类行为作宽泛的入罪化处理，会侵害公民的隐私权、住宅自由等多项基本权利，对该类罪名的刑法解释应该在尊重宪法的基本权利下进行。为了符合逻辑的融贯性，将该类罪名的规范保护目的设定为保证公众性自主的权利不受冒犯，寻求在实现规范保护目的与保障公民宪法基本权利之间的平衡点，应将上述罪名中不公开的行为排除出去，即刑法能纳入规制的部分只有在特定多数人可能知晓的情况下成年人之间自愿的性服务及性行为，对相关概念"聚众""淫乱""淫秽物品"的刑法解释也应作适当的限缩。

第二节　实质性解释划定弹性边界

实质性解释是借助法益、社会危害性、刑事政策及常识、常理、常情按照解释规则进行充分的论证以实现解释的可接受性，矫正形式性解释产生的荒谬解释结论。实质性解释探寻立法意图和刑法规范目的，是围绕刑法进行解释，是在刑法文本以外寻找刑法规范含义的解释方法，展现刑法的实质性意义。实质性解释有特殊使命，只能适用特定场域，即刑法规范模糊的边缘地带需要通过实质性解释划定弹性边界，也就是只能在弹性空间范围内划定明确的弹性边界。

实质性解释的适用应遵循由形式到实质的渐进式过程，不能突破形式性解释直接进入实质性解释的适用。实质性解释结合案件语境在弹性空间中排除荒谬选项选择合理选项，不能超出弹性空间的范围进行新的创造。❶ 实质性解释需要考察目的性要素才能得出结论，因目的性要素维度多样性、价值多元性，导致实质性解释难以获得相对明确的解释结论。实质性解释可以进行价值判断和价值补充直接生成决定，解释结论的可接受性需要以充分的论证形成的有力理由来支撑，经过充分的论证也可以确保解释结论的妥当性。实质性解释体现为法律人最重要、要求最高而且是最具创造性的行为，在刑法解释中占据重要地位。此外，弹性

---

❶ 参见苏永生：《法益保护理论中国化之反思与重构》，《政法论坛》2019 年第 1 期，第 71 页。

空间中的案件可依据实质性解释进行确证，并重塑弹性边界。

一、目的性要素的来源

目的是刑法的创造者，刑法分则中每个法条的产生都是源于一种目的，每个罪行规范的设定都是在目的的支配下完成的。实质性解释自然不能脱离罪行规范的目的，应得出适合其目的的合理解释，而法益、社会危害性、刑事政策及常识、常理、常情作为目的性要素能够在相当程度上为实质性解释提供目的性的指导。刑法规范本质是一种实际性、有效性的语言结构，❶ 刑法适用是日常生活与规范世界的互通，两者的互通借助于语言，刑法语言是平面维度的，适用形式逻辑规则，追求明确性，但是刑法规范是多维的，含有形式规则之外的目的性要素，目的性要素含有文本之外的独立性，是刑法条文真实目的的缩影。语言符号表达的"能指"和其真实想表达的"所指"是有差距的，目的性要素恰好可以缩小这种差距，使刑法更加明确。弹性边界的划定不可能仅依靠单纯的语言符号，必须借助目的性要素，达到形式与实质在解释过程中的交融。弹性空间的确定主要依靠对文本的理解。而弹性边界的划定主要依靠文本背后以及文本以外的目的性要素，而目的性要素是来自刑法外，尚未进入实定法，但又被当作实质法适用的事物。

任何实质的价值都必须通过目的途径进入刑法体系，❷ 实质

---

❶ 参见［德］考夫曼：《法律哲学》，刘幸义等译，法律出版社2004年版，第172页。

❷ 参见劳东燕：《刑事政策刑法化的宪法意涵》，《中国法律评论》2019年第1期，第37页。

性解释就是目的性解释，侧重于考察目的性要素，更关注公民诉求、政治需要和社会效果。在文义解释构建的弹性空间中，实质性解释可以根据目的性要素探求刑法的真实精神，进而依据真实精神划定弹性边界。目的较之于刑法规范本身更加明确和稳定，可以有效弥补立法者的"能指"与刑法解释的"所指"之间发生的多次损耗，提高刑法的明确程度。实质性解释要成为一种可以传授、理解和复制的思维模式，就必须将目的性要素的来源、内容构成及其蕴含的价值判断全部展现出来。目的性要素反映了主体的自由思考、愿望与诉求，具有一定的能动性、灵活性与自主性，法益、社会危害性、刑事政策和常识、常理、常情都可以为实质性解释提供目的性要素的来源，其中法益与社会危害性是刑法体系内部的价值判断标准。"目的"是一个开放性的范畴，使刑法体系向外开放，是法外价值判断进入刑法体系内部的唯一通道，外在价值进入后转化为内在价值，最终成为刑法体系本身的价值判断。❶ 而法外的价值判断来源于现实社会中的常识、常理、常情。这四个目的性要素分别来自不同的系统：法益和社会危害性来自于刑法系统，是刑法系统自身评判罪与非罪的主要标准；刑事政策来自于政治系统，是统治者评判是否应使用刑法手段进行管理的主要标准；常识、常理、常情来自于道德系统，是公众评判是非善恶的主要标准。刑法系统正常运转时会受到政治系统和道德系统的激扰，而目的性解释也吸纳了来自于其他两个系统的目的性要素，可以使刑法系统的运作达到一种最佳平衡状态。

---

❶ 参见劳东燕：《刑事政策与刑法解释中的价值判断——兼论解释论上的"以刑制罪"现象》，《政法论坛》2012 年第 4 期，第 32 页。

（一）目的性要素之一：法益

刑事立法以保护法益为目的，刑法处罚的是侵犯法益的行为，没有侵犯法益的行为就不会受到刑法的处罚，没有侵害法益的行为不应予以犯罪化，这也使人的自由受到保障，使人们在互不侵犯法益的前提下生存和发展。既然刑法分则条文是基于保护某种法益的目的而制定的，对其解释必须以法益为指导。法益可以使社会危害性具体化，解释者根据是否侵犯了法益来确定刑法处罚范围，即将处罚范围设定为侵犯法益的行为。法益具有清晰的内涵和外延，使刑法处罚边界更加明确。❶ 法益能作为刑法解释的目的性要素，起到方向指引的作用，从而使刑法规制该类型犯罪、设立该条文的目的得以实现。❷ 在某种意义上讲，法益的主要作用是保障实质性解释所能达到的效果与立法者意图、解释者目的相一致，弥补因各种原因造成的不明确。一个刑法条文因语言的模糊性而可能有多种客观意思，应以法益保护为方向指引和选择标准确定其中一种意思作为正确的解释结论。

"目的性"就是有效促进法益保护目的。要使刑法实现保护法益的目的，就需对未来产生预防犯罪的效果。❸ 法益保护目的实现的途径就是以惩罚犯罪的方式起到预防犯罪的效果。因此，目的性解释应始终以预防犯罪为政策导向，围绕法益保护的目的，有倾向性地展开解释。弹性空间是可以实现刑法的人权保障机能的解释结论的集合，目的性解释是在弹性空间中选择最有利于实现预防犯罪目的的解释结论，为了实现刑法法益保护机能，

---

❶ 参见张明楷：《法益初论》，中国政法大学出版社 2000 年版，203 页。

❷ 参见张明楷：《法益初论》，中国政法大学出版社 2000 年版，第 216 页。

❸ 参见张明楷：《刑法目的论纲》，《环球法律评论》2008 年第 1 期，第 25 页。

划定弹性空间时要求必须穷尽法条文义，从法条文义上苦下功夫，直至穷尽所有文义的可能性，以使那些值得科处刑罚的行为被纳入弹性空间，防止罪刑法定原则成为无力解释和懒得解释的借口。但是，即使是为了实现法益保护的目的，也不允许在弹性空间以外采用法益这一目的性要素进行目的性解释，这样会破坏罪刑法定原则的人权保障机能。

法益被作为目的性要素引进目的性解释，要求进行目的性解释时需要进行法益判定，对不法行为是否侵害法益以及侵害法益的类型与大小等情况进行具体的考量，考量内容包含法益识别与法益度量。● 法益识别是考量不法行为有无侵害刑法所要保护的法益以及侵害法益的类型。法益度量用来衡量不法行为侵害客体对整个社会功能的价值，包括法益位阶度量和法益价值量度量，法益位阶度量是指不法行为侵犯了多种刑法所要保护的法益，考量不同法益位阶高低的排序，以此确定刑法对法益保护的先后顺序，并以此为标准确定弹性边界。法益价值量度量是指考量不法行为侵犯刑法所要保护的法益的量，法益价值量既与法益类型有关，又与同一类型下所包含的利益的规模与量有关，这里考量的是同一法益类型下所包含的利益的规模与量，并依侵害法益大小的度来划定弹性边界。

（二）目的性要素之二：社会危害性

著名的刑法学家贝卡里亚认为：衡量犯罪的真正标尺是其对社会的危害。每个行为都需要进行社会危害性的判断，其中某些

● 参见焦艳鹏：《法益解释机能的司法实现——以污染环境罪的司法判定为线索》，《现代法学》2014年第1期，第110—111页。

行为被达成普遍共识之后才被类型化为法定罪状，而随着社会的变迁、新生事物的出现，这个过程会不断细致入微地进行下去，但永远不能穷尽，这也使刑法不能达到绝对明确的状态。明确的罪状表明社会危害性已经类型化、法定化，被历史经验所证实，达成普遍的共识，不需要进行社会危害性的判断，因此评价的成本较低。❶ 当罪状难以明确表达行为的危害程度，社会危害性起到了补缺作用，成为判断罪与非罪的重要依据。社会危害性是针对刑法模糊之处进一步明确的主要手段，有限制刑法解释涵盖范围的功能。

危害的内涵相对清晰，具有规范性意涵，因此社会危害性具有使弹性边界明确化的功能。对社会危害性的评价指向两个维度：一是作为刑罚的正当性依据，二是实现预防危害使危害最小化的目的。在古典自由主义时期，更主张限制公权力保护公民权利，使用刑罚权时需要正当性依据，对社会危害性的评价更倾向于优先服务于正当性依据。现代社会已不同于古典自由主义政治和社会语境，淡化了国家与个体之间的对立，健康和安全的公共属性愈加明显，刑法逐渐成为政府管理和规制公共事务的手段，对预防危害强烈关注，控制风险和威慑成为刑法规制的首要理由。刑法功能随着社会环境的转变而重新定位，对社会危害性的评价也发生转型，不再优先作为刑罚的正当性依据，而是关注预防危害。❷ 个体自由的保障让位于预防危害，刑法的保护范围由个人权利扩展至社会公共利益。

---

❶ 参见韩劲松：《社会危害性与罪刑法定原则关系的分析与厘清——透过社会危害性与罪刑法定原则冲突之表象》，《山东警察学院学报》2017年第2期，第31页。
❷ 参见劳东燕：《危害性原则的当代命运》，《中外法学》2008年第3期，第402页。

对社会危害性的评价不是纯客观的判断，自然犯的反伦理性决定了对其社会危害性的评价不可能背离社会的基本理念，否则会丧失基本的正当性。自然犯的社会危害性评价会相对客观，根据社会的一般公平观念即可评价。但是法定犯的社会危害性评价日趋主观化，显然与法定犯中危害的复杂特点紧密相关。法定犯的社会危害性有不确定因素，受政治因素和社会环境的影响比较大，从而导致危害的内涵不断变化。法定犯的行为一般是中性的，本身不具有反伦理性，无法借助独立因素进行评价，主要借助行政规定来评价，评价的关键是行为是否违反国家的行政法规，表现出行政支配的特点。比如，是否具备社会危害性完全取决于许可证制度，污染物的排放低于国家标准，污染行为就是被许可的，虽然行为本身具有破坏环境的危害，具有利益妨碍的性质，但也不会被评价为具备社会危害性。

社会危害性具有不法等级分类功能，法定犯的弹性边界主要依据社会危害性确定不法等级来划定。社会危害性是一种价值判断，是有程度之分的，不只是区分罪与非罪，还能区分出不法等级，根据"举重以明轻、举轻以明重"的原则，结合所属的不法分级，更加明确划定弹性边界。比如，侵犯生命权的故意杀人罪的社会危害性大于侵犯健康权的故意伤害罪，就算同一个罪名，再如上述排污行为，排污量有差异，可以通过排污量区分排污行为的不法程度。

社会危害性是犯罪行为和刑罚之间的杠杆支点，❶ 是判断犯

❶ Jerome Hall, *General Principles of Criminal Law* (2nd ed), Bobbs-Merrill Company, 1960, p. 213.

罪的严重程度，给犯罪定级和决定刑罚程度的基本依据。社会危害性是定义犯罪时需要考虑的关键因素，可以将犯罪行为与行政违法行为、民事违法行为区分开来。社会危害性是为了保障个体自由而引入刑法的，是排除犯罪事由的一个重要的权衡因素，用来将某些类型的人类活动排除在弹性边界之外，特别是将一些风化犯罪、道德性过错排除出犯罪范围。在弹性空间范围内，还需要单独对社会危害性进行判断，通过评价社会危害性，将弹性空间范围内的不具有社会危害性的行为予以排除，对社会危害性的判断不能超过弹性空间的范围，如果在弹性空间以外评价社会危害性会冲击罪刑法定原则。将社会危害性以目的性要素的形式进入实质性解释，是因为社会危害性具有利益衡量的功能，能在弹性空间里通过利益衡量将不具有社会危害性的行为排除在弹性边界之外。

（三）目的性要素之三：刑事政策

刑事政策代表着主流的价值取向，为刑法体系的发展指引方向。构建刑法体系时不使用刑事政策作目标设定，就会在方法上犯严重错误。[1] 刑事政策是国家的政治意志与诉求在刑事领域的体现，是国家谋定特定政治秩序的策略性手段，[2] 是政治系统在犯罪化及其处理的相关问题上的政治性呼吁与关注。[3] 刑事政策是刑法系统与政治系统之间的重要桥梁，是政治系统对刑法系统

---

[1] 参见［德］许逎曼：《刑法体系与刑事政策》，载许玉秀、陈志辉合编：《不移不惑献身法与正义：许逎曼教授刑事法论文选辑》，新学林出版股份有限公司2006年版，第38页。

[2] 参见劳东燕：《刑事政策与刑法体系关系之考察》，《比较法研究》2012年第2期，第78页。

[3] 参见劳东燕：《功能主义的刑法解释》，中国人民大学出版社2020年版，第13页。

激扰的渠道，是政治意志与社会需求的切实体现，刑事政策是将政治与社会需求传导到刑法系统的通道，通过刑事政策可以使刑法成为管控与维持社会秩序的工具。刑事政策核心的关注点是如何运用刑罚手段有效预防和控制犯罪，不断改进与完善刑法预防与控制犯罪的能力，从而更有利于维护政治系统对社会秩序的管控。在目前社会急速转型的背景下，刑事政策以社会安全为导向，从强调人权保护转变为注重社会保护，对刑法解释具有指导功能，并通过对具体法条的解释施加其影响。

　　刑事政策虽然具有一定程度的抽象性，无法像构成要件一样细化成具体规则，但它是富有具体内涵的，绝不是空洞无物的。随着刑事政策的进一步具体化，从根本刑事政策到基本刑事政策再到具体刑事政策，其内容会更加丰富和明确，整个刑事政策的体系会呈现出来，实质性解释所关涉的政策所在的位置、相邻关系、隶属关系都非常明确，解释者可以遵循这样的体系脉络明确具体的价值追求及价值根基，并以此作为划定弹性边界的正当化依据。❶ 这样不仅具有明确性和可行性，还可以确保刑法的统一适用，避免因法官的价值、偏好的不同导致实质性解释结果截然不同。刑事政策这一通道使刑法保持开放的状态，保持刑法系统与生活事实的互动，实质性解释结论也随之不断更新，及时满足社会现实需求。刑事政策具有应时性和流变性，可以增加弹性边界的弹性，提升刑法的适应性。

　　在解释刑法条文尤其是构成要件时，为了使刑法能适应社会

---

❶　参见杜宇：《刑事政策与刑法的目的论解释》，《法学论坛》2013 年第 6 期，第 40 页。

的发展变化，必须要考虑刑事政策的要求。刑法体系是个全封闭的体系，法益和社会危害性是刑法体系内部的评价标准，而刑事政策是来自政治系统的价值取向和方向指引，无法被刑法系统直接吸纳，只能通过目的的管道进入刑法系统，并决定弹性边界的具体划定。这里的目的包括规范保护目的与犯罪预防目的，规范保护目的指制定刑法要保护的内容，主要指向刑法的社会效果，犯罪预防目的包含一般预防与特殊预防，主要指向刑法的预防效果。当刑事政策与刑法想要保护的内容、一般预防目的、特殊预防目的相关，便可以经过目的管道作为目的性要素进入刑法系统进行实质性解释，而与规范目的和预防目的无关的刑事政策会被过滤掉，排除在刑法系统之外，作为环境因素存在。刑事政策是否能作为目的性要素进入刑法系统，取决于相应的价值诉求是否可以实现规范目的或刑罚目的，如果可以就会通过目的管道被吸纳。比如，以聚众淫乱罪与引诱未成年人聚众淫乱罪为例，聚众淫乱罪必须要具有某种程度的公然性，未成年人刑事政策是要保护未成年人的身心健康，而引诱未成年人聚众淫乱罪的规范目的也是保护未成年人的身心健康，未成年人刑事政策通过规范目的的通道吸纳进刑法体系，并适应于实质性解释，为了更加充分保护未成年人的身心健康，引诱未成人聚众淫乱罪不需要具备公然性，引诱未成人参加私密的聚众淫乱活动也同样会侵害未成年人的身心健康，应该也构成该罪。而这种吸纳的过程也是动态的，可能随着立法的修正，变成可被吸纳的法内价值，成为刑法系统的组成因素。相反，原本在刑法系统内部的特定政策价值，也可能随着立法的修正被排除出刑法系统。

刑事政策作为目的性要素可以为解释的目的提供合理的支

持，衡量解释结论是否合理，目的的确定有助于明确清晰的弹性边界的构建。刑事政策具有作为解释目标的机能，从而使刑法设定条文的目的全部实现。如果某些罪行规范在制定或修正时已经考虑了刑事政策的因素，相应条文的设定受到刑事政策的支配，解释该类条文时不能仅要从法益与社会危害性视角去思考，还必须考虑到刑事政策的构造性影响，对其进行实质性解释也必然以刑事政策作为指导。刑事政策主要从以下两个方面影响实质性解释：第一，刑事政策会影响特定法益的选择与认定，某些罪行规范从犯罪类型的设定到法益的选择与认定都受刑事政策的支配与影响，这种情况下，法益的选择与认定必须与刑事政策的价值取向保持一致，对特定犯罪的法益必须结合刑事政策来选择与认定。例如，受贿罪法益的选择就存在争论，通常有两种观点：一种观点认为它是职务行为的公正性，另一种观点认为它是职务行为的不可收买性。两种观点难以选择时可以从刑事政策的视角考虑，采用不可收买性能达到适度扩大受贿罪的成立范围，淡化"为他人谋取利益"要件的限制作用，更有利于从严治吏和对腐败的治理。第二，刑事政策为作扩大解释还是缩小解释提供指示，部分犯罪类型的法益属于超个人法益，相较个人法益而言比较抽象，比如扰乱公共秩序类犯罪的法益公共秩序就属于超个人法益，公共秩序的具体内涵很难界定。当法益本身比较模糊或者在理论上存在争议，无法承担指导的功能时，可以依据刑事政策确定处罚范围，确定需要作扩大解释还是缩小解释。如果刑事政策要求从严打击某种类型的犯罪，比如当前的扫黑除恶专项斗争贯彻"严打"的形势政策，必然会对黑恶犯罪的构成要件和量刑因素作扩张解释。而当不法行为与既有体制缺陷存在关联，刑

事政策也可能要求作限缩解释。❶

（四）目的性要素之四：常识、常理、常情

常识是一般人拥有的普遍的社会生活知识，常理是一般人明晓的普遍的社会生活道理，常情是一般人怀有的普遍的社会生活感情。❷ "常识、常理、常情是指为一个社会的普通民众长期认同，并且至今没有被证明是错误的基本的经验、基本的道理以及为该社会民众普遍认同与遵守的是非标准、行为准则。"❸ 常识、常理、常情是社会所尊重的最基本的伦理要求，是人类社会应当遵循的一般规范，是道德秩序中被烙上刑法印记的那部分，强调刑法最基本的伦理性。常识、常理、常情是来自于道德系统的目的性要素，作为连通道德伦理与刑法的管道，使得刑法受到道德系统的激扰，汲取道德伦理中的营养。将常识、常理、常情引入刑法体系，既维护了基本道德，又在立法上弥补了刑法规定之不足。

常识、常理、常情在一般意义上代表着公众的认知能力与认知水平，是公众法感情的规范表达，具有稳定性和可操作性。常识、常理、常情使公众对自身行为的性质作出判断，同时是公众的日常生活行为规制或行为指引，这也是其成为目的性要素之一的根本原因。常识、常理、常情是公众在价值判断层面达成的共识，应作为一种目的性要素被引入实质性解释，并参与到刑法解

❶ 参见劳东燕：《罪刑规范的刑事政策分析——一个规范刑法学意义上的解读》，《中国法学》2011 年第 1 期，第 135 页。

❷ 参见马荣春：《刑事案件事实认定的常识、常理、常情化》，《北方法学》2014 年第 2 期，第 80 页。

❸ 参见陈忠林：《"常识、常理、常情"：一种法治观与法学教育观》，《太平洋学报》2007 年第 6 期，第 16 页。

释中来，共同构建刑法的弹性边界。

基于常识、常理、常情高度的抽象性与不确定性、强烈的伦理性与主观性等特质，刑法适用常识、常理、常情限定于出罪，入罪尽量不适用常识、常理、常情。基于刑法的谦抑性，常识、常理、常情应限定出罪时才能适用，因为常识、常理、常情的规范性和稳定性不足，如果入罪也可以适用会危及到刑法的安定性。为了确保常识、常理、常情的适用不会影响刑法的稳定性与安定性，避免利用常识、常理、常情不当扩张刑法规制范围，宜限制在出罪方向对常识、常理、常情的适用。如果不对常识、常理、常情的适用加以限制，任由其随意适用，相当于在罪刑法定以外另开辟了道德法庭，刑法规范之外的道德伦理、社会风俗习惯等不确定的主观因素会冲击刑法的安定性和罪刑法定原则，而刑法原初的任务就是排斥立足于道德性原理上的道德性惩罚。❶为了防止法官以个人偏见代替刑法规范，以道德审判代替刑法适用，常识、常理、常情不能在入罪方向适用，但是可以接纳其在道德性原理上的出罪尝试，以弥补刑法出罪机制不畅之天然不足。

常识、常理、常情是在适用刑法规则之时应遵守的价值理念，它们不能直接援引适用，只能嵌入具体构成要件的解释适用中，通过具体刑法规则的解释适用来实现。常识、常理、常情在幕后，具体的罪行规范在台前，作为幕后的常识、常理、常情只有在作为台前的刑法规范的适用需要补充时才能出场，当台前的规则适用不能应对社会生活的挑战时，可以考虑让常识、常理、

---

❶ 参见［日］庄子邦雄：《近代刑法思想史序说》，李希同译，中国检察出版社2010年版，第12页。

常情从幕后走到台前，以缓解台前规则不足以应对挑战的现状，为实质性解释的适用提供理论依据。规范的构成要件要素相对于记叙的构成要件要素来说比较抽象，不能直接通过字面含义直观理解，只能通过价值判断感知其含义。对规范的构成要件要素的实质性解释，不仅需要进行价值评价，还需借助常识、常理、常情才能更好地实现其明确性。对普通公众而言，常识、常理、常情是一种判断是非善恶的价值标准。对规范构成要件要素需要根据一般人的价值观念和社会意义进行理解，比如对"淫秽物品"这一规范性概念范围的界定，应根据一般人的评价结论来界定其内涵及范围。常识、常理、常情渗透于规范构成要件要素的认定之中，

刑法适用常识、常理、常情时必须充分说明适用的理由，常识、常理、常情内涵不清、外延不明，如果适用时不能充分说理，难以避免法官的个人偏见，而刑法的适用需要克服个人的主观性，排除可能的偏见，使其评价"事理化"。刑法适用常识、常理、常情，必须对违反了何种类型的常识、常理、常情进行说明，充分论证为什么要遵循该种类型的常识、常理、常情，不遵循会造成怎样的影响，对其的具体适用必须要有"更强理由"的论证，需要对这一目的性要素的适用提供正当化依据，以使其在刑法适用中实现"事理化"。刑法越脱离公众生活常识，公众就越看不懂刑法，刑法学的内耗就越严重，能形成的共识也就越少，刑法也就越模糊。❶ 常识、常理、常情是划定弹性边界时需

---

❶ 参见周光权：《论常识主义刑法观》，《法制与社会发展》2011年第1期，第82—85页。

要仔细考虑，将其适用于实质性解释可以视为共识刑法观的具体运用。罪刑法定实质侧面的实现以及刑法弹性边界的构建，需要常识、常理、常情发挥解释不明确构成要件要素的补充调节作用，其有助于明确清晰弹性边界的构建。

二、实质性解释规则的提炼

实质性解释需要细腻的论证和缜密的推理，得出简洁的结论，形成简洁易懂、方便实用的规则才能便于法官适用。法益、社会危害性、刑事政策和常识、常理、常情等目的性要素是宏观的，带有权衡性质的，必须借助具体的解释规则才能对刑法规范予以明确。

（一）提炼实质性解释规则的意义

实质性解释规则是针对刑法文本解释的规则，提供了明确化、具体化的解释路径。实质性解释规则是一种具体的思维引导规则，为法官解决模糊地带的疑难案件提供思维指引。实质性解释规则是凝练了刑法理论和实践智慧的实质性解释运用实际操作规程，是运用各种目的性要素所遵循的大致规律。实质性解释规则是可重复适用的具体的操作准则，是特定犯罪类型所要遵守的经验法则，主张同类犯罪相同解释。实质性解释规则是为了保障刑法明确性而必须遵守的经验法则，是静态和稳定的。实质性解释规则将实现法治理想和适应社会现实有机结合起来，虽然不是制度性的规则，不能等同于刑法规范，只是法律人的思维规则，即法律人解释刑法时可以遵守的准则。实质性解释规则不仅为法律人提供直接的思维指引，引导法律人在进行实质性解释时如何思维，还在解释时提出具体的要求，对法律人的思维有约束作用，有效规制了解释的能动性，使法律人形成大体一致的思维方式和路径，从而达到使刑法更加明确的效果。

实质性解释规则不仅对目的性要素进行了具体化处理，而且厘清了各目的性要素的冲突，从而可以在其指引下进行实质性解释。实质性解释的对象是刑法条文中的语词，通过实质性解释使其更加明确，解释者在简单案件中直接确定语词的通常含义，只有存在多义、歧义等复杂情况下，需要使用实质性解释规则。实质性解释规则以经验事实为前提，或者是建立在价值排序的基础之上，最大可能性排除了公众的法感情、法官的恣意等非理性因素在"找法"过程中的消极影响。实质性解释规则提供了一种最大程度的理性指引。实质性解释规则有助于构建刑法解释的共同体，使从事与刑法有关的职业的法律人拥有共同的思维规则。索绪尔将人类的语言分为"语言之语"和"语言之言"，"语言之语"具有社会性，更具有本质性，可以与使用者分离，"语言之言"具有私人性，属于个性发挥，不能脱离使用者。❶ 实质性解释规则不仅提供了适用各种目的性要素的具体规则，而且还给出目的性要素之间的优先位序和冲突解决规则，实际上就是为刑法解释共同体提供"语言之语"。实质性解释规则一方面可以破除刑法解释的迷宫，为法律人提供明确化的解释路径，并回应刑法解释的实践性需要。另一方面，实质性解释规则的适用有助于消解过于注重回应性而忽视安定性的"政策困境"，通过实质性解释规则的适用达到约束刑法解释思维、限制刑法的任意解释的

---

❶ 参见李亚东：《我们需要什么样的法律解释学——法律解释规则理论研究》，《法学论坛》2015 年第 4 期，第 117 页。

功效，为构建明确的弹性边界提供技术支持。❶

（二）提炼实质性解释规则的过程

目前形成的实质性解释规则很少，更多的是一些简约的描述和原则性的规定，呈现出一种"粗疏"的样态，无法构建成为客观的、统一有效的、程序化的，并因此可以重复适用的、可以传授的解释规则。对实质性解释规则的创设，可以在刑事司法实践中逐步完善，并对其提出规范性要求。只有实质性解释规则逐步完善和规范化，才有利于法治思维方法的形成，法治建设由平面转向立体，并由静态法治向动态法治演化。❷ 随着实质性解释研究的进一步深入，学者们发现实质性解释包含了不同的目的性要素，针对不同的犯罪类型都有相应的解释规则。当刑法解释的目的性要素不止一个，且相互交织时，到底哪个目的是重要的、不可舍弃的，目的与目的之间的关系如何，目的所体现的价值观点是什么，这些问题往往难以达成共识，这时便需要一套较为清晰的解释规则指导刑法解释活动。刑法中目的性要素是宏观的、带有权衡性的，其维度多样性和价值多元性决定了实质性解释的不确定性与易变性，为了能更加清晰地适用实质性解释去重塑弹性边界，应根据各种因素制定在一定时期内的具体适用规则，并借助具体解释规则予以确定。

实质性解释规则侧重于提炼和积累并形成共识，而非创造，是一种司法经验的总结。提炼实质性解释规则主要分为两步：第

---

❶ 参见杨铜铜：《论法律解释规则》，《法律科学》（西北政法大学学报）2019 年第 3 期，第 16 页。

❷ 参见陈金钊：《法律解释规则及其运用研究（下）——法律解释规则运用所遇到的难题》，《政法论丛》2013 年第 5 期，第 79 页。

一步，当无法针对特定犯罪类型提炼出统一的实质性解释规则时，可以先在较低层面上形成适用于局部的个别化解释规则。法律人只具有有限理性，司法经验的积累是个持续不断的过程，当无法对犯罪类型的构成要件完整观察时，也就无法提炼出全面、完整的解释规则，这个需要在司法实践的漫长过程中逐步积累、整理，然后提炼出来。这种积累应先从提炼个别化解释规则开始，应吸纳局部共识，当人们对普遍共识有分歧，但对具体案件中的目的性要素选择可以达成共识的情况下，可以放弃追求同一种犯罪类型应取得统一共识的宏大抱负，先在具体方向上或局部领域内提炼出个别化的实质性解释规则，巩固这些局部的共识，追求较低层次的共识，寻求某一犯罪类型下分解成各个子类型的共识。刑法解释的目的性要素限缩在较狭窄的领域或较具体的方向上时，更容易取得共识，形成个别化的规则。如果出现无法化解的分歧，可能会导致无法取得实质性解释的共识，应该允许在犯罪类型内的不同局部形成差异化、特殊性的解释规则。第二步，从个别化规则中提炼出共性或联系，并不断重复这个确定、巩固、积累、丰富、收缩、聚拢、抽象、提炼的过程，形成概观程度更高的统一规则。❶ 当适用于局部的个别化解释规则被不断遵循、调整和修正，逐步凸显并稳定下来，积累并丰富起来，透过对个别化规则的比较，显现出规则之间的脉络关联，才能有逻辑性地把握犯罪类型的整体。随着个别化解释规则逐渐确立和巩固，就可以对其归纳、提炼并发展出抽象程度更高的规则，经历

❶ 参见杜宇：《基于类型思维的刑法解释的实践功能》，《中外法学》2016年第5期，第1257页。

抽象程度上的大幅提升，并在这个过程中形成统一的实质性解释规则。

目的性要素本身是具有丰富性、多元性与延展性的，不同的犯罪类型目的性要素也有不同的表现形式，在目的性要素的个数、表现的强度及组合的形态等方面存在区别。当犯罪类型的法益内涵和外延比较清晰时，解释规则主要以法益这一目的性要素为主，而当法益的内涵比较模糊时，解释规则中可以加入社会危害性来帮助明确刑法文本的含义。不是每种犯罪类型都会涉及刑事政策和常识、常理、常情的，如果涉及并需要的情况下，解释规则中也可以加入刑事政策和常识、常理、常情等目的性要素以使实质性解释更加明确。在实质性解释规则形成的过程中，会有各种类型的非典型情况出现，具有复杂而微妙的区别，需要进行提炼和积累，关注差异和变化，探求共性和联系。这种积累和提炼面向生活开放，并持续不断地进行，目前认识到的解释规则只是暂定的，因为积累和提炼在不断进行，解释规则也会不断地变化、发展，所以，实质性解释规则永远处在不断变化、发展的状态。在统一规则的基础上，拓展现有的理解和认知，可以进一步发展出适用于具体问题和局部领域的新的个别化规则。新的个别化规则回归到整体脉络之中，在具体问题的解决上又有新的理解和认知。对既有认识整理和沉淀并形成统一规则后，当面临新案件的挑战时，统一规则可能会被重新限制、分化甚至推翻，将重复上述认知和理解上的循环，不断经历以下理解或认知的循环：形成个别化解释规则—提炼统一解释规则—形成新的个别化解释规则—提炼新的统一解释规则。在不断持续的循环中，通过实质性解释规则的不断提炼使刑法保持其开放性，并最大程度达到明确性。

实质性解释规则形成后，其种类庞杂、数量众多，需要按照犯罪类型进行梳理和归类，以明晰对实质性解释规则的认知。将同一种犯罪类型形态相似的个别化规则系统化、类型化、有序化，可以依据共同的思维规律归入统一规则的脉络之中，按照犯罪类型和统一规则划分实质性解释规则的种属关系，编排出更为具体清晰的实质性解释规则目录，方便适用者查找，统一适用的标准。划分实质性解释规则的种属关系，是为了更好地实现刑法的回应性，将目光聚焦于刑事司法实践，为刑法规范在不断转型的社会变迁中理解、解释与适用寻找可操作化的准则。实质性解释规则用一套明确、具体、可重复操作的规则为阐明刑法规范的含义提供指导，解决了同一犯罪类型同一解释、同案同判的问题，为解释者提供了一套统一的运用自如的解释技巧，使解释者面对相似案件，采用相同的解释规则，得出一致的解释结果，为实质性解释在社会关系复杂的弹性空间中划分弹性边界寻找可操作化的准则，实现同案同判，使弹性边界在司法裁判中更加明确。对于弹性空间中边界文义不清晰的案件，通过实质性解释规则进行确证，并在以后司法实践中被不断重复进行这种确证，从而在主观目的和客观目的实现的同时，文义得到了进一步的规范，形成了新的语言规则。此外，弹性边界只能通过解决当下文义不清晰的案件来形成。

本章小结

本章主要阐述了如何在弹性空间中构建明确的弹性边界，主要分为两步：第一步，通过形式性解释划分出弹性空间。首先通过文义解释确定底限范围，也就是可能文义的最大范围，这是罪刑法定原则的底限，任何刑法解释不能逾越。然后通过体系解释排除底限范围中不协调的部分，主要有法条内部的不协调部分、法条之间的不协调部分、刑法与其他部门法的不协调部分、刑法与宪法的不协调部分。底限范围排除掉上述不协调的部分就形成弹性空间。第二步，在弹性空间里通过实质性解释划定弹性边界。实质性解释不能越过形式性解释直接进行，不能逾越弹性空间的边界。实质性解释主要依据法益、社会危害性、刑事政策与常识、常理、常情等目的性要素展开。其中法益和社会危害性是来自刑法系统的目的性要素，刑事政策是来自政治系统的目的性要素，常识、常理、常情是来自道德系统的目的性要素，吸纳其他系统的目的性要素可以使刑法保持开放性，提高适应性，不同的犯罪类型提炼出不同的实质性解释规则，依据犯罪类型的特点在不同的解释规则中，目的性要素将形成适合该犯罪类型特有的优先位序和冲突解决规则，法律人通过实质性解释规则形成统一的刑法解释思维，使得实质性解释划定的弹性边界更加明确、清晰。

第六章

典型个罪的明确路径：基于非法经营罪的分析

刑法中存在不少不明确的罪名，本章从中选取了最具代表性的、在实践中争议最大的、亟待明确的罪名——非法经营罪。非法经营罪的犯罪类型过于粗疏，构成要件欠缺反映事物本质的要素，为其扩张变异解释留下了巨大的空间。现将前文提出的立法明确路径以及司法明确路径运用到非法经营罪中，通过对非法经营罪明确路径的分析，验证前文提出的立法明确路径及司法明确路径的可行性。目前非法经营罪仅通过刑法解释不能得到明确，必须从立法和司法两条路径展开：先从立法路径对其进行犯罪类型的分解，以及构成要件的增设；再从司法路径构建非法经营罪的弹性空间，划定非法经营罪的弹性边界。

第一节 非法经营罪的立法明确路径

非法经营罪立法明确路径主要围绕将其限定为只规制侵犯市场准入秩序的行为，主要分为两步：第一步，将非法经营罪的犯罪类型进行分解，将非法经营罪的法益确定为市场准入秩序，并将侵犯市场交易秩序、竞争秩序及管理秩序的犯罪行为从非法经营罪中分解出去；第二步，增设非法经营罪的构成要件要素，将增设"准入"这一要素后，使《刑法》第225第4项变为"其他扰乱市场准入秩序的非法经营行为"，增强了构成要件解释的指引功能。

一、分解非法经营罪的犯罪类型

从投机倒把罪到非法经营罪的转变过程中，立法者对投机倒把罪进行了分解，将这一"口袋罪"进一步地明确化了。但是这并不意味着非法经营罪的明确在1997年《刑法》中已经完成了，随着社会经济不断发展，各种新型经营方式层出不穷，仍然需要进一步进行犯罪类型的分解，使非法经营罪保持其合适的类型化程度，才是使其符合明确性要求的关键。

（一）投机倒把罪分解的先例

非法经营罪是由1979年《刑法》中的投机倒把罪中分解出来，在1997年《刑法》中新设立的罪名。从1979年《刑法》规定中可以看出，❶ 投机倒把罪采用了空白罪状这种高度抽象的

---

❶ 1979年《刑法》第117条规定："违反金融、外汇、金银、工商管理法规，投机倒把，情节严重的，处三年以下有期徒刑或者拘役，可以并处、单处罚金或者没收财产。"

立法模式，而投机倒把本身也是一个抽象的概念，涵盖多种行为类型，涉及工商管理、外汇、金银、金融等诸多领域，并没有在罪状中明文列举投机倒把行为，必须参照相关法律、法规才能适用罪名，但并未限定法律、法规的层级，导致各个层级的行政法规都可以作为认定投机倒把罪的依据，使其适用范围十分广泛。投机倒把的行为方式随着相关法律、法规的变化而变化，行为边界模糊，投机倒把罪呈现出涉及领域广泛、政策性强、内容庞杂且界定困难，犯罪边界不清晰等问题，给司法的恣意留有极大的空间。

投机倒把罪是计划经济的产物，体现了高度集中的计划经济对市场控制的需要。在计划经济体制下，绝大部分盈利性商业活动都被认定为投机倒把行为，投机倒把罪涵盖范围广泛，边界非常模糊。1979 年《刑法》并没有规定罪刑法定原则，更加没有明确性原则的要求，公众在无法预知任何风险的前提下就落入投机倒把罪的陷阱。我国改革开放以后，经济体制由计划经济向市场经济转型，投机倒把罪与市场经济体制显然是相冲突的，完全不能与市场经济体制相融合，且投机倒把罪存在"内涵不明、外延不清"的问题，越来越多的学者提出废除投机倒把罪与市场经济相冲突的部分，正当的投机行为不再视为犯罪。❶ 例如，因为市场经济完全放松了对商品的流通管制，使倒卖型投机倒把行为丧失了实质的违法性。❷ 在刑事司法实践中，投机倒把罪成了任

---

❶ 参见曲新久主编：《共和国六十年法学论争实录·刑法卷》，厦门大学出版社 2010 年版，第 321—326 页。
❷ 参见陈兴良：《投机倒把罪：一个口袋罪的死与生》，《现代法学》2019 年第 4 期，第 27 页。

意扩大或缩小的口袋罪，使公众难以预测自身行为的性质。而投机倒把罪的口袋特征与明确性原则存在冲突，导致分解投机倒把罪的呼声越来越高，认为应将市场经济体制下失去违法性的行为合法化，并将仍然严重危害经济秩序且应受刑罚处罚的行为分解出来成为新的犯罪类型。

为了适应市场经济发展必须对投机倒把罪进行分解，分解主要分为两步：第一步，先将新的市场经济形势下已合法化的行为进行去罪化处理；第二步，再将仍然存在犯罪类型过于粗疏的投机倒把罪进行分解。立法者采纳了相关建议，逐步将危害经济秩序的犯罪行为从投机倒把罪中分解出来作为独立的罪名，不再将与市场经济体制相矛盾的投机倒把行为作为犯罪对待，投机倒把罪不断被分解、销蚀，直到1997年《刑法》直接取消投机倒把罪。[1] 因为投机倒把罪的不明确，容易造成司法恣意，对需要规制的犯罪行为，分解独立出来尽量作出明确的规定。1997年《刑法》废除了投机倒把罪，并将原投机倒把罪中仍然视为犯罪的行为，依据其行为特征，分解成28个新罪名，主要包括非法经营罪，生产、销售伪劣产品罪，高利转贷罪，虚开发票罪，伪造、倒卖伪造的有价票证罪，倒卖车票、船票罪，等等，分散在刑法分则不同的章节中。[2] 在这个分解的过程中，克服投机倒把罪内涵和外延不明确的问题，限制了司法的恣意，分解独立出来的非法经营罪也变得更明确了。

---

[1] 参见曲新久主编：《共和国六十年法学论争实录·刑法卷》，厦门大学出版社2010年版，第306页。

[2] 参见梁艾福：《关于刑法修改的若干问题（下）》，《中国工商管理研究》1997年第8期，第23—24页。

投机倒把罪的分解印证了，犯罪类型的设置不能过于粗疏，否则不利于提炼具有共性的事物本质，只能使用极度抽象的概念——投机倒把，并没有对投机倒把行为特征作具体的描述，导致其范围几乎无边无际，让一般人难以理解这个概念的范围，无法预见自身行为的风险，不符合明确性原则的要求。将投机倒把罪分解成 28 个新罪名，修正了投机倒把罪因过于粗疏的犯罪类型而导致的涵盖过度，使类型化程度更合理，尽可能明确规定这 28 个罪名的构成要件，使其涵盖范围更加明确。

（二）非法经营罪的犯罪类型仍过于粗疏

投机倒把罪分解后，明确性得到很大的提高。但在某种意义上，非法经营罪的诞生是投机倒把罪的转世，它以另外一种形式延续了投机倒把罪的口袋功能。❶ 非法经营罪的小口袋取代了投机倒把罪的大口袋，"其他严重扰乱市场秩序的非法经营行为"取代了"其他投机倒把行为"，非法经营罪成为分解后 28 个罪名中立法模式最抽象、明确程度最低的罪名。立法者为了明确非法经营罪的构成要件，将非法经营行为类型设定为未经行政许可的经营行为，希望解决投机倒把罪立法抽象、内涵外延不明确、不利于一般人理解和预见的问题。但是在非法经营罪实际适用过程中发现上述问题并未完全解决，只是在一定程度上缓解了。采用空白罪状加兜底条款的立法模式导致非法经营罪的犯罪类型过于粗疏，囊括的行为类型多种多样，根本无法抽象提炼出相对具体的行为特征，缺乏明确的入罪判断标准，给司法机关扩张变异适

---

❶ 参见陈兴良：《投机倒把罪：一个口袋罪的死与生》，《现代法学》2019 年第 4 期，第 28 页。

用留下了空间。在各种因素的影响下，通过刑法解释将各种新型行为不断纳入第 4 项兜底条款之中，非法经营罪的口袋功能在演变过程中逐渐凸显出来。近年来，随着社会转型经济转轨，电子商务迅速崛起，各种新兴的贸易经营模式层出不穷，随之涌现出各种各样新型的非法经营行为适用非法经营罪加以规制，非法经营罪的调控范围不断扩张。非法经营罪的外延是受经济政策和经济法规制约的，经济政策作出调整，经济法规也随之变化，非法经营罪的规制范围也随之不断扩张。

自 1997 年《刑法》修订以来，立法机关对刑法进行修正，共出台 12 个刑法修正案、1 部单行刑法及 15 个立法解释，其中对非法经营罪的修改频率是最高的，一共有 3 次，也是刑法分则各个罪名中修改次数最多的。非法经营罪以立法的形式不断向外扩张，通过刑法修正案和立法解释增加了 3 种非法经营罪行为的类型，分别是："非法买卖外汇行为""非法经营证券、期货、保险业务""非法从事资金支付结算业务行为"。在刑法分则的所有罪名之中，非法经营罪的司法解释是最多的，自从 1997 年《刑法》设置非法经营罪以后，最高人民法院、最高人民检察院、公安部对非法经营罪的适用发布的司法解释，除了法条文义解释及本罪涉及的牵连犯、想象竞合犯如何处置的规定以外，共有 29 个司法解释将 34 种行为通过司法解释将新的行为扩充到该罪中，在这 34 种行为中有 26 种行为纳入了第 225 条第 4 项，使其涵盖范围扩张到保险、外汇、证券、期货、医药、出版、电信、传销、出版、饲料等诸多领域，并且还在不断扩张其适用范围。诸如妨害信用卡管理，骗购外汇、逃汇、非法买卖外汇，非法经营证券业务，擅自发行基金份额，擅自发行、销售彩票，扰乱电信管理市场，传销和变相传销，非法生产、销售烟草专卖品，非法经营食盐，生产、销售国家禁止用于食品生产、销售的非食品原料，非法生产、销售、使用禁止在饲料和饮水中的药品，擅自从事互联网上网服务，擅自设立互联网上网服务营业场所，非法出版、印刷、复制，妨害预防、控制突发传染病疫情等行为都有被认定为非法经营罪的先例。❶ 司法解释将涉及前 3 项的行政处罚层面的非法经营行为上升到刑事犯罪层面，适用非法经营罪进行处罚，将不能解释进前 3 项的非法经营行为都纳入第 4 项兜底条款之中，主要是通过第 4 项兜底条款扩张非法经营罪的适用范围。较之于投机倒把罪，非法经营罪只是口袋径的范围缩小了，由之前的大口袋变成现在的小口袋，只要无法明确第 4 项的内涵，都难以克服口袋罪不明确的弊病。❷

扩张性的立法和变异性的解释改变了非法经营罪的原有的行为结构，将其规制对象由最开始违反行政特许经营行为演变成特定行业的经营资格、经营内容、经营方式、经营场所等，范围涉及医药、电信、保险、出版、传销、外汇、证券、期货、饲料等领域。随着"国家规定"范围的不断扩大，相关司法解释数量的不断增加，非法经营罪的行为方式有继续扩张的趋势，非法经营罪的本质就是经济立法的附属刑法规范，其规则范围的调整紧随经济立法的变动，呈现出亦步亦趋的倾向。❸ 非法经营罪成为经济类犯罪的万能条款，涵盖范围过于广泛，行为类型不断增

---

❶ 参见赵春玉：《刑事立法的类型化逻辑与路径》，《甘肃政法学院学报》2014 年第 5 期，第 87 页。

❷ 参见刘树德：《"口袋罪"的司法命运：非法经营的罪与罚》，北京大学出版社 2011 年版，第 9 页。

❸ 参见张天虹：《经济犯罪新论》，法律出版社 2004 年版，第 270 页。

加，各种类型的特征差异巨大，已无法提炼出事物的共性本质，使构成要件越来越抽象模糊。

（三）非法经营罪进一步分解的构想

非法经营罪的犯罪类型过于粗疏，行为类型的多样化导致很难抽象提炼出相对具体的类型特征，只能提炼出高度抽象的类型特征，即"违反国家规定"与"严重扰乱市场秩序的非法经营行为"，给法官扩张变异适用留出充足的空间，使非法经营罪成了口袋罪。因此，明确非法经营罪所需破解的第一个难题就是犯罪类型过于粗疏，必须进一步分解非法经营罪的犯罪类型才有望使其更加明确。分解思路主要是进一步具体化非法经营罪的规范保护目的，通过将规范保护目的限定在一个具体的范围之内，将不属于该规范保护目的的行为排除出该罪。被排除出去的行为并不是不受刑法规制了，如果具有一定的社会危害性，应当归入其他具有共同规范保护目的的罪名之中，或通过增设新的罪名进行规制。

市场秩序包括准入秩序、交易秩序、竞争秩序及管理秩序。❶ 目前的刑事司法实践中，非法经营罪不只是保护市场准入秩序，还保护市场竞争秩序、交易秩序及管理秩序。比如，将内容违法的非法出版物的经营行为纳入非法经营罪处罚范围，❷ 出版内容违法的出版物的行为，侵害的不是市场准入秩序而是市场管理秩序。出版物内容是否违法，与非法经营罪并未直接关联，

---

❶ 参见郑勇：《非法经营罪的扩张：原因及其对策》，《中国刑事法杂志》2018 年第 1 期，第 107 页。

❷ 最高人民法院 1998 年 12 月 17 日发布的《关于审理非法出版物刑事案件具体应用法律若干问题的解释》第 11 条。

应将其从非法经营罪中分解出去，根据出版物的具体内容确定其应交由危害国家安全罪、侮辱罪、诽谤罪、侵犯著作权罪、传播淫秽物品罪进行规制，如果这些罪名组成的法网仍有漏洞，应通过立法增设新罪加以规制，而不能为了方便惩治直接通过司法解释将该类行为纳入非法经营罪的规制范围。再如，在信息网络上有偿删帖行为及有偿发布虚假信息行为扰乱了网络秩序，其性质是违法的互联网经营活动，是法律应当禁止的行为，但是它侵害的是市场管理秩序并不是市场准入秩序，没有取得互联网经营资格而又从事互联网经营活动的才属于侵害市场准入秩序，其行为性质与非法经营专营专卖物品和特许经营物品的行为存在本质上的差异，难以归入同一犯罪类型，但同样也通过司法解释将其纳入非法经营罪的规制范围。❶ 又如，在预防、控制突发传染病疫情等灾害期间哄抬物价、牟取暴利等行为也被纳入非法经营罪处罚，❷ 其侵犯的是市场交易秩序而不是市场准入秩序，即使是在特殊时期哄抬物价、谋取暴利是具有一定程度的社会危害性的，但是也不符合非法经营罪的不法内涵，不应纳入非法经营罪进行处罚。从上述三个司法解释可以看出，目前刑事司法实践中存在一种危险的倾向，将非法经营罪的规范保护目的认定为市场经济秩序，即所有违背市场经济秩序的行为都可以纳入非法经营罪进

---

❶ 最高人民法院、最高人民检察院 2013 年 9 月 6 日发布的《关于办理利用信息网络实施诽谤等刑事案件适用法律若干问题的解释》第 7 条规定："违反国家规定，以营利为目的，通过信息网络有偿提供删除信息服务，或者明知是虚假信息，通过信息网络有偿提供发布信息等服务，扰乱市场秩序，具有下列情形之一的，属于非法经营行为'情节严重'。"

❷ 最高人民法院、最高人民检察院 2003 年 5 月 14 日发布的《关于办理妨害预防、控制突发传染病疫情等灾害的刑事案件具体应用法律若干问题的解释》第 6 条。

行处罚。这种错误的规范保护目的认定十分明显地体现在具体个案之中，比如引起争议的组织刷单炒信案，是行为人组建刷单炒信平台，并组织他人通过在网购平台上刷单虚构交易，为淘宝卖家增加交易量及提高交易信用，最终法院判决该行为构成非法经营罪。[1] 但是组织刷单炒信的行为侵犯的是市场竞争秩序，并不是市场准入秩序。在这种倾向下，非法经营罪的规制范围扩张至所有侵犯市场经济秩序的经营行为，非法经营罪不断被扩张变异适用，成为可以填补所有经济类犯罪漏洞的"口袋罪"。

　　非法经营罪并不是规制所有市场秩序，而是市场秩序中特定的部分，其规范保护目的也应指向特定的部分。非法经营罪的规范保护目的必须与其具体的罪行规范相关联，只有受到其罪行规范保护的市场准入秩序才能成为该罪的规范保护目的。因此，非法经营罪的规范保护目的应确定为市场准入秩序，因为《刑法》第 225 条列举的前 3 项都与行政许可相关，可以理解为都是侵害了市场准入秩序，第 4 项应该与前 3 项同质、相当，也是其他不符合市场准入条件而经营的行为。如果将所有侵犯市场经济秩序的经营行为全部纳入非法经营罪的规制范围，这些行为将会指向不同的规范保护目的，比如前段列举的纳入非法经营罪规制的具体行为的规制保护目的分别是市场管理秩序、交易秩序以及竞争秩序，与市场准入秩序属于不同的规范保护目的。而同一犯罪类型规制的行为需要具有共同的规范保护目的，应将规范保护目的与市场准入秩序不一致的行为分解出去。如果不将上述这些行为分解出去，非法经营罪规制的范围过于宽泛，会使其规制行为类

---

[1] 参见浙江省杭州市余杭区人民法院（2016）浙 0110 刑初 726 号刑事判决书。

型过多，因无法提炼出相对具体的类型特征而变得不明确。因为非法经营罪的类型特征是确定犯罪行为是否归属于该罪的主要标准，当类型特征过于抽象与模糊，很难对法概念作出明确表述，必然导致弹性边界的不清晰，难以区分行政不法与刑事不法，极易过分扩大非法经营罪的处罚范围，形成刑法对行政法的越界。

因此，要通过对非法经营罪的分解使其进一步明确，应将非法经营罪的规范保护目的确定为市场准入秩序，具体的类型特征就是违反国家规定未经许可侵犯市场准入秩序的经营行为。通过规范保护目的的确定对非法经营罪目前规制的行为类型进行分解，将其分解为三类：第一类是侵犯了市场准入秩序的行为继续以非法经营罪定罪的；第二类是侵犯市场交易秩序、竞争秩序及管理秩序的行为，且可以纳入其他罪名进行规制的，比如破坏生产经营罪等；第三类是侵犯市场交易秩序、竞争秩序及管理秩序的行为，但无法纳入任何现有罪名之中，可以通过增设新的犯罪类型进行处罚的。分解非法经营罪的犯罪类型是其明确路径的第一步也是关键的一步。分解后类型化程度合理，易于提炼出相对具体的类型特征，并形成构成要件，法益内涵清晰明确，也极大地压缩了法官扩张适用的空间。

二、增设非法经营罪的构成要件要素

非法经营罪的构成要件设置不合理，不能全面概括其事物本质与立法意图，缺乏必要的构成要件要素，特别是第 4 项兜底条款过于抽象，形成一个极大弹性空间，直接造成该罪弹性边界的弹性过大，使得法官极易对其扩张变异适用。因此，明确非法经营罪必须要增设必要的构成要件要素，尽可能地压缩弹性空间，限制法官随意地扩张变异适用，同时也为下一步划定清晰、明确的弹性边界打下坚实的基础。

（一）事物本质决定应当增设"准入"

非法经营罪第 4 项的立法模式高度抽象，空白罪状和兜底条款叠加的抽象效果导致根本无法单独从其条文分析出事物本质。界定第 4 项兜底条款的事物本质必须紧紧围绕前 3 项的例示规范进行核心价值的提炼，第 4 项兜底条款应具有与前 3 项相同的事实本质，可以通过对前 3 项的分析提炼出第 4 项的事物本质。第 1 项是涉及专营、专卖物品或者限制买卖的物品的市场准入。第 2 项是买卖相关管理部门许可从事特定经营活动的许可证或批准文件，买卖的这些证件就相当于买卖相关经营活动的市场准入资格，第 3 项涉及四类特定金融业务的市场准入。前 3 项的共同关联之处是未经许可，第 1 项与第 3 项明确规定了"未经许可""未经批准"，第 2 项是买卖许可证或批准文件，实质上也是未经许可或未经批准，与行政许可制度密切相关。前 3 项的犯罪对象体现了共同的法律特征是"市场准入秩序"。前 3 项本质上的共同点是未经许可或批准进入国家合法垄断经营的领域，其具体的构成要件指向事物本质就是市场准入。"违反国家规定"是指违反了有关行政许可的国家规定，未经相关管理部门的许可和批准从事经营行为。经营行为主要分为"经过许可"合法经营与"未经许可"非法经营的区别。因此，非法经营罪的事物本质是"未经许可"从事经营行为，而设置非法经营罪是用刑法手段对经济关键领域的准入秩序进行管制和控制，其设置是为了保护市场准入的行政管理秩序，未经许可的经营行为侵犯的是国家基于

公共利益对特定行业垄断经营权的处分和配置。❶

"市场准入秩序"是对非法经营罪事物本质的一种提炼，市场准入是政府对市场主体进入特定经济领域的干预和管制，是在市场经济体制下政府为规制经济克服市场失灵的弊端所采取的手段之一。❷ 非法经营罪因条文中未能明确界定"市场准入秩序"构成要素的规范含义，在刑事司法实践中都将该构成要件要素界定为"市场秩序"，致使第 4 项兜底条款被近乎没有门槛地极端地扩张变异适用。从目前非法经营罪相关的立法与司法解释中得出，第 4 项兜底条款的设置是针对所有扰乱市场秩序行为的兜底，而不是针对非法经营行为的兜底。❸ 非法经营罪的适用范围也被不断扩张，几乎所有违反市场秩序的经营行为都可以通过刑法解释纳入该罪作为犯罪处理，第 4 项兜底条款为刑罚权进入经济领域侵犯公民自由披上合法外衣。因为"市场秩序"范围更大，除了市场准入秩序，还包括市场管理秩序、交易秩序及竞争秩序。在第 4 项原有构成要件要素"市场秩序"的基础上，增设"准入"这一要素，有助于明确非法经营罪的实质不法内涵，也可以为新型的非法经营行为是否入罪提供重要标准。非法经营罪是法定犯，立法模式应选择详细模式，目前第 4 项规定采用的是简洁模式，因为过于简洁容易被扩张变异适用，导致其不明确。而加入"准入"一词具有非常重要的意义，"市场准入秩序"使

---

❶ 参见杜全美：《非法经营罪限制适用论》，中国政法大学 2020 年博士学位论文，第 20—21 页。

❷ 参见杜全美：《非法经营罪限制适用论》，中国政法大学 2020 年博士学位论文，第 30 页。

❸ 参见赵春玉：《刑事立法的类型化逻辑与路径》，《甘肃政法学院学报》2014 年第 5 期，第 91 页。

非法经营罪的立法相对更详细一些，构成要件也会进一步明确，能很好地将非法经营罪与其他经济类犯罪区别开来。增设"准入"这一构成要件要素后，相对之前的"市场秩序"更能发挥对构成要件解释的指引功能。

（二）立法意图决定应当增设"准入"

我国对关系到国计民生和国民经济整体运行的产业，比如，对于信用要求极高且固有风险巨大的金融产业、规模效益巨大且带有垄断性质的能源产业，政府会进行控制或干预。非法经营罪是政府干预经济领域的特殊手段，是刑罚权管制经济领域的特殊通道，其规制范围随着经济政策的调整在不断变动。而市场经济的核心观念是要求政府尽量较少对市场进行干预，以有效发挥市场资源配置的功能，并逐步实现市场自治。我国经济处于转型深化阶段，不断深化市场经济体制改革，政府应抑制对经济的干预，不断简政放权。

在上述立法背景下，非法经营罪存在着两个转变：第一，经济体制的转变，从计划经济到市场经济的过渡，刑法设立非法经营罪的初衷是为了适应市场经济体制，服务于经济发展，限制刑罚权对经济的不当干预；第二，刑法观的转变，由政治刑法向市民刑法的转变，由允许类推到禁止类推，确立了罪刑法定原则，并且要求刑法应具备明确性，形成了人权保障、形式理性、刑法谦抑性的理念，非法经营罪的立法目的由推行国家政策的工具转向为限制公权力以及保障公民权利和个人自由。❶

---

❶ 参见杜全美：《非法经营罪限制适用论》，中国政法大学 2020 年博士学位论文，第 13 页。

基于以上的转变，不能认为非法经营罪第 4 项的兜底条款是计划经济背景下投机倒把罪工具主义思维的延续，不能曲解非法经营罪的本质和错误诠释其所处的时代背景，非法经营罪设置之初确实带有一定的国家干预色彩，对投机倒把罪的分解和前 3 项示例罪状，以及对第 4 项的限缩适用，已经推动其在明确道路上前进了一大步，凸显了刑法人权保护的机能。设置非法经营罪的立法意图就是为了保障市场经济健康发展，限制政府借助刑法手段过分干预经济。非法经营罪的设置是为了维护市场经济秩序，而不再是政府管控经济的工具。经济政策的调整必然影响非法经营罪兜底条款的规制范围，在经济转型深化改革的背景下，应重新阐释非法经营兜底条款的内涵及其适用范围。在上述立法意图的指导下，非法经营罪规制的范围也应越来越窄，但在刑法司法实践中却恰恰相反，非法经营罪第 4 项的兜底条款被扩张变异适用，导致经济领域的过度犯罪化。为了更好地实现以立法意图为核心设定构成要件，非法经营罪第 4 项应增设"准入"这一构成要件要素，将"其他严重扰乱市场秩序的行为"改为"其他严重扰乱市场准入秩序的行为"。这样限缩非法经营罪对经济的干预，将其规制范围限缩为对市场准入秩序的保护，契合了限制刑罚权对经济的过分干预的立法意图。

第二节　非法经营罪的司法明确路径

非法经营罪的司法明确路径从行为类型的同质性、行为的法益侵害性质的同质性及行为的社会危害性质同质性等方面展开，主要分两步进行：第一步，厘清非法经营的弹性空间，主要是确保第 4 项兜底条款适用的非法经营行为类型的同质性，从非法经营罪前 3 项提炼出事物的本质为违反国家规定未经许可的经营行为，根据事物本质逐项明确，将不符合事物本质的行为排除出去，即可确定为非法经营罪的弹性空间；第二步，划分非法经营罪弹性边界，主要确保行为的法益侵害性质的同质性及行为的社会危害性质同质性，首先通过法益保护价值的重大性、法益侵害后果的具体化，筛选出法益侵害性质的同质性行为，其次通过衡量社会危害性的量构建非法经营行为责任梯度，确保第 4 项的适用必须具备与前 3 项规定的行为相当的社会危害性，要与行政违法行为区分开来，严格避免将行政违法行为当作刑事犯罪来认定。

一、非法经营罪弹性空间的厘定

非法经营罪弹性空间的厘定重点在于界定第 4 项兜底条款的范围，因为前 3 项条文规定相对明确，而第 4 项空白罪状加兜底条款的抽象立法模式，导致其容易被扩张变异适用，所以弹性空间的厘定应重点关注非法经营罪最不明确之处，也就是第 4 项，并针对其展开。非法经营罪弹性空间的界定应依据同质性解释规则，《刑法》第 225 条第 4 项兜底条款规定应与前 3 项行为具有相同的实质内涵，前 3 项规定的非法经营行为的本质可归纳提炼为违反国家规定未经许可的经营行为，因此非法经营罪弹性空间的厘定主要从以下三个方面展开：一是明确国家规定的范围，二是明确许可的范围，三是明确经营的范围，从而将违反国家规定的范围、未经许可的范围与经营的范围三者重合的空间形成了非法经营罪的弹性空间。

（一）明确国家规定的范围

对非法经营罪的法律术语的内涵及外延的解读，不能仅拘泥于刑法条文的字面规定，因为非法经营罪是以违反国家规定为前提的，是否符合国家规定中具体规则是本罪认定的关键点。因此，要厘定非法经营罪的弹性空间，应首先明确界定国家规定的效力层级，其次明确符合国家规定的具体内容。

1. 明确国家规定的效力层级

"违反国家规定"是非法经营罪的一个构成要素，要求非法经营罪必须具备行政不法内涵，第4项兜底条款的适用也必须具备这个要素，否则社会危害性再大也不能构成该罪。非法经营罪是法定犯，由于历史的、现实的诸多原因，对某种非法经营行为是否构成犯罪并不明确。如果"国家规定"包括部门规章及地方性法规，会导致各部门、各地法院的标准并不一致，这样会降低刑法的权威，也违反了法制统一的原则。为了避免这种不统一的情况，《刑法》第96条明确规定了"国家规定"的范围，❶ 同时也明确限定了"国家规定"的制定主体为全国人民代表大会及其常务委员会和国务院。对"国家规定"的统一明确界定有利于实现该罪刑法适用的统一，防止出现因为地域不同或主管部门不同而导致的适用标准不一致。

行政法规的发文主体限定为国务院，名称一般是"条例""规定""办法"等。决定和命令限定为国务院制定和发布的规

---

❶《刑法》第96条规定："本法所称违反国家规定，是指违反全国人民代表大会及其常务委员会制定的法律和决定，国务院制定的行政法规、规定的行政措施、发布的决定和命令。"

范性文件，发文机关必须是国务院。行政措施的发文机关一般是
国务院，特殊情况下以国务院名义发布的文件可视为国家规
定。❶ 国务院的部、委、办、局等下属机构制定的各类规范性文
件、地方性法规及部门规章均不属于国家规定的范畴。原因如
下：第一，国务院制作的规定与下属机构制定的规定名称不同，
效力不同，《刑法》第 96 条规定的国家规定的制定主体并不包括
国务院的下属机构，各部委制定的规定不能通过扩张解释纳入国
家规定的范围；第二，预防部门保护主义、地方保护主义，将部
门规章、地方性法规纳入"国家规定"的范围就不能保障法制
统一原则的实现。

明确非法经营罪首先应严格解释"国家规定"，不在《刑
法》第 96 条规定范围内的地方性法规、部门规章或最高司法机
关的解释不能替代"国家规定"。例如，将未经批准通过网络销
售彩票的行为作为非法经营罪论处，找不到符合"国家规定"
的规范性文件作为支撑，而财政部《互联网销售彩票管理暂行办
法》虽然规定了互联网销售彩票的限制性条件，但是它本身并不
属于"国家规定"的范围。❷ 再如，最高人民法院、最高人民检
察院于 2009 年 12 月 3 日发布了《关于办理妨害信用卡管理刑事
案件具体应用法律若干问题的解释》规定使用 POS 机套现的行

---

❶ 2011 年 4 月 8 日最高人民法院发布的《关于准确理解和适用刑法中"国家规定"
的有关问题的通知》中规定："'国务院规定的行政措施'应当由国务院决定，
通常以行政法规或者国务院制发文件的形式加以规定。以国务院办公厅名义发布
的文件，符合以下条件的，应视为国家规定：（1）有明确的法律依据或者同相关
行政法规不相抵触；（2）经国务院常务会议讨论通过或者经国务院批准；（3）在
国务院公报上公开发布。"
❷ 参见官步坦、刘斯凡：《未经委托在网上销售彩票不宜定罪》，《检察日报》2013
年 8 月 28 日。

为应以非法经营罪进行处罚，但是并无相关"国家规定"禁止该类行为。❶ 最高人民法院于 2011 年 4 月 8 日发布了《关于准确理解和适用刑法中"国家规定"的有关问题的通知》，为了限制刑事司法实践中对《刑法》第 225 条第 4 项扩张变异适用，要求被告人的行为在有关司法解释未作明确规定的情况下，应将《刑法》第 225 条第 4 项的法律适用问题，逐级向最高人民法院请示。这种程序性限制是为了限制法院对"国家规定"的过度宽泛的扩张解释，并不意味着最高人民法院可以通过司法解释突破对"国家规定"的范围限制，最高人民法院制定的司法解释也同样要受到"国家规定"的制约。

如果法律、行政法规对特定的非法经营行为作出了违法性规定，而下位阶的部门规章在上位阶法律、行政法规规定的范围内提供了具体的违法性认定标准，这类标准是行为是否具备违法性的主要参考依据，为该类案件的裁判提供具体指导，对部门规章作为违法性判断的参考作用应予以肯定。❷ 第一，这种参考作用并不违反罪刑法定原则，非法经营行为的行政不法内涵是上位阶的国家规定赋予的，是否属于犯罪仍是由国家规定决定的，而下位阶的部门规章只是具体规定了违法性的认定标准。第二，这种具体行为标准规定在部门规章之中，虽然其具有重要的参考和指引价值，但是在刑事司法实践中对其适用仍然存在是否属于违反

---

❶ 参见蒋铃：《刑法中"违反国家规定"的理解和适用》，《中国刑事法杂志》2012 年第 7 期，第 33 页。
❷ 参见马春晓：《使用他人许可证经营烟草的法教义学分析——以集体法益的分析为进路》，《政治与法律》2016 年第 9 期，第 58 页。

"国家规定"的争议。如果否认这些部门规章中违法性标准的参考作用，将使部分非法经营行为因缺乏法律的直接规定而无法进行规制。在适用部门规章的具体标准进行违法性判断时，要确保部门规章与国家规定形式上不矛盾、实质上具有同一性时，其违法性标准才有参考价值。

2. 明确国家规定的具体内容

非法经营罪弹性空间的厘定依赖于对国家规定的解读，因此需要明确国家规定的具体内容。只有国家规定的内容明确、具体，才能确定非法经营罪的弹性空间。公众通过查明国家规定的具体内容，预测哪些非法经营行为为刑法所禁止，即非法经营罪的弹性空间的划分需要借助国家规定的明确化和具体化。国家规定的内容明确是对非法经营罪构成要件的具体化补充，非法经营罪的弹性空间是否能明确划分主要依赖于国家规定的明确程度。

国家规定必须是明确、具体的规定，而不能是一般、概括的规定，这是由法定犯的特殊性决定的。非法经营罪是典型的法定犯，其与自然犯不同的是不具有道德伦理意义上的恶，而是基于法律禁止使其具有违法性。因此，必须援引违反国家规定的具体条款，作为认定经营行为的违法性根据。❶ 违反国家规定是非法经营罪入罪的必要条件，行为缺乏"违反性"和"非法性"，无法构成犯罪。"违反国家规定"属于非法经营罪重要的构成要件要素，因此在适用时必须明确说明违反的国家规定的名称及具体

---

❶ 参见陈兴良：《违反行政许可构成非法经营罪问题研究——以郭嵘分装农药案为例》，《政治与法律》2018 年第 6 期，第 16—17 页。

条款，因为只有在法律具有禁止性的明文规定的情况下，才能认定为犯罪。

国家规定明确、具体才能让公众具有可预测性。非法经营罪的空白罪状加上兜底条款这种高度抽象的立法模式本来就非常不明确了，如果国家规定再不明确和具体，公众对自身行为的法律后果将无法预测。公众无法预测某种行为属于犯罪行为的情况下，将其视为犯罪行为，违背了刑事法治原则。比如，在组织刷单炒信案中，浙江省杭州市余杭区人民检察院诉称当事人李某违反全国人大常委会《关于维护互联网安全的决定》第 3 条第 1 项规定，❶ 而这条规定显然不是明确规定了组织刷单行为就是违法行为，而只是说明了对商品、服务虚假宣传是违法行为。公众很难从这条规定中预测到组织刷单行为的违法性，如果将组织刷单行为牵强地解释到虚假宣传中，就超出了文字含义和公众预测可能性。《中华人民共和国反不正当竞争法》（以下简称《反不正当竞争法》）的修订正好弥补这一点，成为组织刷单行为明确违反的国家规定，对比修订前第 9 条与修订后第 8 条的规定，❷ 显然组织刷单行为并没有明确、具体地符合修改前的第 9 条规定的虚假宣传，但明确、具体地符合修改后第 8 条规定的虚假宣传，

---

❶ 《关于维护互联网安全的决定》第 3 条第 1 项规定："利用互联网销售伪劣产品或者对商品、服务作虚假宣传，构成犯罪的，依照刑法有关规定追究刑事责任。"

❷ 1993 年发布的《反不正当竞争法》第 9 条规定："经营者不得利用广告或者其他方法，对商品的质量、制作成分、性能、用途、生产者、有效期限、产地等作引人误解的虚假宣传。广告的经营者不得在明知或者应知的情况下，代理、设计、制作、发布虚假广告。"2017 年修订的《反不正当竞争法》第 8 条规定："经营者不得对其商品的性能、功能、质量、销售状况、用户评价、曾获荣誉等作虚假或者引人误解的商业宣传，欺骗、误导消费者。经营者不得通过组织虚假交易等方式，帮助其他经营者进行虚假或者引人误解的商业宣传。"

修改后的第 8 条对虚假宣传作了更明确的界定和更清晰的列举。组织刷单炒信案是 2016 年 6 月 21 日宣判的，《反不正当竞争法》是 2017 年 11 月 4 日修订通过的，组织刷单炒信案在宣判时并未明确违反《反不正当竞争法》，《反不正当竞争法》的及时修改是为了惩治该类行为，为以后的组织刷单行为找到明确、具体的违反国家规定的依据。当然组织刷单行为本身不属于侵犯市场准入秩序的行为，即使目前该行为已具备明确违反国家规定的依据，能否将其认定为非法经营罪依然存在很大的争议。

国家规定是对非法经营罪的空白罪状明确、具体的补充，但实际上国家规定也存在部分空白条款，如果适用国家规定中的空白条款，就会导致"双重空白"，依然没有得到明确、具体的补充，只能援引低位阶的法规对国家规定的空白条款再次进行补充，以实现对非法经营罪空白罪状的补充。比如，《非法金融机构和非法金融业务活动取缔办法》（以下简称《办法》）长期以来一直被视为民间高利贷行为违反国家规定的依据，《办法》第 4 条第 1 款第 4 项采用"列举 + 兜底"的抽象立法方式，规定为："中国人民银行认定的其他非法金融业务活动。"，民间高利贷行为不能得到中国人民银行的认定，属于非法发放贷款行为，即非法金融活动。《办法》第 4 条第 1 款第 4 项没有对民间高利贷行为作明确、具体的规定，直接用空白条款补充空白罪状，这样的规定直接形成典型的"双重空白"。因此适用该条款作为民间高利贷行为违反国家规定的依据存在很大的争议。于是在 2021 年 5 月《办法》被废止了，民间高利贷行为彻底没有了违反国家规定的依据。

如果国家规定中没有明确、具体的规定，还需要援引下一效力层级规范作为二次补充，而下一效力层级规范作为违反国家规定的依据，会因为层级太低而不适格。空白罪状就是本应由立法机关的立法权授权给行政机关，这种做法本来就直接导致立法权和行政权不能分立，间接导致了非法经营罪的不明确。而被授权的行政机关不直接行使被授予的权力，还要继续再授权给下一级的行政机关，使得立法权与行政权之间的界限更加模糊，导致非法经营罪更加不明确。空白罪状将构成要件内容委诸于国家规定，其前提是国家规定应填补非法经营罪构成要件的缺失部分，并成为其具体补充，这要求国家规定明确非法经营行为的具体特征，内容应该明确清楚，公众可以直接借助该国家规定预测自身行为的性质及后果。如果国家规定本身不能说明某一非法经营行为的特征，还需要援引下一效力层级规范才能说清楚，公众将不能借助国家规定清楚明确知道自身行为是否被禁止。非法经营罪不能让公众找到相关的国家规定以后，仍需通过下一效力层级规范之间的复杂推演才能预测自身行为的性质及后果，而这种情况并不在可预测的射程之内。因此，上述这种违反的国家规定本身抽象不明确，还需要下一效力层级规范作二次补充的情况，就不能将该国家规定作为认定非法经营罪的依据。

3. 明确国家规定中刑事罚则的无涉性

违反国家规定适用非法经营罪兜底条款定罪，并不要求以国家规定针对该类行为有刑事罚则为必要前提，原因如下：第一，罪刑法定中的"法"只能是刑法，刑事责任只能由刑法规定，而不能在"国家规定"中规定。"国家规定"无法直接判断非法经营行为是否构成犯罪，因为"国家规定"不是刑法的渊源，不能依据其判断某种行为是否属于刑事不法。第二，根据法律保留原则只能通过法律规定犯罪与刑罚，这是《中华人民共和国立法法》和《中华人民共和国行政处罚法》中的规定，因此国家规定中除法律以外的行政法规、行政措施、决定和命令都无权规定罪行规范。刑法是法律的一种，其效力地位高于上述除法律以外的国家规定，而根据法律专属原则，设置罪行规范的权力专属于刑法，即使"国家规定"中没有规定某类行为的刑事罚则，但只要刑法中有规定该类行为的罪行规范，也完全不会影响依据刑法对该类行为定罪量刑。第三，"国家规定"中规定刑事责任只具有宣示作用，不具有刑法的实质。"国家规定"只能规定行政不法，并不能将行政不法上升为刑事不法。"国家规定"中规定刑事责任的条款是"稻草人"条款，不具有决定行为是否构成犯罪的实质意义，仅具有形式上的警示和宣示意义。

刑法是包括行政法在内的其他部门法的保障法与补充法，刑法的从属性与补充性并不影响刑法独立性，更不代表刑法是行政法的附属。刑法的概念、构成、功能都独立于其他法律，按照自身逻辑运作且自成体系。❶ 罪刑法定原则坚持刑法是认定刑事不法的唯一标准，刑法的独立性契合了罪刑法定原则的内涵。"国家规定"对刑事罚则的设置比较随意，因为制定主体多元化，缺乏统一的设置原则以及监督与制约机制，容易形成与刑法的不协调。保持刑法的独立性，并坚持只能由刑法规定罪行规范，可以有效保障法制统一，避免形成地方保护主义以及部门保护主义。

认定非法经营罪的关键在于该行为是否具有行政不法性，也

---

❶ 参见［日］木村龟二：《刑法学词典》，顾肖荣，郑树周等译，上海翻译出版公司 1991 年版，第 5 页。

即是否明确违反相关国家规定中的具体规则，并不在于相关国家规定中是否规定了针对该类行为的刑事罚则。只有具有行政不法才能与刑事不法相衔接，刑事不法是以行为是否产生了严重的社会危害性，是否严重侵犯法益为标准。[1] 非法经营犯罪作为一种"出行政法而入刑法"的行为，当其社会危害性达到严重的程度、法益被严重侵犯的时候，都应以非法经营罪进行规制。对于部分相关国家规定中并不具备刑事罚则的非法经营行为，司法解释直接将其纳入非法经营罪。例如，《关于审理扰乱电信市场管理秩序案件具体应用法律若干问题的解释》直接将"违反国家规定，采取租用国际专线、私设转接设备或者其他方法，擅自经营国际电信业务或者港澳台电信业务进行营利活动，扰乱电信市场管理秩序，情节严重的"纳入非法经营罪，但依据的国家规定《中华人民共和国电信条例》仅将这类行为规定为行政违法行为，情节严重时可采取"吊销电信业务经营许可证"的行政处罚措施，并未规定"追究刑事责任"的刑事罚则。[2] 况且很多行政法规和规范性文件在制定时，立法团队成员一般都是相关领域的专家学者，不一定都有刑法专家参与立法，立法时很有可能没有考虑到相关行为是否会在未来具有刑事违法性。部分非法经营行为会造成严重危害社会后果，而行政处罚的手段和效果非常有限，无法有效遏制该类行为，如果相关国家规定必须具有刑事罚则才能以犯罪论处，将会大大削弱对法益保护的力度。

---

[1] 参见王弘宁：《非法经营罪去"口袋化"之路径——以"入罪"与"出罪"的双向互动为视角》，《社会科学战线》2017年第9期，第238页。

[2] 参见秦新承：《非法经营罪中的"国家规定"及有关刑事罚则的理解》，《法学》2008年第1期，第149页。

（二）明确许可的范围

非法经营罪第 4 项中的"市场秩序"应增加"准入"这一构成要件要素，市场准入秩序是非法经营罪的规范保护目的，立法者设置该罪的立法意图也是为了维持健康良好的市场准入秩序。那么非法经营罪规制的对象就是扰乱市场准入秩序的行为，而对其认定在很大程度上取决于对"未经许可"的认定。因此必须对"未经许可"中"许可"范围加以明确，否则就会造成所有违反行政许可的行为都属于扰乱市场准入秩序，都有可能被认定为非法经营罪，使兜底条款丧失其应有的限缩功能，使非法经营罪的弹性空间近乎没有门槛地扩张。因此要厘清非法经营罪的弹性空间，必须先明确许可的范围。在法律禁止与公民自由之间，存在着一个行政许可的领域，其特点是：法律并非禁止，公民也非自由，只有经过行政许可，公民才可以从事相关行为。设定行政许可是为了更好地引导公众的行为，在这个领域里的自由是附条件的自由，不符合条件还从事相关行为就会被处罚。

非法经营罪中的"未经许可"与前 3 项的行为有关联，第 1、3 项明确规定"未经许可""未经批准"，第 2 项是买卖必须经过行政许可程序才能获得的许可证或批准文件，同样也与许可密切相关，前 3 项本质上的共同点是未经许可或批准进入国家垄断经营领域，非法经营罪第 4 项兜底条款必须与前 3 项明文列举的行为同质、相当。非法经营罪中"非法"是违反国家规定，"未经许可"是未经有关部门许可或批准，也就是说，根据国家规定特定经营行为需要有关部门许可或批准才可以从事，而未经有关部门许可或批准就从事这类经营行为，其不法的本质就是违反了有关行政许可的国家规定，即未经许可的经营行为是非法经营行为。非法经营罪的法益被界定为市场准入秩序，而市场准入秩序只能通过行政许可来维持及实现。因此，必须对许可深入挖掘，需要认真研究违反行政许可与非法经营罪的构成要件要素之间的关系。"未经许可"成为非法经营罪的一个构成要件要素，明确"未经许可"中"许可"的内涵和范围，才能达到限缩非法经营罪弹性空间的目的。

行政许可是指行政机关根据公民、法人或者其他组织的申请，经依法审查，准予其从事特定活动的行为。● 行政许可分为一般许可、特殊许可、认可、核准和登记，并不是违反任意一种行政许可都构成非法经营罪，违反后三种行政许可，不可能构成非法经营罪。● 需要重点讨论一般许可和特许与非法经营罪中"许可"范围的关系。《中华人民共和国行政许可法》（以下简称《行政许可法》）第 12 条第 1 项设定了一般许可的事项，● 第 2 项设定了特殊许可的事项，● 一般许可与特殊许可的区别主要有以下两点：第一，性质与功能不同。特殊许可是配置资源的方式，表现为一种权利与资源的分配，具有一定的物权属性，其本身包含着财产权益。特殊许可的功能是保护国家垄断资源，通过行政干预实现资源的配置。国家将对特定行业的垄断经营权及

● 参见《行政许可法》第 2 条。
❷ 参见徐翕明：《论作为犯罪阻却事由的行政许可》，《江西警察学院学报》2019 年第 3 期，第 71—73 页。
❸ 《行政许可法》第 12 条第 1 项规定："设定一般许可的事项是直接涉及国家安全、公共安全、经济宏观调控、生态环境保护以及直接关系人身健康、生命财产安全等特定活动，需要按照法定条件予以批准的事项。"
❹ 《行政许可法》第 12 条第 2 项规定："设定特殊许可的事项是有限自然资源开发利用、公共资源配置以及直接关系公共利益的特定行业的市场准入等，需要赋予特定权利的事项。"

特定资源的所有权，通过特殊许可方式出让给特许相对人。一般许可是事前监督管理的方式，通过赋予相对人经营资格进行监督管理，因为设置一般许可的目的是监督管理，而不是资源配置，经营资格并没有数量上的限制，因此相对人只要符合许可条件，经申请就可以取得经营资格。一般许可的功能就是控制危险，通过设定准入条件增加经济社会活动的安全性。一般许可的事项本身属于公民的权利与自由，为了能更好地发挥事前监督管理和控制风险的功能，一般许可对其设定法律禁止，需要符合法律设定的许可条件，并经过申请获得许可，才可以恢复权利和自由的行使。

第二，准入门槛高低不同。特殊许可准入门槛较高，主要是因为《行政许可法》对特殊许可的事项规制得较为严格，行为人想要从事需要特殊许可的事项，必须先获得与行政机关类似的主体资格，即使符合特殊许可的准入条件，也不当然可以获得行政许可，而是需要行政机关自由裁量决定。一般许可准入门槛较低，只要行为人申请，经审查符合一般许可的准入条件必须予以许可，因为《行政许可法》对一般许可的事项规制得较为宽松，行政机关没有任何自由裁量的余地。比如市场监督管理部门颁发的营业执照就是一般许可，凡是具备许可条件的经营主体经申请都可获得经营资格，因此，无照经营或超范围经营只是行政违法，不能构成非法经营罪。而对保险业务设立的许可就是特殊许可，根据《中华人民共和国保险法》的规定，从事保险业务需要保险经营主管部门颁发业务许可证属于特殊许可，对特殊许可规制更为严苛，所以未获得这种许可证而仍从事保险业务的行为就不能是普通违法行为，而是构成非法经营罪的犯罪行为。

特殊许可是行政主管部门颁发给特定经营行为或经营对象的行政许可，依据刑法并列项同质性解释规则，非法经营罪第 1 项和第 3 项规定的都是违反特殊许可的非法经营行为，第 2 项是以许可证件为买卖对象，非法经营罪第 4 项也必须与行政许可相关联。❶

特殊许可和一般许可性质上是不同的，这种区别恰好为划分非法经营罪的弹性空间提供依据。如果行为人未获行政特许而从事特许经营行为，并从该经营活动中获利，那么这种未经行政许可的经营行为侵犯了国家所有权，属于违法行为甚至是犯罪行为，应受到行政甚至是刑事的处罚。在一般许可中，如果未经许可从事相关经营活动，其行为只能构成一般违法行为，分为形式违法与实体违法两种情况，如果其行为符合许可条件，只是未经许可，就属于形式违法；如果其行为既不符合许可条件，又未经许可，同时构成形式违法与实体违法。❷ 由此可见，只有违反特殊许可的行为在情节严重的情况下才有可能构成犯罪，所以需要被纳入非法经营罪的弹性空间之中。设置一般许可是为了实现社会管理的需要，违反一般许可是具有社会危害性的行为，应进行否定性评价，但其社会危害性不大，没有制造法所不允许的风险，将其纳入非法经营罪的弹性空间之中不具有正当性。违反一般许可分为两种情况：违反形式违法属于单纯的行政违法行为，不能纳入非法经营罪的弹性空间之中；同时违反形式违法与实体

---

❶ 参见刘树德：《"口袋罪"的司法命运——非法经营的罪与罚》，北京大学出版社 2011 年版，第 256—257 页。

❷ 参见王克稳：《行政许可中特许权的物权属性与制度构建研究》，法律出版社 2015 年版，第 36 页。

违法，侵犯了行政管理秩序，只有法律有规定才能纳入非法经营罪的弹性空间之中。综上所述，未经行政特许从事相关经营行为的，如果刑法未专门为该行为设置犯罪类型，且因未经行政特许违反了国家规定中的相关规定，可以纳入非法经营罪的弹性空间，而违法一般许可的行为，只能作为行政违法行为处理。

许可作为规制工具，有四种功能：第一，信息收集工具；第二，准入控制工具；第三，行为监管工具；第四，许可的执行机制。❶ 特殊许可属于行为监管的工具，其在受管制的市场中监管资源的配置，而一般许可属于准入控制工具，其在无限制市场中进行事前监督管理。政府调控经济的重要手段——市场准入，在不同层次的市场中要求是不同的。目前在刑事司法实践中通常的做法是对违反行政许可的行为，直接适用非法经营罪的第 4 项规定，这种情况就是混淆了受监管市场与无限制市场的市场准入门槛。在无限制市场领域里，市场主体符合准入条件经申请即可获得经营资格，而在受监管市场领域里，市场主体不仅要符合准入条件，还需要行业主管部门予以特殊许可。如果混淆了受监管市场与无限制市场的市场准入门槛，非法经营罪的兜底条款成为违反行政许可的入罪依据，而行政法规目前设定的行政许可有数十个，如果这些全部纳入非法经营罪规制，以一个罪名涵盖数十种行为，那么非法经营罪的口袋远远大过投机倒把罪，非法经营罪囊括了整个经济刑法需要规制的范围。我国行政法规中设置的行政许可绝大多数是一般许可，且数量庞大，如果违反一般许可即

---

❶ ［爱尔兰］柯林·斯科特：《作为规制与治理工具的行政许可》，石肖雪译，《法学研究》2014 年第 2 期，第 40—42 页。

可纳入非法经营罪的弹性空间，相当于行政部门实质性行使刑事立法权，极大扩张了非法经营罪的规制范围。要想明确划分非法经营罪的弹性空间，必须重新审视与建构违反行政许可行为与非法经营罪之间关系。区分一般许可和特殊许可两种不同情形：如果只是一般许可，只能作为行政违法处理；只有违反特殊许可，才有可能具有实质上的法益侵害性，才能纳入非法经营罪的弹性空间。❶

（三）明确经营范围

对于"非法经营行为"的界定，应回归法条本身，从概念上考察，"非法"强调违反国家规定，"经营"中的"经"是指经办管理，"营"是指谋求利润。❷ 刑法中的"经营"包含两个核心内容：一是以营利为目的，二是以提供商品和服务为内容。非法经营罪中的"经营"为动词，意味着"经营"是行为，即以营利为目的提供商品和服务的实行行为。其本质是"营业以营利"。经营行为具有双重属性，追求以营利为目的方面具有私人性，不得损害公共利益和其他市场主体的合法权益方面具有社会性。❸

经营必须具备三种特征：第一，经营具有营利性。经营行为只要是以营利为目的即可认定，不要求最终实际获得利润。营利性是对以赚取利润为目的的经营活动的本质界定。经营在非法经

---

❶ 陈兴良：《非法经营罪范围的扩张及其限制——以行政许可为视角的考察》，《法学家》2021 年第 2 期，第 71 页。

❷ 参见中国社会科学院研究所词典编辑室编：《现代汉语词典》（2002 年增补本），商务印书馆 2002 年版，第 1511 页。

❸ 参见陈超然：《非法经营行为的法律界限研究》，《同济大学学报》（社会科学版）2014 年第 3 期，第 119 页。

营罪的第 1 项中的含义是对国计民生有重大影响的物资需要合理配置，这种配置通过专营专卖、限制买卖来实现，只有经过许可的单位和部门才可以买卖这些重要物资，这种垄断式经营模式本身能保证经营行为的营利性。经营在非法经营罪的第 2 项中的含义是买卖与经营相关的许可证或证明文件，这些证件是国家允许从事相关经营活动的凭证，获得即可带来营利。经营在非法经营罪的第 3 项中的含义是从事、开展相关金融业务，金融一直以来都是高营利的行业。第 4 项性质又与前 3 项同质相当，也应具有营利性。非法经营罪中的经营行为都属于国家经济的关键领域，并且都是以营利为目的。第二，经营具有交易性。经营是经营方与需求方之间的一种交易，经营方和需求方必须在自由意志支配下完成交易。经营方负责提供商品或服务，需求方需要支付相应的财产性对价。首先经营行为成立的前提必须具有经营方与需求方两个独立的个体，其次经营行为的经营方和需求方双方必须具有独立的自由意志，并在双方达成合意的情况下完成交易。❶ 经营行为的交易性要求经营必须支付对价，支付对价使得经营行为直接产生利益。所有免费为公众提供商品和服务的行为，因为无须支付对价，不属于经营行为。第三，经营具有营业性。经营是经营方提供商品或服务的职业性营利行为。营业性要求经营方必须在一段时间内连续不间断地从事某种营利活动。经营是一种业务活动，需要具备一定的专业知识及交涉能力。经营行为必须保持持续性，经营行为应具有反复性、连续性与计划性，进行同种活动必然在一定时间范围内持续发生。如果只是偶尔发生就不属

---

❶ 参见王飞跃：《论刑法中的"经营"》，《政治与法律》2019 年第 10 期，第 57 页。

于经营。经营行为的持续性并不代表一定不能间断，如因客观原因导致经营行为的间断，客观原因消失后又重新开始，并不影响经营行为持续性的成立。营业性要求经营具有开放性，必须在一定的范围内以一定方式提供商品或服务，以便吸引需求者再次发生交易。开放性要求对不特定人提供商品或服务，因此经营信息要公开。比如，无偿帮助亲友利用POS机刷卡套现的行为，❶ 无偿不是以营利为目的，不具有营利性，POS机的所有权人与信用卡持有人并不存在经营方和需求方两个独立的意志，经营方和需求方都指向一个共同的意志，不具有交易性，这种行为只针对特定亲友，不具有开放性，不具有营业性，因此将该行为排除在非法经营罪弹性空间以外。

最后，需要注意的是，经营性质的判断不能先考虑经营是否违反国家规定，是否属于未经许可，而是应先从事实层面对经营的特征进行实质判断，只要具备上述特征，非法经营行为也属于经营行为。同样经营主体是否具备经营资格，不影响对经营行为的认定。❷

二、非法经营罪弹性边界的划定

非法经营罪必须以违反国家规定为前提，导致其具有行政依附性，并使其刑事责任的界分呈现出胶着状态，难以明确刑法边界，应提炼非法经营罪实质性解释规则，并通过解释规则明确非法经营罪的弹性边界。非法经营罪实质性解释规则主要区别行政

---

❶ 参见李涛：《虚构交易利用POS机刷卡套现按期归还是否构成犯罪》，《人民检察》2016年第24期，第47页。
❷ 参见王飞跃：《论刑法中的"经营"》，《政治与法律》2019年第10期，第58页。

违法行为和刑事犯罪行为，厘清两者之间的界限：首先，将非法
经营行为区分为犯罪行为和违法行为，主要看非法经营的对象是
否关系到经济命脉以及公众生命健康等重要经济领域，是否造成
实害化的具体法益侵害后果；其次，衡量非法经营行为社会危害
性的量，依据其危害程度构建责任梯度，将社会危害性不大的行
政违法与具有严重社会危害性的刑事违法区分开来，并对社会危
害性具体的量进行设定与权衡把握，以最终实现行政违法与刑事
犯罪的区分。

（一）区分非法经营行为类型

目前我国处于经济转型的重要时期，需要限制国家干预的力
度和范围，最大可能性地保护公民基本人权中的经济自由权。但
是在刑法司法实践中，当出现新的违法经营行为，并具有一定的
社会危害性形成社会风险时，为了化解风险将其解释进非法经营
罪的兜底条款，而非法经营罪被扩张变异适用又形成新的风险。
刑罚权对经济的干预必须划定一个明确边界，才能很好地化解社
会风险，又不至于造成新的风险，而划定非法经营罪的弹性边界
必须对非法经营行为进行区分，将其区分为犯罪行为和违法行
为。新型的非法经营行为往往游走在罪与非罪的边缘，如何判断
是否可以适用非法经营罪兜底条款，区分的方式就是将规制该类
行为对法益保护产生的正能量，与对人权保障产生的负能量进行
衡量，衡量结果为正能量大于负能量是入罪的必要条件，此外入
罪还需具有一定的社会危害性，当满足上述两个条件即可适用非
法经营罪兜底条款；而负能量大于正能量时，该类型行为只是属
于违法行为，适用行政法规制即可。法益保护产生的正能量在什
么情况下大于人权保障产生的负能量？主要从以下两个方面判断。

1. 法益保护价值的重大性

非法经营罪并不是对所有的市场准入秩序都予以保护，刑法的谦抑性原则要求，只有具有重大法益保护价值的市场准入秩序被侵犯，刑法才应通过对其犯罪化以实现对重大法益价值的保护，而何种法益具有重大保护价值需要进行价值衡量。某种法益是否具有重大价值，要判断某种法益是否属于满足国民生存、发展需要的个人法益或者可以还原成这种个人法益。[1] 判断某种市场准入秩序是否具有重大法益保护价值的标准是其能否为个人生存发展带来利益，仅限于侵害人类重大生活利益的行为刑法才有必要规制。[2] 经济基础决定上层建筑，法律制度是为经济更好地发展服务，重要经济领域的市场准入秩序是保证经济快速和良性发展的重要因素，也是国家干预的主要对象和刑法所要重点保护的法益，其法益保护价值具有重大性。扰乱重要经济领域的市场准入秩序会造成重大经济损失和恶劣影响，对法益的侵害也更为严重，在这种情况下，法益保护产生的正能量大于人权保障产生的负能量，国家干预就会以刑法作为手段介入，并以非法经营罪兜底条款予以制裁。非法经营罪前 3 项列举的行为之所以被规定为犯罪，是因为它们指向的市场准入秩序都具有重大的法益保护价值。第 1 项经营的对象是专营、专卖物品及限制买卖的物品，例如药品、食盐、烟草等，这些物品与公众的生命安全、身体健康密切相关，管控不力会使公众的身体健康遭受损害。第 2 项是买卖经营许可证或批准文件，扰乱国家经济关键领域的市场准入

---

[1] 参见张明楷：《法益保护与比例原则》，《中国社会科学》2017 年第 7 期，第 102 页。

[2] 参见邱忠义：《刑法通则新论》，元照出版有限公司 2022 年版，第 2—3 页。

秩序，比如进出口贸易领域对保护国内产业、维持经济增长及国际收支平衡等方面有重要意义，非法买卖进出口许可证、进出口原产地证明的行为严重扰乱进出口贸易领域的市场准入秩序，且该类市场准入秩序具有重大法益保护价值，应绝对禁止买卖这两类证件。第 3 项是经营证券、期货、保险或非法从事资金支付结算等特定业务，这些业务都属于关系到国家经济命脉的金融业，金融业是兼具高风险与高负债的行业，容易被市场经济固有的缺陷冲击，管控不力会造成公众重大财产损失，金融机构的倒闭极易造成社会恐慌，金融业的过度竞争会导致风险升高与效率降低，因此对金融业的经营设置准入许可，保持其良性有序竞争，可以有效降低风险，避免引起社会恐慌，更有利于经济发展和社会利益。❶ 上述这些行业都属于经济的关键领域，对其市场准入秩序的保护价值具有重大性。这些行业与人民群众日常生活、公共利益密切相关，由于其整体性和统一性的特征，不能放开竞争，竞争会影响服务效能。❷ 正是因为上述这些行业市场准入秩序具有重大性，因此《中华人民共和国反垄断法》才对其适用除外与豁免制度。❸ 只有纳入非法经营罪规制的行业市场准入秩序对个人的生活能产生重大影响的时候，刑法对这些行业市场准入秩序的保护才具有正当性。也正是因为这些行业非常重要，处

---

❶ 参见黄进喜：《反垄断法适用除外与豁免制度研究——以产业政策与竞争政策的冲突与协调为视角》，厦门大学出版社 2014 年版，第 105 页。

❷ 参见李援主编：《中华人民共和国行政许可法释义与实施指南》，中国物价出版社 2003 年版，第 58 页。

❸ 《反垄断法》第 8 条规定："国有经济占控制地位的关系国民经济命脉和国家安全的行业以及依法实行专营专卖的行业，国家对其经营者的合法经营活动予以保护，并对经营者的经营行为及其商品和服务的价格依法实施监管和调控，维护消费者利益，促进技术进步。"

于国家经济的关键领域，与整体经济利益紧密相连，才需要对其市场秩序进行准入核准，而经营主体需要通过行政许可才能获得经营资格。非法经营罪法益保护背后蕴含的是国家整体经济利益与不特定多数人的人身、财产安全。对违反上述行业市场准入秩序的行为予以刑事处罚，需衡量规制该类行为对法益保护产生的正能量与对人权保护产生的负能量，因为其法益保护价值的重大性，对法益保护产生的正能量明显胜出，政府需要借助刑法手段维持上述这些行业的市场准入秩序，以达到预防和遏制该类犯罪行为的效果。

2. 法益侵害后果的具体化

市场准入秩序被确定为非法经营罪的法益，市场准入秩序是指政府对市场主体进入特定市场领域的规制，❶ 属于超个人法益。法益保护越提前越有效。对超个人法益的侵害并不直接危及具体的个人法益，但是对超个人法益的侵害经过积累最终会危及个人法益。正因为如此，刑法不必等到对个人法益的侵害和具体的危害结果实际发生，在此之前就可以用刑法进行干预，提前对法益进行保护，这种保护主要表现为刑事立法将超个人法益直接作为保护对象，以实现对个人法益的提前保护。非法经营罪的设置是将刑事处罚前置化，提前有效地保护市场准入秩序，这可以增进公众对市场准入秩序的信赖感，从而更好地保护市场准入秩序本身。而将刑事处罚前置化首选抽象危险犯这种犯罪类型，这就遇到两个问题：第一，从实害犯到危险犯再到抽象危险犯，法

---

❶ 参见陈超然：《非法经营罪适用范围的扩张及其限制研究》，上海交通大学 2013 年博士学位论文，第 65 页。

益呈现出一个无限延展的过程，法益的无限延展会令人对抽象危险犯处罚的正当性依据存疑。第二，抽象危险犯侵害的法益大多是某种社会管理制度、社会秩序等超个人法益，其法益内涵过于抽象与模糊，即使经过解释也难以明确，从而导致依据法益内涵划定弹性边界存在困难，说服力不足。❶ 非法经营罪也采取抽象危险犯的犯罪类型，认为未经许可的经营行为即构成犯罪，突出对市场准入秩序法益的保护。超个人法益本身就是对个人法益的前置保护，而抽象危险犯又是对超个人法益的前置保护。抽象危险犯的"双重前置"，会导致非法经营罪极其容易过度扩张，将所有侵害市场准入秩序的行为全部纳入刑法的保护范围，形成刑法对行政法的越界，其本身必须具有正当性的依据。

侵犯个人法益的犯罪行为，对于法益侵害具有直接关系，而侵犯超个人法益的行为，仅可能对超个人法益造成危险，而且还需要进一步评价是否造成实际危险。超个人法益本质上是抽象法益，与个人法益相比缺乏明确性，难以明确被侵害的对象、范围和程度。❷ 而为保护超个人法益设置的抽象危险犯更容易变得不明确。"危险拟制说"主张：抽象危险犯在立法阶段已经通过价值判断对其所危及法益的危险进行认定，认为有必要对其设置犯罪类型纳入刑法规制，并将危及法益的危险设置到构成要件之中。"危险拟制说"中的"危险"是法律拟制的危险，并不考虑实际上行为对法益是否会造成危险以及造成何种程度的危险，也就是说，即使是在行为对法益没有产生任何危险的情况下，依然

---

❶ 参见马春晓：《使用他人许可证经营烟草的法教义学分析——以集体法益的分析为进路》，《政治与法律》2016 年第 9 期，第 62 页。

❷ 王永茜：《论集体法益的刑法保护》，《环球法律评论》2013 年第 4 期，第 75 页。

可以构成犯罪。"危险拟制说"强调行为与危及法益的危险之间的关联性，不要求与法益具有关联性。这样显然是不妥的，会导致非法经营罪的过度扩张，针对超个人法益设置的抽象危险犯，应当对入罪的行为进行正当性检验，允许对危险进行反证，主要遵循法益侵害具体化原则进行评价和验证。抽象危险犯保护的法益一般都是超个人法益，具有抽象性与模糊性，但是法益侵害的后果必然是具体且实际存在的，可以通过这些被影响或改变的具体后果反证抽象危险犯法益侵害的客观存在。为了限制非法经营罪过度扩张，可以通过个人法益为超个人法益提供必要的明确性，强调个人法益与超个人法益具有实质的关联性，也就是说个人法益与超个人法益是个别与一般的关系。假如超个人法益并未实际侵害到任何具体的个人法益，也就是说，超个人法益与任何具体的个人法益没有实质上的关联，那么该超个人法益不值得刑法保护。基于避免立法者恣意地保护国家、社会制度，以及堵截可罚性漏洞等目的性考量，刑法保护的范围必须限缩在与传统的个人法益具有直接或间接的关联的范围内。❶ 刑法保护的传统的核心个人法益有生命、健康、自由、名誉、财产等，如果市场准入秩序与传统的核心个人法益之间没有实质性关联或关联度太低，甚至对个人法益的实现产生了副作用，仍然将其纳入非法经营罪的规制范围，会导致其弹性边界因过度延伸而变得极其模糊。比如"王立军收购玉米案"，其确实违反市场准入秩序，但收购行为并未侵害任何个人法益，反而有利于粮食市场的流通，因此该行为不能被认定为犯罪。

---

❶ 古承宗：《刑法的象征化与规制理性》，元照出版有限公司 2017 年版，第 40 页。

　　透过个人法益明确超个人法益的范围，如果确定被侵害的超个人法益是"无被害人"的犯罪，应当对其实行出罪化。也就是说非法经营行为虽然侵害了市场准入秩序，但是如果并没有具体的法益侵害后果，没有侵害到具体被害人的利益，这种行为就应该被出罪。市场准入秩序的保护范围也要从具体的法益侵害后果中去寻找，一旦找到具体被害人受到侵害，那么造成侵害的超个人法益，也就是这种行为应以非法经营罪兜底条款进行规制。与之相反，如果超个人法益与个人法益关联太过遥远，导致此类行为找不到具体的被害人，那就等于并未造成具体的法益侵害后果，也就是此类行为不应以非法经营罪兜底条款进行规制。

　　非法经营行为对市场准入秩序的侵害并不意味着造成物质性的损害后果，只要对市场准入秩序造成实际的影响或改变即可。当危害结果并不是明确具体的存在，就要求对行为对象的实际损害必须明确且显著，对法益的损害至少达到扰乱的程度。❶ 如果实际损害是物质性的，则很容易证明法益侵害后果实际存在。但是市场准入秩序这一法益是抽象化的，不具有物质性的行为对象，因此，非法经营罪的法益侵害通常是实际的、能被证明的损害，但却不是物质性的。这种法益侵害后果之所以可以被证明，是因为其可以通过被影响或改变的对象具体化地呈现出来。比如，使用他人转让的许可证经营烟草的行为表现为转让他人行政许可后依据原许可经营，转让许可证的经营行为并不是一般意义

---

❶ Vargas Pinto & Tatiana, *Delitos de peligro abstravto y resultado*, Editorial Aranzadi, 2007, p. 91.

上的无证经营，虽然也属于未经许可，但仍然依据原行政许可规定的经营行为、经营地点等限定条件进行经营，而且经营的烟草来源于正当渠道，行政义务都按照原行政许可规定的内容实际履行了，并未对烟草专卖许可制度造成实质侵犯。这种行为虽然违反了烟草专卖许可相关的国家规定，但实际上仍然遵守行政许可规定的内容从事经营，对烟草专卖的市场准入秩序并不存在具体的影响或改变。按照该行为的性质，如果涉案金额超过立案追诉标准，那么该行为会被纳入非法经营罪的弹性空间，但是由于缺乏具体的法益侵害后果，并未实际造成法益侵害，不宜将该行为认定为非法经营罪。

（二）构建非法经营行为责任梯度

通过上述方法可以区分出法益保护产生的正能量大于人权保障产生的负能量的非法经营行为类型，该类行为是对重要的、真正的、对个人法益具有实质关联性的超个人法益侵犯，侵害的对象具有重大法益保护价值，造成具体的法益侵害后果。就是这样的前提下，刑法也不应该是对该类行为进行"最先"干预的手段，刑罚的威吓是最为严苛的制裁手段，只有当其他较为轻缓的规制手段无法达到预防的效果时，才考虑动用刑罚。刑法还需实现与行政法的协调适用，只有在必须适用刑法才能有效保护行业的市场准入秩序时，才能将其划定在弹性边界之内，适用非法经营罪进行规制。

1. 非法经营行为违法与犯罪之间的边界不明确

非法经营罪是典型的法定犯，是国家出于管理市场准入秩序的需要而在刑法中规定的犯罪。非法经营罪具有双重违法性，非法经营行为必须先违反行政法规，对非法经营行为需要以行政法的第一次法规范调整为基础，如果第一次法规范调整效果不理想，刑法才应介入进行第二次法规范调整。如果第一次法规范未调整，刑法就介入了，有违刑法的谦抑性原则。立法者需要作出准确的判断，非法经营行为是否具有稳定的社会危害性，第一次法规范调整状况如何？是否还需要第二次法规范介入调整，是否需要刑法强制干预的必要性。刑法作为第二次法规范具有谦抑性和补充性，这是区别于第一次法规范的重要特征，所以作为第二次法规范的刑法不是法网越严密越好、刑罚不是越严苛越好，刑法作为第二次法规范介入调整必须是在谦抑主义的约束下。❶ 立法者对非法经营行为及其社会关系进行分析，得出的结论是只有该行为实质侵害法益和具有严重的社会危害性才构成犯罪，如果客观上没有发生法益侵害的结果和具有相当的社会危害性，就属于一般行政违法行为，属于程序性违法，其侵害的是行政管理秩序，而不是刑法保护的市场准入秩序的法益。当第一次法规范即行政法规调整无效，难以保障被严重侵犯的调整性法律关系恢复正常，只有第二次法规范刑法的介入，以刑事制裁的启动与刑罚强制力的干预，补充第一次法规范制裁力量的不足，才能有效遏制该类行为，充分保护相关法益时，刑法介入调整才具有正当性，刑法保护也才更有存在的意义与价值。

法定犯的第一次法规范相对于自然犯更有现实意义，因为自然犯的第一次法规范可以认为是治安管理处罚法，与第二次法规范衔接自然。❷ 但法定犯的第一次法规范经常是缺失和不完善

---

❶　参见梁根林：《刑事政策：立场与范畴》，法律出版社 2005 年版，第 256 页。

❷　参见胡业勋、郑浩文：《自然犯与法定犯的区别：法定犯的超常性》，《中国刑事法杂志》2013 年第 12 期，第 42 页。

的，为了维持经济社会秩序，不得不直接适用刑法进行第二次法规范调整，使刑法系统不能按照自身逻辑规律正常运转，而必须不断地扩张、膨胀，沦为社会管理的万能工具。非法经营罪正是最典型的例子之一。非法经营行为的第一次法规范调整更有现实意义，可以对非法经营行为起到重要的管理、干预和预防的作用，将非法经营行为在萌芽状态时进行控制并扼杀，避免其进一步发展演变成犯罪行为。但是对非法经营行为的第一次法规范调整易于被忽视，相关的配套法律法规和管理制度尚不完善，我国当前处于由计划经济向市场经济转型的巨大变革之中，行政法规也需要因时而变，但还是有部分行政法规的修订存在一定程度的滞后，不能很及时地回应和处理当前市场准入秩序的管理问题。非法经营这一顽疾涉及很多部门及环节，只要其中一个环节出了问题，就会造成整个调整流程的失控。规制非法经营行为牵涉各部门的利益，所涉部门往往过分强调部门利益，只重视对自身有利的经济规律，忽视相关社会规律，而非法经营的第一次法规范调整缺位，往往在第二次法规范刑法的调整中，为了实现部门的利益，将本该由第一次法规范调整的行为，纳入第二次法规范刑法的调整范围，入罪时容易将部门利益全局化。

针对非法经营的问题，正确的方式是完善相应的法律法规和管理制度，而不是在第一次法规范未加以调整之前，以最严厉的刑法措施强行介入，这样确实可以起到管控的效果，但是并不是最合理、最合适的方式，而且有违刑法的谦抑原则，还会影响刑法体系内在运作，导致刑法的工具主义、机能主义。凡是能用行政法有效解决的非法经营问题，就不再适用刑法去规制，以免刑法成为"社会管理法""危害防治法"或"最先保障法"。❶ 对非法经营行为不采取前置的管理措施，不进行第一次法规范调整，强行用刑法加以规制显然是不妥当的，这会造成非法经营行为的行政法与刑法规制边界不明确，出现边界模糊甚至有交叉和重叠的情形。因此，要明确非法经营的刑法边界，首先应构建非法经营行为违法责任梯度，厘清行政违法层面、刑事犯罪层面两个梯度的界限。

2. 通过衡量社会危害性的量构建责任梯度

为规制非法经营行为，法律体系设置了两道防线，第一道防线是行政法即第一次法规范中的法律责任，第二道防线是刑法中的刑事责任。当非法经营行为未突破第二道防线就属于一般的违法行为，而突破第二道防线就属于犯罪行为。判断是否突破第二道防线的关键在于社会危害性量的大小，对于社会危害性量不大的非法经营行为，仅以行政处罚方式足以规制，无须再进行刑事制裁；而对于具有严重的社会危害性的非法经营行为，仅靠第一次法规范难以救济保障，就必须入罪追究其刑事责任，启动刑事制裁以补充第一道防线之力量不足。❷ 对于社会危害性不大的非法经营行为适用第一次法规范即可达到适用刑法规制的效果，同样可以达到预防此类非法经营行为发生的效果。行政处罚是规制非法经营行为的主要方式，刑事制裁只是行政处罚达不到理想效果时的补充方式，并不是唯一的方式。在这种情况下，非法经营

---

❶ 参见刘艳红：《当下中国刑事立法应当如何谦抑？——以恶意欠薪行为入罪为例之批判分析》，《环球法律评论》2012 年第 2 期，第 64—69 页。
❷ 参见田宏杰：《行政犯的法律属性及其责任——兼及定罪机制的重构》，《法学家》2013 年第 3 期，第 53 页。

的弹性边界应该是内缩的，而不是扩张的，刑罚是维持市场准入秩序的最后手段，如果能够不使用刑罚手段，而以其他手段即可实现维持市场准入秩序的目的，就务必放弃刑罚手段。

犯罪的实质特征是严重的社会危害性，刑事犯罪层面的"非法经营"必然具有严重的社会危害性。对非法经营罪的认定尤其要重视社会危害性的评价，主要有二个原因：第一，划分非法经营罪弹性边界主要考量是否侵害了法益和评估社会危害性量的大小，因为法定犯都存在法益的内涵和范围并不清晰的问题，需要借助社会危害性的量进行判断。第二，刑事处罚和行政处罚在性质、程序、严厉程度、功能等方面存在巨大差异。刑事处罚非常严厉，通常以刑罚的形式剥夺人身自由，以非法经营为例，刑事处罚最高可以判 15 年有期徒刑，而违反市场管理法规的行政处罚至多是罚款。因此，不能以行政违法的认定、处罚替代刑事犯罪的认定、处罚。刑罚的严厉性和痛苦性决定了必须将其限定在一个必要且合理的最小限度之内。在法定犯与自然犯一体化的立法体例下，必须进行实质性解释，充分考虑社会危害性以及适用后果，在适用非法经营罪前，应将其行为与非法经营罪的典型行为进行对比，根据"举重以明轻、举轻以明重"的原则，再将社会危害性的量不能达到犯罪程度的行为排除在犯罪之外。

刑事犯罪层面的"非法经营"具有重大损失和严重的社会危害性，相对的行政违法层面的"非法经营"并不具有重大的损害性与社会危险性。行政违法层面的"非法经营"与刑事犯罪层面的"非法经营"都是由一定的政治系统所决定的，无论是刑法还是行政法，都是政治系统进行市场准入秩序管理借助的手段，而两者的本质区别在于社会危害性的严重程度。刑事犯罪层面的"非法经营"往往具有较为严重的社会危害性，要发生具体的严重的社会危害，不包括抽象的危险，需要达到"扰乱市场秩序并且情节严重"的标准，"扰乱市场秩序"是社会危害性的具体呈现，"情节严重"是指社会危害性达到的严重程度。而行政违法层面"非法经营"虽然具有一定程度的社会危害性，但其程度尚未达到应受刑罚惩罚的严重程度，形成一个严重社会危害性受刑罚处罚、轻微社会危害性受行政处罚的责任梯度。立法者只能选择将具有严重社会危害性、严重扰乱市场准入秩序的非法经营行为规定为犯罪，以刑罚处罚显示对其严厉性的否定评价，将具有轻微的社会危害性的非法经营行为规定为行政不法行为，予以行政处罚即可。刑法是其他一切法律的制裁力量，❶ 是所有部门法的后盾与保障。刑罚处罚是行政处罚的后盾，非法经营行为如果社会危害性并未达到严重程度属于行政违法行为，只需行政处罚即可；如果社会危害性达到了严重程度就转变为犯罪行为，则需受到刑罚处罚。行政处罚与刑罚处罚之间可以互相转化，二者之间的区分只有相对意义，二者的处罚范围也是互相消长。

非法经营数额和违法所得数额是很好的量化标准，衡量其社会危害性应当以非法经营的数额和非法获利的数额为主要标准。数额可以作为构建责任梯度的主要依据，而且数额标准明确程度特别高，可以准确反映社会危害性的量。非法经营数额和违法所得数额应有一个全国统一的标准，目前的标准是《关于公安机关

---

❶ 参见［法］卢梭：《社会契约论》，何兆武译，商务印书馆1962年版，第63页。

管辖的刑事案件立案追诉标准的规定（二）》第 71 条的规定，❶
这个标准针对《刑法》第 225 条前 3 项和部分司法解释规定行为
是合适的，因为这些行为都有刑法规范明文规定，属于非法经营
罪的典型行为，公众可以预测其法律后果，行为本身侵害了市场
准入秩序，并且达到了最低数额标准，应当认定为非法经营罪。
但是这个标准适用于非法经营罪兜底条款就偏低了，行为没有被
法律规范明文规定为犯罪，市场经济主导的自由价值机制具有较
大的灵活性，由于产品稀缺与人为炒作，价格与实际价值存在较
大悬殊，再加上入罪数额标准偏低容易导致刑罚权的滥用，最终
呈现入罪率较高的趋势。❷

　　非法经营数额和违法所得数额采用倍比折算方法，可以得出
更明确的参照系，为违法和犯罪区分提供明确的标尺。非法经营
数额和违法所得数额的参照系是通过倍比方法确定具体数额的标
准和尺度，是衡量数额与处罚是否匹配的重要因素。参照系的数
额设置得合理、协调，倍比方法得出的结论才是合理的。假设一
个案件演绎倍比折算方法的运用，行为人在 1999 年非法买卖外
汇 1600 万元，被判处有期徒刑 5 年，觉得量刑过重提起申诉。
而非法经营罪的情节严重法定刑是 5 年以下，情节特别严重的法

---

❶ 最高人民检察院、公安部《关于公安机关管辖的刑事案件立案追诉标准的规定
（二）》第 71 条规定："以下情形视为情节严重：第一，个人非法经营数额在五
万元以上，或者违法所得数额在一万元以上的；第二，单位非法经营数额在五十
万元以上，或者违法所得数额在十万元以上的；第三，虽未达到上述数额标准，
但两年内因非法经营行为受过二次以上行政处罚，又从事同种非法经营行为的；
第四，其他情节严重的情形。"

❷ 参见富饶、姚万勤：《非法经营罪堵截条款限制适用》，《社会科学家》2017 年第
10 期，第 113 页。

定刑是 5 年以上。关于倒卖外汇的量刑依据有两个司法解释，❶
对上述案件审查应采用 1998 年司法解释，因为案件发生时间在
1999 年，但是 1998 年司法解释中只规定了一个标准，在刑事司
法实践中，这个标准被作为当时非法买卖外汇情节严重的标准，
而当时的司法解释并未规定情节特别严重的标准。因此，要计算
出案发当时情节特别严重的标准才能审查该案量刑是否合理。
通过对 2019 年司法解释的研究发现，情节严重的数额标准是
500 万元，情节特别严重的数额标准是 2500 万元，也就是说，
情节特别严重的数额标准是情节严重的数额标准的 5 倍，按照这
个参照系得出的规律，运用到 1998 年司法解释中去，那时情节
严重的数额标准是 20 万美元，得出情节特别严重的数额标准是
100 万美元，按照当年的美元对人民汇率计算大概是 827.89 万
元，这个数额标准就是通过倍比折算方法得出的。然后重新回到
该案中，非法买卖外汇 1600 万元，已经属于情节特别严重的情
况，判有期徒刑 5 年属于量刑偏轻，并不存在量刑过重。

　　我国各地经济情况差别很大，如果非法经营数额和违法所得
数额适用统一的标准将很难照顾到各地具体情况，可以因地、因
案制宜制定灵活标准。各地的司法机关应根据本地的经济情况设
置针对非法经营罪兜底条款适用的数额标准，如果本地案件中的

---

❶　第一个司法解释是 1998 年《最高人民法院关于审理骗购外汇、非法买卖外汇刑
　　事案件具体应用法律若干问题的解释》第 3 条规定："非法买卖外汇二十万美元
　　以上的按照刑法非法经营罪第三项的规定定罪处罚。"第二个司法解释是 2019 年
　　《最高人民法院、最高人民检察院关于办理非法从事资金支付结算业务、非法买
　　卖外汇刑事案件适用法律若干问题的解释》第 3 条规定："情节严重的标准，非
　　法买卖外汇数额在五百万元以上。"该法第 4 条规定："情节特别严重的标准，非
　　法买卖外汇数额在二千五百万元以上。"

非法经营数额与违法所得数额超过这个标准，代表社会危害性的量已达到入罪标准，就可以适用非法经营罪第 4 项定罪。

本章小结

本章将第四、五章提出的立法明确路径与司法明确路径，在实践中进行演绎，演绎对象选取了最典型的不明确的罪名——非法经营罪，以证明立法及司法路径的可行性。对非法经营罪明确主要从两个方面展开：第一，从立法层面对其明确，先将其犯罪类型进行分解，解决其囊括太多行为类型无法提炼出共同本质的问题，仅留存侵犯市场准入秩序的行为，其他行为全部分解出去，再增设"准入"这一构成要件要素，解决其易被扩张变异适用的问题，增设后第 4 项变为："其他严重扰乱市场准入秩序的非法经营行为"，提升其对构成要件解释的指引功能。第二，从司法层面对其明确，先厘定非法经营罪的弹性空间，从非法经营罪前 3 项提炼出事物本质，即违反国家规定未经许可的经营行为，然后分别明确"国家规定""许可""经营"的范围，将不符合非法经营罪事物本质的行为排除出去，并形成非法经营罪的弹性空间，再划定非法经营罪的弹性边界，根据其法益保护价值的重大性及法益侵害后果的具体化，在弹性空间中确定应纳入非法经营罪规制的行为类型，在筛选出的行为类型中，通过衡量社会危害性的量构建非法经营行为责任梯度，将刑事犯罪和行政违法区别开来，最终划定非法经营罪的弹性边界。

结　论

　　刑罚是最严厉的制裁措施，刑法的明确性是所有法律中要求最高的，当下刑法规范中仍然存在一些不明确的规定，导致司法适用混乱，可预测性不足，直接冲击刑法的根本——罪刑法定原则。如果将刑法规定绝对明确，是可以解决不明确的问题，而通过对刑法不明确原因的分析，可以发现绝对明确不可能实现，通过对刑法明确性的历史演变又会发现，绝对明确会带来僵化、适应性不足的问题。所以在解决刑法不明确的问题时，必然要兼顾刑法适应性的问题，这二者看似矛盾，实质上是一体两面的问题，必须寻求一个明确性与适应性的平衡点。因此本书的中心主线是在保障刑法适应性的前提下达到最佳的明确程度，实现刑法的相对明确。

　　首先，为了实现明确性与适应性的平衡，刑法的明确标准应有所区分，刑法规范的核心区域已在一般人中形成共识，可采用一般人标准，而边缘地带明确程度比核心区域低，尚未形成统一的判断标准，应采用法律人标准，也就是核心区域明确标准高，边缘地带明确标准略低。边缘地带需要回应社会发展中新出现的犯罪现象，需要一定的适应性，略降明确标准是为了提升适应性，防止僵化。

其次，为了实现最佳明确程度，需要从立法和司法两方面共同推进：

第一，从立法层面提升明确性，从犯罪类型和构成要件两个维度划定一个基本的犯罪圈。合理把握犯罪类型的类型化程度，以解决犯罪类型过于粗疏或细密造成的问题。过于粗疏的犯罪类型规制种类过多的犯罪行为，无法提炼出具体的犯罪类型的本质特征，只能采用高度抽象的概念和立法模式，给司法过程中的扩张变异适用留下解释的空间。过于细密的犯罪类型导致类型化不足，造成此罪与彼罪之间的界限模糊，进而造成司法适用和认定上的困难，难以回应新出现的犯罪现象。犯罪类型的合理设定可以将过于粗疏的犯罪类型分解，将过于细密的犯罪类型合并，使其达到疏密程度合适的状态，而判断犯罪类型疏密程度合理的标准是能提炼出相对具体的类型特征及具有共同的规范保护目的。合理设定构成要件内容，以解决构成要件过于抽象或过于精细的问题。构成要件过于抽象会造成具备适应性但明确性不足，而构成要件过于精细会造成足够明确但太过僵化。合理设定构成要件要以反映事物本质为中心、以实现立法意图为核心，内容应详略得当，并根据不同犯罪类型选择合适的详略模式，自然犯采用简洁模式，法定犯采用详细模式。

第二，从司法层面提升明确性，尝试通过形式性解释划分一个符合形式理性的弹性空间，也就是能确保基本实现罪刑法定原则的自由裁量空间，并在弹性空间中通过实质性解释划定一条符合实质理性的弹性边界，也就是可以纠正形式理性得出荒谬结论的入罪边界。弹性空间是弹性边界可以活动的空间，存在于刑法规范边缘地带，其本身是没有弹性的，存在就是为了限制弹性边界肆意扩张。弹性空间的划分先由文义解释确定一个可能文义的底限范围，再由体系解释将底限范围内不协调的部分排除出去，也就是说，在底限范围去除不协调的部分形成一个弹性空间。弹性边界应在弹性空间内划定才能确保罪刑法定原则的实现，弹性代表刑法的适应性，边界代表实现刑法的明确性。弹性边界主要通过实质性解释来划定，每一种犯罪都可以提炼出专属的实质性解释规则，并在运用过程中积累经验并修正。这些解释规则指导法律人运用多种目的性要素划定弹性边界，绝大部分犯罪的弹性边界的划定需要用法益和社会危害性去衡量，对部分犯罪还要在此基础上加上刑事政策和常识、常理、常情的衡量。弹性边界有助于法律人形成统一的刑法解释思维，实现同案同判，同时还能保持刑法具有一定的适应性。

最后，为了证明上述明确路径具有可行性，将其适用于最典型的不明确的罪名——非法经营罪，将完整的明确路径在非法经营罪中演绎一遍。先分析出非法经营罪犯罪类型设置得过于粗疏，几乎可以规制所有经济类犯罪，导致其无法提炼出相对具体的事物本质，形成了目前这样高度抽象的构成要件。针对这种情况，必须对非法经营罪的犯罪类型进行分解，将其规范保护目的确定为市场准入秩序，将违反市场管理秩序、交易秩序、竞争秩序的行为排出该犯罪类型。分解后该罪的规范保护目的确定为市场准入秩序，因此加入"准入"这一构成要件要素，将《刑法》第 225 条第 4 项修改为："其他严重扰乱市场准入秩序的非法经营行为"，提升其对构成要件解释的指引功能，限缩非法经营罪的适用。再分析出刑法解释明确的重点是《刑法》第 225 条第 4 项，提炼出第 4 项的事物本质是：违反国家规定未经许可的经营行为，并通过文义解释与体系解释逐项明确"国家规定""许可""经营"的范围，排除与非法经营罪事物本质不相符的行为，厘定非法经营罪的弹性空间。依据其法益保护价值的重大性及法益侵害后果的具体化，在弹性空间中确定应纳入非法经营罪规制的行为类型，在筛选出的行为类型中，通过衡量社会危害性构建非法经营行为责任梯度，将刑事犯罪和行政违法区别开来，最终划定非法经营罪的弹性边界。

明确路径的可行性还需要进一步研究，目前立法明确路径与司法明确路径仅在非法经营罪中适用，未来还需要适用于更多不明确的罪名，例如以危险方法危害公共安全罪、寻衅滋事罪等，以进一步印证其可行性。

参考文献

一、著作类

1. ［爱尔兰］约翰·莫里斯·凯利:《西方法律思想简史》,王笑红译,法律出版社 2010 年版。

2. ［奥］欧根·埃利希:《法社会学原理》,舒国滢译,中国大百科全书出版社 2009 年版。

3. ［奥］维根特斯坦:《哲学研究》,陈嘉映译,商务印书馆 2016 年版。

4. ［德］阿图尔·考夫曼:《法律哲学》(第二版),刘幸义等译,法律出版社 2011 年版。

5. ［德］伯恩·魏德士:《法理学》,丁小春、吴越译,法律出版社 2003 年版。

6. ［德］恩斯特·贝林:《构成要件理论》,王安异译,中国人民公安大学出版社 2006 年版。

7. ［德］弗朗茨·维亚克尔:《近代私法史》(下),陈爱娥、黄建辉译,上海三联书店 2006 年版。

8. ［德］格尔德·克莱因海尔、扬·施罗德主编：《九百年来德意志及欧洲法学家》，许兰译，法律出版社2005年版。

9. ［德］汉斯·海因里希·耶塞克、托马斯·魏根特：《德国刑法教科书》，徐久生译，中国法制出版社2017年版。

10. ［德］赫尔曼·康特洛维茨：《为法学而斗争：法的定义》，雷磊译，中国法制出版社2011年版。

11. ［德］N. 霍恩：《法律科学与法哲学导论》，罗莉译，法律出版社2005年版。

12. ［德］卡尔·恩吉施：《法律思维导论》，郑永流译，法律出版社2004年版。

13. ［德］卡尔·路德维格·冯·巴尔：《大陆刑法史——从古罗马到十九世纪》，周振杰译，法律出版社2016年版。

14. ［德］卡尔·拉伦茨：《法学方法论》，陈爱娥译，商务印书馆2016年版。

15. ［德］考夫曼：《法律哲学》，刘幸义等译，法律出版社2004年版。

16. ［德］柯武刚、史漫飞：《制度经济学——社会秩序与公共政策》，韩朝华译，商务印书馆2000年版。

17. ［德］克劳斯·罗克辛：《德国刑法学总论——犯罪原理的基础构造》（第1卷），王世洲译，法律出版社2005年版。

18. ［德］鲁道夫·冯·耶林：《法学是一门科学吗?》，［德］奥科·贝伦茨编注，李君韬译，法律出版社2010年版。

19. ［德］罗伯特·阿列克西：《法律论证理论》，舒国滢译，中国法制出版社2002年版。

20. ［德］罗伯特·阿列克西：《法概念与法效力》，王鹏翔译，商务印书馆 2015 年版。

21. ［德］马克斯·韦伯：《经济与社会》（第二卷 上册），阎克文译，上海人民出版社 2010 年版。

22. ［德］马克斯·韦伯：《经济与社会》（下卷），林荣远译，商务印书馆 1997 年版。

23. ［德］齐佩利乌斯：《法学方法论》，金振豹译，法律出版社 2010 年版。

24. ［德］托依布纳：《法律：一个自创生系统》，张骐译，北京大学出版社 2004 年版。

25. ［德］亚图·考夫曼：《类推与"事物本质"——兼论类型理论》，吴从周译，台湾学林文化事业有限公司 1999 年版。

26. ［德］英格博格·普珀：《法学思维小学堂——法律人的 6 堂思维训练课》，蔡圣伟译，北京大学出版社 2011 年版。

27. ［德］约翰内斯·韦塞尔斯：《德国刑法总论》，李昌珂译，法律出版社 2008 年版。

28. ［法］勒内·达维：《英国法与法国法：一种实质性比较》，潘华仿等译，清华大学出版社 2002 年版。

29. ［法］卢梭：《社会契约论》，何兆武译，商务印书馆 1982 年版。

30. ［法］罗兰·巴尔特：《符号学原理》，李幼蒸译，中国人民大学出版社 2008 年版。

31. ［法］孟德斯鸠：《论法的精神》，许明龙译，商务印书馆 2012 年版。

32. ［法］孟德斯鸠：《罗马盛衰原因论》，婉玲译，商务印书馆 1962 年版。

33. ［韩］李在祥：《韩国刑法总论》，［韩］韩相敦译，中国人民大学出版社 2005 年版。

34. ［美］D. 布迪、C. 莫里斯：《中华帝国的法律》，朱勇译，江苏人民出版社 2010 年版。

35. ［美］E. 博登海默：《法理学——法律哲学与法律方法》，邓正来译，中国政法大学出版社 2017 年版。

36. ［美］E. 博登海默：《法理学——法律哲学和方法》，张智仁译，上海人民出版社 1992 年版。

37. ［美］本杰明·卡多佐：《司法过程的性质》，苏力译，商务印书馆 2000 年版。

38. ［美］伯尔曼：《法律与宗教》，梁治平译，三联书店 1991 年版。

39. ［美］布赖恩·比克斯：《法理学：理论与语境》（第四版），邱昭继译，法律出版社 2008 年版。

40. ［美］布赖恩·比克斯：《法律、语言与法律的确定性》，邱昭继译，法律出版社 2007 年版。

41. ［美］布赖恩·比克斯：《牛津法律理论词典》，邱昭继等译，法律出版社 2007 年版。

42. ［美］富勒：《法律的道德性》，郑戈译，商务印书馆 2017 年版。

43. ［美］哈罗德·伯曼编：《美国法律讲话》，陈若桓译，三联书店 1988 年版。

44. ［美］劳伦斯·M. 弗里德曼：《法律制度——从社会科学角度观察》，李琼英、林欣译，中国政法大学出版社 2004 年版。

45. 〔美〕罗伯特·S. 萨默斯：《美国实用工具主义法学》，柯华庆译，中国法制出版社 2010 年版。

46. 〔美〕史蒂文·J. 伯顿：《法律和法律推理导论》，张志铭、解兴权译，中国政法大学出版社 1998 年版。

47. 〔美〕斯蒂文·J. 伯顿主编：《法律的道路及其影响》，张芝梅、陈绪刚译，北京大学出版社 2005 年版。

48. 〔美〕约翰·亨利·梅利曼：《大陆法系》，顾培东、禄正平译，法律出版社 2004 年版。

49. 〔美〕约翰·罗尔斯：《正义论》，何怀宏、何包钢、廖申白译，中国社会科学出版社 2009 年版。

50. 〔美〕朱迪斯·N. 施克莱：《守法主义：法、道德和政治审判》，彭亚楠译，中国政法大学出版社 2005 年版。

51. 〔日〕曾根威彦：《刑法学基础》，黎宏译，法律出版社 2005 年版。

52. 〔日〕大谷实：《刑法总论》，黎宏译，法律出版社 2003 年版。

53. 〔日〕大塚仁：《刑法概说》（总论）（第三版），冯军译，中国人民大学出版社 2003 版。

54. 〔日〕泷川幸辰：《犯罪论序说》，王泰译，中国人民公安大学出版社 2005 年版。

55. 〔日〕木村龟二：《刑法学词典》，顾肖荣、郑树周等译，上海翻译出版公司 1991 年版。

56. 〔日〕三谷隆正：《法律哲学原理》，徐文波译，商务印书馆 1937 年版。

57. 〔日〕西田典之：《日本刑法总论》，刘明祥、王昭武译，中国人民大学出版社 2007 年版。

58. ［日］西田典之：《日本刑法各论》，王昭武、刘明祥译，法律出版社 2013 年版。

59. ［日］庄子邦雄：《近代刑法思想史序说》，李希同译，中国检察出版社 2010 年版。

60. ［苏联］A. H. 特拉伊宁：《犯罪构成的一般学说》，薛秉忠等译，中国人民大学出版社 1958 年版。

61. ［意］加罗法洛：《犯罪学》，耿伟、王新译，商务印书馆 2020 年版。

62. ［意］切萨雷·贝卡里亚：《论犯罪与刑罚》，黄风译，商务印书馆 2018 年版。

63. ［意］杜里奥·帕多瓦尼：《意大利刑法学原理》，陈忠林译，法律出版社 1998 年版。

64. ［英］H. L. A. 哈特：《法理学与哲学论文集》，支振锋译，法律出版社 2005 年版。

65. ［英］H. L. A. 哈特：《法律的概念》（第三版），许家馨、李冠宜译，法律出版社 2018 年版。

66. ［英］边沁：《道德与立法原理导论》，时殷弘译，商务印书馆 2000 年版。

67. ［英］边沁：《政府片论》，沈叔平等译，商务印书馆 2009 年版。

68. ［英］蒂莫西·A. O. 恩迪科特：《法律中的模糊性》，程朝阳译，北京大学出版社 2010 年版。

69. ［英］弗里德里希·奥古斯特·冯·哈耶克：《通往奴役之路》（修订版），王明毅等译，中国社会科学出版社 2015 年版。

70. ［英］M. J. C 维尔：《宪政与分权》，苏力译，三联书店1997年版。

71. ［英］洛克：《政府论》（下篇），叶启芳、瞿菊农译，商务印书馆1964年版。

72. ［英］约瑟夫·拉兹：《法律的权威：法律与道德论文集》，朱峰译，法律出版社2005年版。

73. ［美］奥利弗·温德尔·霍姆斯：《法律的道路》，李俊晔译，中国法制出版社2018年版。

74. ［美］马丁·洛克林：《公法与政治理论》，郑戈译，商务印书馆2002年版。

75. ［美］诺内特、塞尔兹尼克：《转变中的法律与社会：迈向回应型法》，中国政法大学出版社1994年版。

76. 陈兴良、周光权：《刑法学的现代展开 II》，中国人民大学出版社2015年版。

77. 陈兴良：《罪刑法定主义》，中国法制出版社2010年版。

78. 陈兴良主编：《刑法各论的一般理论》（第二版），中国人民大学出版社2007年版。

79. 陈兴良主编：《刑法总论精释》（第二版），人民法院出版社2011年版。

80. 陈子平：《刑法总论》，元照出版有限公司2015年版。

81. 陈宗明：《符号世界》，湖北人民出版社2004年版。

82. 邓子滨：《中国实质刑法观批判》（第二版），法律出版社2017年版。

83. 冯军、肖中华主编：《刑法总论》（第三版），中国人民大学出版社2016年版。

84. 高铭暄主编：《中国刑法学》，中国人民大学出版社 1989 年版。

85. 高鸿钧、赵晓力主编：《新编西方法律思想史》（古代、中世纪、近代部分），清华大学出版社 2015 年版。

86. 高鸿钧、赵晓力主编：《新编西方法律思想史》（现代、当代部分），清华大学出版社 2015 年版。

87. 古承宗：《刑法的象征化与规制理性》，元照出版有限公司 2017 年版。

88. 韩永红：《法明确性原则与宪法关系的研究》，法律出版社 2013 年版。

89. 黄进喜：《反垄断法适用除外与豁免制度研究——以产业政策与竞争政策的冲突与协调为视角》，厦门大学出版社 2014 年版。

90. 劳东燕：《功能主义的刑法解释》，中国人民大学出版社 2020 年版。

91. 李援主编：《中华人民共和国行政许可法释义与实施指南》，中国物价出版社 2003 年版。

92. 梁根林：《刑事政策：立场与范畴》，法律出版社 2005 年版。

93. 林立：《法学方法论与德沃金》，中国政法大学出版社 2002 年版。

94. 刘树德：《"口袋罪"的司法命运：非法经营的罪与罚》，北京大学出版社 2011 年版。

95. 刘树德：《空白罪状——界定·追问·解读》，人民法院出版社 2002 年版。

96. 刘树德：《罪状建构论》，中国方正出版社 2002 年版。

97. 刘宪权主编：《中国刑法理论前沿问题研究》，人民出版社 2005 年版。

98. 马克昌：《比较刑法原理：外国刑法学总论》，武汉大学出版社 2002 年版。

99. 马克昌主编：《近代西方刑法学说史》，中国人民公安大学出版社 2016 年版。

100. 钱冠连：《汉语文化语用学：人文网络言语学》（第二版），清华大学出版社 2002 年版。

101. 邱昭继：《法律的不确定性与法治——从比较法哲学的角度看》，中国政法大学出版社 2013 年版。

102. 邱忠义：《刑法通则新论》，元照出版有限公司 2022 年版。

103. 曲新久：《刑法的精神与范畴》，中国政法大学出版社 2000 年版。

104. 曲新久主编：《共和国六十年法学论争实录·刑法卷》，厦门大学出版社 2010 年版。

105. 曲新久：《刑法学原理》（第二版），高等教育出版社 2014 年版。

106. 梁治平编：《法律解释问题》，法律出版社 1998 年版。

107. 苏力：《法治及其本土资源》，中国政法大学出版社 1996 年版。

108. 王克稳：《行政许可中特许权的物权属性与制度构建研究》，法律出版社 2015 年版。

109. 王启富、陶髦主编：《法律辞海》，吉林人民出版社

1998 年版。

110. 王世洲：《从比较刑法到功能刑法》，长安出版社 2003 年版。

111. 王政勋：《刑法解释的语言论研究》，商务印书馆 2016 年版。

112. 伍铁平：《模糊语言学》，上海外语教育出版社 1999 年版。

113. 徐爱国：《分析法学》，法律出版社 2005 年版。

114. 杨剑波：《刑法明确性原则研究》，中国人民公安大学出版社 2010 年版。

115. 杨仁寿：《法学方法论》（第二版），中国政法大学出版社 2013 年版。

116. ［日］野村稔：《刑法总论》，全理其、何力译，法律出版社 2001 年版。

117. 张建军：《刑法中不明确概念类型化研究》，法律出版社 2016 年版。

118. 张明楷：《法益初论》，中国政法大学出版社 2000 年版。

119. 张明楷：《刑法的基础概念》，中国检察出版社 1995 年版。

120. 张明楷：《刑法格言的展开》（第一版），法律出版社 1999 年版。

121. 张明楷：《罪刑法定与刑法解释》，北京大学出版社 2009 年版。

122. 张乃根：《西方法哲学史纲》（第四版），中国政法大学出版社 2008 年版。

123. 张天虹:《经济犯罪新论》,法律出版社 2004 年版。

124. 张志铭:《法律解释操作分析》,中国政法大学出版社 1998 年版。

125. 赵秉志主编:《刑法基础理论探索》,法律出版社 2003 年版。

126. 赵颖:《新编语用学概论》,中国商务出版社 2015 年版。

127. 周光权:《刑法总论》(第三版),中国人民大学出版社 2016 年版。

128. 周少华:《刑法之适应性——刑事法治的实践逻辑》,法律出版社 2012 年版。

129.《德国刑法典》,徐久生、庄敬华译,中国方正出版社 2004 年版。

130.《现代汉语词典》(2002 年增补本),商务印书馆 2002 年版。

二、期刊论文类

1. 〔爱尔兰〕柯林·斯柯特:《作为规制与治理工具的行政许可》,石肖雪译,《法学研究》2014 年第 2 期。

2. 〔德〕J. H. 冯基尔希曼:《作为科学的法学的无价值性——在柏林法学会的演讲》,赵阳译,《比较法研究》2004 年第 1 期。

3. 〔德〕汉斯 - 彼得·哈佛坎普:《概念法学》,纪海龙译,《比较法研究》,2012 年第 5 期。

4. ［英］J. W. 哈利斯：《美国法律的现实主义》，孙秀珍译，《中南政法学院学报》1993 年第 1 期。

5. ［英］H. L. A. 哈特：《实证主义和法律与道德的分离》，翟小波译，强世功校，《环球法律评论》2001 年第 2 期。

6. 白建军：《论刑法的不典型》，《法学研究》2002 年第 6 期。

7. 宾凯：《法律悖论及其生产性——从社会系统论的二阶观察理论出发》，《上海交通大学学报》（哲学社会科学版）2012 年第 1 期。

8. 曾毅、熊艳：《从法律形式主义到法律现实主义》，《求索》2010 年第 1 期。

9. 陈航：《民刑法中的"一般人"观念及其判断基准》，《法学家》2020 年第 3 期。

10. 陈金钊：《法律解释规则及其运用研究（下）——法律解释规则运用所遇到的难题》，《政法论丛》2013 年第 5 期。

11. 陈金钊：《法律解释规则及其运用研究（中）——法律解释规则及其分类》，《政法论丛》2013 年第 4 期。

12. 陈金钊：《法治命题的定"性"研究——建构中国特色社会主义法治话语体系的基础研究之一》，《南京社会科学》2018 年第 5 期。

13. 陈景辉：《"开放结构"的诸层次——反省哈特的法律推理理论》，《中外法学》2011 年第 4 期。

14. 陈坤：《"开放结构"与法律的客观性》，《法制与社会发展》2016 年第 1 期。

15. 陈明、赵宁：《简单罪状的司法认定和解释规则研究——

以盗窃罪的司法认定为例》,《政治与法律》2013 年第 4 期。

16. 陈伟、蔡荣:《刑法立法的类型化表述及其提倡》,《法制与社会发展》2018 年第 2 期。

17. 陈伟:《刑事立法的政策导向与技术制衡》,《中国法学》2013 年第 3 期。

18. 陈小炜、马荣春:《实现刑法公众认同进路的考量——以刑法规范的明确性为视角》,《法学杂志》2016 年第 8 期。

19. 陈兴良:《刑法的明确性问题:以〈刑法〉第 225 条第 4 项为例的分析》,《中国法学》2011 年第 4 期。

20. 陈兴良:《非法经营罪范围的扩张及其限制——以行政许可为视角的考察》,《法学家》2021 年第 2 期。

21. 陈兴良:《投机倒把罪:一个口袋罪的死与生》,《现代法学》2019 年第 4 期。

22. 陈兴良:《违反行政许可构成非法经营罪问题研究——以郭嵘分装农药案为例》,《政治与法律》2018 年第 6 期。

23. 陈兴良:《罪刑法定的当代命运》,《法学研究》1996 年第 2 期。

24. 陈兴良:《口袋罪的法教义学分析:以危险方法危害公共安全罪为例》,《政治与法律》2013 年第 3 期。

25. 陈忠林:《"常识、常理、常情":一种法治观与法学教育观》,《太平洋学报》2007 年第 6 期。

26. 陈忠林:《从外在形式到内在价值的追求——论罪刑法定原则蕴含的价值冲突及我国刑法应有的立法选择》,《现代法学》1997 年第 1 期。

27. 陈超然:《非法经营行为的法律界限研究》,《同济大学学报》（社会科学版）2014 年第 3 期。

28. 戴津伟：《"法的一般性"之要求与实践功能研究》，《江海学刊》2016 年第 6 期。

29. 戴昕：《认真对待现实主义——评〈波斯纳法官司法反思录〉》，《环球法律评论》2015 年第 3 期。

30. 丁建峰：《立法语言的模糊性问题——来自语言经济分析的视角》，《政法论坛》2016 年第 2 期。

31. 东方玉树：《成文法三属性：权利与权力的平衡态——兼论现代法律的调整对象》，《法律科学》（西北政法学院学报）1993 年第 5 期。

32. 杜宇：《基于类型思维的刑法解释的实践功能》，《中外法学》2016 年第 5 期。

33. 杜宇：《刑法规范的形成机理——以类型建构为视角》，《法商研究》2010 年第 1 期。

34. 杜宇：《刑法上之"类推禁止"如何可能？——一个方法论上的悬疑》，《中外法学》2006 年第 4 期。

35. 杜宇：《刑事政策与刑法的目的论解释》，《法学论坛》2013 年第 6 期。

36. 杜宇：《再论刑法上之"类型化"思维——一种基于"方法论"的扩展性思考》，《法制与社会发展》2005 年第 6 期。

37. 冯军：《刑法教义学的立场和方法》，《中外法学》2014 年第 1 期。

38. 付立庆：《刑法规范的供给不足及其应对》，《中国人民大学学报》2014 年第 2 期。

39. 付立庆：《论刑法用语的明确性与概括性——从刑事立

法技术的角度切入》，《法律科学》（西北政法大学学报）2013年第 2 期。

40. 付玉明、陈树斌：《刑法规范的明确性与模糊性——诠释学视野下的刑法解释应用》，《法律科学》（西北政法大学学报）2013 年第 6 期。

41. 高鸿钧：《德沃金法律理论评析》，《清华法学》2015 年第 2 期。

42. 高巍：《重构罪刑法定原则》，《中国社会科学》2020 年第 3 期。

43. 高维俭、王东海：《刑法体系解释层次论——兼以"赵春华案"为实践检验样本》，《现代法学》2019 年第 3 期。

44. 高艳东：《破坏生产经营罪包括妨害业务行为》，《预防青少年犯罪研究》2016 年第 2 期。

45. 高仕银：《罪刑法定明确性原则的本土化进路——以域外明确性判断标准考察为基础的展开》，《安徽大学学报》（哲学社会科学版）2011 年第 1 期。

46. 葛洪义、陈年冰：《法的普遍性、确定性、合理性辨析——兼论当代中国立法和法理学的使命》，《法学研究》1997 年第 5 期。

47. 郭春镇：《务实的法治观应立足于裁判的亚确定性》，《法学研究》2012 年第 6 期。

48. 韩劲松：《社会危害性与罪刑法定原则关系的分析与厘清——透过社会危害性与罪刑法定原则冲突之表象》，《山东警察学院学报》2017 年第 2 期。

49. 韩啸：《浅议刑法的明确性》，《中国刑事法杂志》2013

年第 1 期。

　　50. 何勤华:《埃利希和现代法社会学的诞生》,《现代法学》1996 年第 3 期。

　　51. 贺林波:《解构与批判:分析实证主义法学的社会事实》,《湖南师范大学社会科学学报》2005 年第 4 期。

　　52. 黑静洁:《刑法明确性原则的恪守程度——刑法明确性原则的衡量指标及其实证考察》,《政治与法律》2016 年第 11 期。

　　53. 胡铭:《法律现实主义与转型社会刑事司法》,《法学研究》2011 年第 2 期。

　　54. 胡铭、王震:《现实主义中寻找中国当代法律的道路——重温霍姆斯〈法律的道路〉》,《浙江社会科学》2014 年第 5 期。

　　55. 胡水君:《惩罚技术与现代社会——贝卡里亚〈论犯罪与刑罚〉的现代意义》,《社会学研究》2007 年第 3 期。

　　56. 胡岩:《司法解释的前生后世》,《政法论坛》2015 年第 3 期。

　　57. 胡业勋、郑浩文:《自然犯与法定犯的区别:法定犯的超常性》,《中国刑事法杂志》2013 年第 12 期。

　　58. 胡玉鸿:《"法律人"建构论纲》,《中国法学》2006 年第 5 期。

　　59. 侯学勇:《从法律规范的可反驳性到法律知识的不确定性——法律论证中融贯论的必要性》,《内蒙古社会科学》(汉文版)2008 年第 1 期。

　　60. 洪川:《德沃金关于法的不确定性和自主性的看法》,《环球法律评论》2001 年第 1 期。

　　61. 黄华新,徐慈华:《论意义的"生命"历程》,《哲学研究》2004 年第 1 期。

62. 江溯：《罪刑法定原则的现代挑战及其应对》，《政法论丛》2021 年第 3 期。

63. 姜涛：《当代刑事立法应当遵循明确性原则》，《国家检察官学院学报》2018 年第 2 期。

64. 姜涛：《法秩序一致性与合宪性解释的实体性论证》，《环球法律评论》2015 年第 2 期。

65. 姜涛：《规范保护目的：学理诠释与解释实践》，《法学评论》2015 年第 5 期。

66. 姜涛：《后果考察与刑法目的解释》，《政法论坛》2014 年第 4 期。

67. 姜涛：《基于明确性原则的刑法解释研究》，《政法论坛》2019 年第 3 期。

68. 姜涛：《科研人员的刑法定位：从宪法教义学视域的思考》，《中国法学》2017 年第 1 期。

69. 姜敏：《对贝卡里亚之〈论犯罪与刑罚〉的质疑与反思》，《西南大学学报》（社会科学版）2010 年第 3 期。

70. 蒋铃：《刑法中"违反国家规定"的理解和适用》，《中国刑事法杂志》2012 年第 7 期。

71. 焦艳鹏：《法益解释机能的司法实现——以污染环境罪的司法判定为线索》，《现代法学》2014 年第 1 期。

72. 焦悦勤：《略论立法语言的模糊与消除——以刑法为视角》，《理论导刊》2005 年第 7 期。

73. 柯卫、马腾：《新自然法学法治论之旨趣及启示》，《广东社会科学》2017 年第 1 期。

74. 劳东燕：《法条主义与刑法解释中的实质判断——以赵春华持枪案为例的分析》，《华东政法大学学报》2017 年第 6 期。

75. 劳东燕：《功能主义刑法解释的体系性控制》，《清华法学》2020 年第 2 期。

76. 劳东燕：《交通肇事逃逸的相关问题研究》，《法学》2013 年第 6 期。

77. 劳东燕：《能动司法与功能主义的刑法解释论》，《法学家》2016 期 6 期。

78. 劳东燕：《危害性原则的当代命运》，《中外法学》2008 年第 3 期。

79. 劳东燕：《刑事政策刑法化的宪法意涵》，《中国法律评论》2019 年第 1 期。

80. 劳东燕：《刑事政策与刑法解释中的价值判断——兼论解释论上的"以刑制罪"现象》，《政法论坛》2012 年第 4 期。

81. 劳东燕：《刑事政策与刑法体系关系之考察》，《比较法研究》2012 年第 2 期。

82. 劳东燕：《罪刑法定的明确性困境及其出路》，《法学研究》2004 年第 6 期。

83. 劳东燕：《罪刑规范的刑事政策分析——一个规范刑法学意义上的解读》，《中国法学》2011 年第 1 期。

84. 雷磊：《法律方法、法的安定性与法治》，《法学家》2015 年第 4 期。

85. 雷磊：《法律概念是重要的吗》，《法学研究》2017 年第 4 期。

86. 李国强，聂长建：《法律中的逻辑和经验作用探讨——

解读霍姆斯和哈耶克》,《法学杂志》2008 年第 1 期。

87. 李晗:《回应社会,法律变革的飞跃:从压制迈向回应——评〈转变中的法律与社会:迈向回应型法〉》,《政法论坛》2018 年第 2 期。

88. 李进一:《洛克的法律思想》,《中国人民大学学报》1998 年第 4 期。

89. 李军:《兜底条款中同质性解释规则的适用困境与目的解释之补足》,《环球法律评论》2019 年第 4 期。

90. 李梁:《刑法中的明确性原则:一个比较法的研究》,《法学评论》2017 年第 5 期。

91. 李琳:《论"感情投资"型受贿罪的司法认定——兼论受贿罪"为他人谋取利益"要件之取消》,《法学论坛》2015 年第 5 期。

92. 李琦:《法的确定性及其相对性——从人类生活的基本事实出发》,《法学研究》2002 年第 5 期。

93. 李涛:《虚构交易利用 POS 机刷卡套现按期归还是否构成犯罪》,《人民检察》2016 年第 24 期。

94. 李亚东:《我们需要什么样的法律解释学——法律解释规则理论研究》,《法学论坛》2015 年第 4 期。

95. 李文杰:《汉语背景下法律语句的模糊性研究》,《语文建设》2013 年第 7 期。

96. 梁艾福:《关于刑法修改的若干问题(下)》,《中国工商管理研究》1997 年第 8 期。

97. 刘翀:《现实主义法学的批判与建构》,《法律科学》(西北政法大学学报)2009 年第 5 期。

98. 刘继峰：《反不正当竞争法中"一定影响"的语义澄清与意义验证》，《中国法学》2020 年第 4 期。

99. 刘仁文：《网络时代破坏生产经营的刑法理解》，《法学杂志》2019 年第 5 期。

100. 刘星：《法律的不确定性——美国现实主义法学述评》，《中山大学学报》（社会科学版）1996 年第 S3 期。

101. 刘艳红：《刑法类型化概念与法治国原则之哲理——兼论开放的构成要件之存在根据》，《比较法研究》2003 年 3 期。

102. 刘艳红：《当下中国刑事立法应当如何谦抑？——以恶意欠薪行为入罪为例之批判分析》，《环球法律评论》2012 年第 2 期。

103. 刘艳红：《刑法明确性原则：形成、定位与实现》，《江海学刊》2009 年第 2 期。

104. 刘艳红：《法秩序统一原理下侵害英雄烈士名誉、荣誉罪的保护对象研究》，《法律科学》（西北政法大学学报）2021 年第 5 期。

105. 刘远：《罪刑法定原则的司法逻辑构造》，《甘肃政法学院学报》2014 年第 4 期。

106. 陆宇峰：《"规则怀疑论"究竟怀疑什么?》，《华东政法大学学报》2014 年第 6 期。

107. 马春晓：《使用他人许可证经营烟草的法教义学分析——以集体法益的分析为进路》，《政治与法律》2016 年第 9 期。

108. 马荣春：《"同时符合说"：刑法解释甄别的新尝试》，《中国刑事法杂志》2019 年第 6 期。

109. 马荣春：《刑法类型化思维的概念与边界》，《政治与法律》2014 年第 1 期。

110. 马荣春：《刑事案件事实认定的常识、常理、常情化》，《北方法学》2014 年第 2 期。

111. 蒙晓阳：《为概念法学正名》，《法学》2003 年第 12 期。

112. 牛玉兵：《法律符号化现象研究》，《法制与社会发展》2013 年第 6 期。

113. 裴洪辉：《在价值理想与客观认知之间：法律明确性原则的理论空间》，《法学论坛》2019 年第 2 期。

114. 彭学龙：《商标法基本范畴的符号学分析》，《法学研究》2007 年第 1 期。

115. 秦新承：《非法经营罪中的"国家规定"及有关刑事罚则的理解》，《法学》2008 年第 1 期。

116. 邱昭继、蔡伟：《自由法运动与法律的不确定性》，《宁夏社会科学》2013 年第 5 期。

117. 邱昭继：《语言的性质与法律的不确定性》，《西部法学评论》2012 年第 4 期。

118. 曲新久：《〈刑法修正案（十一）〉若干要点的解析及评论》，《上海政法学院学报》（法治论丛）2021 年第 5 期。

119. 曲新久：《刑法解释的若干问题》，《国家检察官学院学报》2014 年第 1 期。

120. 全威：《埃利希"活法"论中的价值观探究》，《东南大学学报》（哲学社会科学版）2010 年第 S1 期。

121. 冉井富：《法治与法的自治性》，《法学研究》2012 年第 6 期。

122. 舒国滢：《由法律的理性与历史性考察看法学的思考方

式》,《思想战线》2005 年第 4 期。

123. 苏永生:《法益保护理论中国化之反思与重构》,《政法论坛》2019 年第 1 期。

124. 苏永生:《刑法解释的限度到底是什么——由一个司法解释引发的思考》,《河南大学学报》(社会科学版)2014 年第 1 期。

125. 孙启东、范进学:《弗兰克法律现实主义观述论》,《山东社会科学》2007 年第 3 期。

126. 孙万怀:《以危险方法危害公共安全罪何以成为口袋罪》,《现代法学》2010 年第 5 期。

127. 孙万怀:《罪刑关系法定化困境与人道主义补足》,《政法论坛》2012 年第 1 期。

128. 孙文恺:《开放结构中的确定性追求——兼论哈特与富勒法律理论的契合性》,《江苏社会科学》2009 年第 6 期。

129. 孙光宁:《法律规范的意义边缘及其解释方法——以指导性案例 6 号为例》,《法制与社会发展》2013 年第 4 期。

130. 孙玉文:《汉字音符的特点和作用》,《语文研究》2022 年第 1 期。

131. 田宏杰:《行政犯的法律属性及其责任——兼及定罪机制的重构》,《法学家》2013 年第 3 期。

132. 童伟华、武良军:《刑法中社会危害性概念的机能分析》,《时代法学》2011 年第 4 期。

133. 童德华:《寻衅滋事罪的建构理性与司法经验》,《暨南学报》(哲学社会科学版)2021 年第 7 期。

134. 王钢:《刑法新增罪名的合宪性审查——以侵害英雄烈

士名誉、荣誉罪为例》，《比较法研究》2021 年第 4 期。

135. 王彬：《体系解释的反思与重构》，《内蒙古社会科学》（汉文版）2009 年第 1 期。

136. 王晨光：《法律运行中的不确定性与"错案追究制"的误区》，《法学》1997 年第 3 期。

137. 王德玲：《法律现实主义思想再检视》，《政法论丛》2019 年第 2 期。

138. 王恩海：《最高人民法院对非法经营罪中"违反国家规定"的适用》，《法治研究》2015 年第 4 期。

139. 王飞跃：《论刑法中的"经营"》，《政治与法律》2019 年第 10 期。

140. 王弘宁：《非法经营罪去"口袋化"之路径——以"入罪"与"出罪"的双向互动为视角》，《社会科学战线》2017 年第 9 期。

141. 王涛：《洛克的政治社会概念与自然法学说》，《清华法学》2011 年第 6 期。

142. 王永茜：《论集体法益的刑法保护》，《环球法律评论》2013 年第 4 期。

143. 王文斌、崔靓：《语言符号和修辞的多样性和民族性》，《当代修辞学》2019 年第 1 期。

144. 吴林生：《实质法治观与刑法实质解释论》，《国家检察官学院学报》2015 年第 5 期。

145. 吴丙新：《法律概念与法治——兼为概念法学辩护》，《山东大学学报》（哲学社会科学版）2004 年第 4 期。

146. 武掌华、夏新华：《论洛克自由思想的逻辑路径》，《海南大学学报》（人文社会科学版）2015 年第 2 期。

147. 向鹏、张婷、周真刚：《论国家刑法在民族地区实施的变通规定》，《贵州民族研究》2019 年第 2 期。

148. 肖娅曼：《纯粹任意性原则与纯粹的价值系统——纪念〈普通语言学教程〉发表 90 周年》，《四川大学学报》（哲学社会科学版）2006 年第 6 期。

149. 徐立：《杀人行为类型化探析》，《环球法律评论》2011 年第 6 期。

150. 徐伟功：《述评〈涉外民事关系法律适用法〉——以有限理性和自由裁量权为视角》，《河南财经政法大学学报》2012 年第 2 期。

151. 许庆坤：《重读美国法律现实主义》，《比较法研究》2007 年第 4 期。

152. 严存生：《论"法学家法"——以埃利希的有关论述为切入点》，《比较法研究》2010 年第 2 期。

153. 杨书文：《刑法规范的模糊性与明确性及其整合机制》，《中国法学》2001 年第 3 期。

154. 杨铜铜：《论不确定法律概念的体系解释——以"北雁云依案"为素材》，《法学》2018 年第 6 期。

155. 杨铜铜：《论法律解释规则》，《法律科学》（西北政法大学学报）2019 年第 3 期。

156. 杨小虎、杨桂华：《哈特"开放结构"的语义学性质》，《社会科学家》2010 年第 10 期。

157. 杨雄：《刑事案例指导制度之发展与完善》，《国家检察官学院学报》2012 年第 1 期。

158. 袁林：《刑法解释观应从规则主义适度转向人本主义》，《法商研究》2008 年第 6 期。

159. 张传新、成睿智：《拯救与颠覆？——法律不确定性的辩证分析》，《山东社会科学》2005 年第 11 期。

160. 张建军：《案例指导制度对实现刑法明确性的作用》，《法学杂志》2013 年第 9 期。

161. 张建军：《论规范的构成要件要素的明确性》，《当代法学》2012 年第 5 期。

162. 张建军：《论规范性要素明确性的困境与出路》，《法学论坛》2013 年第 3 期。

163. 张建军：《论空白罪状的明确性》，《法学》2012 年第 5 期。

164. 张建军：《论刑法中兜底条款的明确性》，《法律科学》（西北政法大学学报）2014 年第 2 期。

165. 张建军：《实现刑法明确性原则的立法路径》，《国家检察官学院学报》2014 年第 4 期。

166. 张建军：《刑法明确性的判断标准》，《华东政法大学学报》2011 年第 1 期。

167. 张建军：《刑法明确性原则：根基、标准及路径》，《兰州大学学报》（社会科学版）2011 年第 1 期。

168. 张明楷：《论交通肇事罪的自首》，《清华法学》2010 年第 3 期。

169. 张明楷：《明确性原则在刑事司法中的贯彻》，《吉林大学社会科学学报》2015 年第 4 期。

170. 张明楷：《日本刑法的发展及其启示》，《当代法学》

2006 年第 1 期。

171. 张明楷：《妥善处理粗疏与细密的关系力求制定明确与协调的刑法》，《法商研究》1997 年第 1 期。

172. 张明楷：《刑法目的论纲》，《环球法律评论》2008 年第 1 期。

173. 张明楷：《刑法在法律体系中的地位——兼论刑法的补充性与法律体系的概念》，《法学研究》1994 年第 6 期。

174. 张明楷：《刑事立法的发展方向》，《中国法学》2006 年第 4 期。

175. 张明楷：《寻衅滋事罪探究》（上篇），《政治与法律》2008 年第 1 期。

176. 张明楷：《刑事立法模式的宪法考察》，《法律科学》（西北政法大学学报）2020 年第 1 期。

177. 张明楷：《增设新罪的原则——对〈刑法修正案十一（草案）〉的修改意见》，《政法论丛》2020 年第 6 期。

178. 张翔：《形式法治与法教义学》，《法学研究》2012 年第 6 期。

179. 张玉洁：《法律不确定性命题的司法检视》，《法律科学》（西北政法大学学报）2015 年第 3 期。

180. 张勇、杨亦松：《表音文字与表意文字的阅读障碍特征的比较研究》，《牡丹江大学学报》2017 年第 4 期。

181. 翟国强：《刑法明确性原则的宪法控制——基于比较法视角的分析》，《北京工业大学学报》（社会科学版）2017 年第 6 期。

182. 詹奇玮、赵秉志：《妨害安全驾驶罪的规范考察与适用探析》，《贵州社会科学》2021 年第 10 期。

183. 赵秉志、张心向：《刑事裁判不确定性现象解读——对"许霆案"的重新解读》，《法学》2008 年第 8 期。

184. 赵春玉：《刑事立法的类型化逻辑与路径》，《甘肃政法学院学报》2014 年第 5 期。

185. 赵春玉：《罪刑法定的路径选择与方法保障——以刑法中的类型思维为中心》，《现代法学》2014 年第 3 期。

186. 赵玉增：《孟德斯鸠的法律发现观及其司法启示》，《山东大学学报》（哲学社会科学版）2014 年第 2 期。

187. 郑勇：《非法经营罪的扩张：原因及其对策》，《中国刑事法杂志》2018 年第 1 期。

188. 钟再根，余向阳，童道才：《罪刑法定与刑事自由裁量权》，《河北法学》1998 年第 4 期。

189. 周光权：《论常识主义刑法观》，《法制与社会发展》2011 年第 1 期。

190. 周少华：《刑法的变更及其实践意义》，《法治研究》2019 年第 6 期。

三、析出文献类

1. ［德］许迺曼：《刑法体系与刑事政策》，载许玉秀、陈志辉合编：《不移不惑献身法与正义：许迺曼教授刑事法论文选辑》，新学林出版股份有限公司 2006 年版。

2. ［美］劳伦斯·M. 弗里德曼：《法治、现代化和司法制度》，载傅郁林译，宋冰编：《程序、正义与现代化——外国法学家在华演讲录》，中国政法大学出版社 1998 年版。

3. 李亚东：《论法律解释的语言学规则》，载陈金钊主编：《法律方法》第 17 卷，山东人民出版社 2015 年版。

4. 黎宏：《罪刑法定原则的现代展开》，载赵秉志主编：《刑法评论》（第 2 卷），法律出版社 2003 年版。

5. 苏力：《解释的难题：对几种法律文本解释方法的追问》，载梁治平编：《法律解释问题》，法律出版社 1998 年版。

6. 严存生：《自由法学及其埃利希的"活法"理论——读〈法律社会学的基本原理〉笔记》，载谢晖、陈金钊主编：《民间法》（第九卷），济南出版社 2010 年版。

7. 朱明哲：《知识考古学视角下的自由法运动全球史》，载《师大法学》（第 2 辑），法律出版社 2018 年版。

四、学位论文类

1. 蔡荣：《"恶意好评"致网店降权案的行为性质研究》，西南政法大学 2016 年硕士学位论文。

2. 陈超然：《非法经营罪适用范围的扩张及其限制研究》，上海交通大学 2013 年博士学位论文。

3. 杜全美：《非法经营罪限制适用论》，中国政法大学 2020 年博士学位论文。

4. 吴永辉：《刑法明确性原则研究》，西南政法大学 2019 年博士学位论文。

五、报刊类

1. 宫步坦、刘斯凡：《未经委托在网上销售彩票不宜定罪》，《检察日报》2013 年 8 月 28 日。

六、外文资料类

1. Albert Foulkes, "On the German Free Law School (Freirechtsschule)", *Archives for Philosophy of Law and Social Philosophy*, Vol. 55:3(1969).

2. Anthony J. Sebok, "Finding Wittgenstenin at the Core of the Rule of Recognition", *52 SMU L. REV. 75*, 1999.

3. Enrico Pattaro & Corrado Roversi, *A Treatise of Legal Philosophy and General Jurisprudence*, Springer Netherlands, 2005.

4. Claus Roxin, *Offene Tatbestände und Rechtspflichtmerkmale*, Walter de Gruyter & Co. , 1970.

5. Dietmar Moench, Die methodologischen Bestrebungen der Freirechtsbewegung auf dem Weg zur Methoden-lehre der Gegenwart, Frankfurt am Main: Athenäum-Verlag 1971.

6. Enrico Pattaro & Corrado Roversi, *A Treatise of Legal Philosophy and General Jurisprudence*, Springer, 2016.

7. Eric Hilgendorf & Jan C. Joerden, *Handbuch Rechtsphilosophie*, J. B. Metzler, 2017.

8. Friedrich Hayek, *The Road to Selfdom*, Routledge & Kegan Paul, 1944.

9. Jerome Frank & Brian H. Bix, *Law and the Modern Mind*, Brentano's, Inc, 1930.

10. Jerome Hall, *General Principles of Criminal Law (2nd ed)*, Bobbs-Merrill Company, 1960.

340 | 刑法明确性原则研究

11. Joshua Dresseler, *Understanding Criminal Law* (*2nd ed.*), Matthew Bender & Co. ,1999.

12. Jules L. Coleman & Scott Shapiro, *The Oxford Handbook of Jurisprudence Philosophy of Law*, Oxford University Press, 2002.

13. Hans Kelsen & Reine Rechtslehre, 2. Aufl, Wien: Österreichische Staatsdruckerei, 1960.

14. Laura Kalman, *Legal realism at Yale 1927 – 1960*, The University of North Carolina Press, 1986.

15. Louis Kaplow, "Rules Versus Standards: An Economic Analysis", *Duke Law Journal*, Vol. 42:3(1992).

16. M. Ribeiro, "Limiting Arbitrary Power: The Vagueness Doctrine in Canadian Constitutional Law", *Queen's Law Journal*, Vol. 20(2005).

17. Niklas Luhmann, *A Sociological Theory of Law*, Routledge & Kegan paul, 1985.

18. Oliver W. Holmes, *The Common Law*, in William W. Fisher Ⅲ, Morton J. Horwitz & Thomas A. Reed eds, American Legal Realism, Oxford University Press, 1993.

19. Robert S. Summers, *Lon L. Fuller*, Edward Arnold Press, 1984.

20. Shu Perng Hwang, Vom Wesen der richterlischen Rechtsanwendung: Eine Überlegung zur Freirechtsbeweg-ung, Rechtstheorie 37(2), 2006.

21. Timothy A. O. Endicott, *Herbert Hart and the Semantic Sting*, in Jules Coleman ed., Hart's Postscript: Essays on the Postscript to "the Concept of Law", Oxford University Press, 2000.

22. Vargas Pinto & Tatiana, *Delitos de peligro abstravto y resultado*, Editorial Aranzadi, 2007.

23. Wayne R. LaFave & Austin W. Scott, *Criminal Law*, West Publishing, 1986.

24. William J. Stuntz, "The Pathological Politics of Criminal Law", *Michigan Law Review*, Vol. 100(2001).